STARK

ABITUR 2013

Prüfungsaufgaben mit Lösungen

Französisch

Gymnasium • Gesamtschule
Niedersachsen

2007–2012

STARK

ISBN 978-3-8490-0221-3

8. neu bearbeitete und ergänzte Auflage
www.stark-verlag.de

Inhalt

Vorwort
Stichwortverzeichnis

Hinweise und Tipps zum Zentralabitur

Die Anforderungen im Zentralabitur ... I
1 Die Prüfungsanforderungen ... I
2 Erlaubte Hilfsmittel ... III
3 Die Bewertung ... III
Das Herangehen an die Abituraufgaben ... IV
1 Erfassen von Text und Aufgabenstellung ... IV
2 Arbeitsanweisungen (Auswahl) ... IV
3 Bearbeiten von Bildern und Karikaturen ... VIII
Wichtige Ausdrücke und Redewendungen ... IX

Abiturähnliche Übungsaufgaben

Aufgabe 1: *Brahim, sans domicile fixe, seul dans le grand froid* ... 1
Aufgabe 2: Birago Diop : *Les contes d'Amadou Koumba* ... 5
Aufgabe 3: *a. La France occupée en 1940* ... 10
b. Quand les loups rôdent ... 11
Aufgabe 4: *a. Femmes accusées de collaboration* ... 16
b. Les « bâtards de Boches » se confient ... 16
Aufgabe 5: Michel Tournier : *Vendredi ou la vie sauvage* ... 21
Aufgabe 6: *« Dans cette catastrophe, le cœur a parlé, très fort »* ... 27
Aufgabe 7: J. M. G. Le Clézio : *Celui qui n'avait jamais vu la mer* ... 32

Abiturprüfungsaufgaben Französisch

Grundlegendes Anforderungsniveau 2007
Aufgabe I: Kathy Reichs : *Meurtres à la carte* ... GA 2007-1
Aufgabe II: Denis Lachaud : *J'apprends l'allemand* ... GA 2007-6

Erhöhtes Anforderungsniveau 2007
Aufgabe I: *La fin du Québec ?* ... EA 2007-1
Aufgabe II: Molière : *L'Avare (1668)* ... EA 2007-7

Fortsetzung siehe nächste Seite

Grundlegendes Anforderungsniveau 2008
Aufgabe I: Eric-Emmanuel Schmitt : *L'enfant de Noé* .... GA 2008-1
Aufgabe II: Pierpoljak : *Né dans les rues de Paris* .... GA 2008-6

Erhöhtes Anforderungsniveau 2008
Aufgabe I: Brigitte Aubert : *L'ascenseur* .... EA 2008-1
Aufgabe II: Gilles Rozier : *Un amour sans résistance* .... EA 2008-7

Grundlegendes Anforderungsniveau 2009
Aufgabe I: Faïza Guène : *Kiffe kiffe demain* .... GA 2009-1
Aufgabe II: Brigitte Smadja : *Il faut sauver Saïd* .... GA 2009-6

Erhöhtes Anforderungsniveau 2009
Aufgabe I: Gérard Davet : *Mohamed Tadjer – Héros abandonné de la République* .... EA 2009-1
Aufgabe II: Léo Lamarche : *Il ne faut pas couper les cornes aux escargots* .... EA 2009-7

Grundlegendes Anforderungsniveau 2010
Aufgabe I: Denis Cheynet : *L'utopie ?* .... GA 2010-1
Aufgabe II: Mikaël Ollivier : *E-den* .... GA 2010-7

Erhöhtes Anforderungsniveau 2010
Aufgabe I: Bernard Werber : *Un monde trop bien pour moi* .... EA 2010-1
Aufgabe II: Jean-Paul Geai : *La pub préfère les gros* .... EA 2010-7

Grundlegendes Anforderungsniveau 2011
Aufgabe I: Marie-Félicité Ebokéa : *Retour à Douala* .... GA 2011-1
Aufgabe II: Nathalie Kuperman : *L'heure bleue* .... GA 2011-5

Erhöhtes Anforderungsniveau 2011
Aufgabe I: Bernard Friot : *Mannequin* .... EA 2011-1
Aufgabe II: Marie-Félicité Ebokéa : *Retour à Douala* .... EA 2011-8

Grundlegendes Anforderungsniveau 2012
Aufgabe I: Eva Kavian : *Ne plus vivre avec lui* .... GA 2012-1
Aufgabe II: Annie Girardot : *Au nom des grands principes* .... GA 2012-6

Erhöhtes Anforderungsniveau 2012
Aufgabe I: Yves Thériault : *La Mariouche, c'est pour un Blanc* .... EA 2012-1
Aufgabe II: Émilie Carles : *Vous avez droit à la vie* .... EA 2012-7

Jeweils im Herbst erscheinen die neuen Ausgaben
der Abiturprüfungsaufgaben mit Lösungen.

Vorwort

Liebe Schülerin, lieber Schüler,

mit diesem Band können Sie sich effektiv und gewinnbringend auf das **schriftliche Zentralabitur im Fach Französisch** vorbereiten.

- Sie haben **7 Übungsaufgaben** zur Auswahl, die entsprechend den Vorgaben für die Abiturprüfungen in Französisch konzipiert sind und zu den **Schwerpunktthemen des Zentralabiturs 2013** passen.
- Der Band enthält die in den letzten Jahren gestellten **Original-Prüfungsaufgaben**.
- Zu jeder Aufgabe finden Sie auf Französisch ausformulierte **Lösungsvorschläge**, die von unseren Autoren verfasst sind. Die mit grauen Rauten markierten **Bearbeitungshinweise** haben zum Ziel, für Sie den Lösungsweg in aller Kürze transparent zu machen.
- Im Kapitel „**Hinweise und Tipps zum Zentralabitur**" können Sie in knapper Form alles Wichtige zum Abitur 2013 nachlesen. Außerdem werden Ihnen viele Tipps und Strategien geboten, mit denen Sie eine Abituraufgabe optimal bewältigen und lösen können.

Sollten nach Erscheinen dieses Bandes noch wichtige Änderungen in der Abitur-Prüfung 2013 vom Kultusministerium bekannt gegeben werden, finden Sie aktuelle Informationen dazu im Internet unter:
www.stark-verlag.de/info.asp?zentrale-pruefung-aktuell

Viel Erfolg bei Ihrer Abiturprüfung!

Autoren

Hahn, Karl-Heinz:	Übungsaufgaben 1–4 Abiturprüfungsaufgaben 2007–2009 (Lösungen)
Heizmann, Hendrik:	Abiturprüfungsaufgaben (Lösungen): 2010: gA I, eA I; 2011: gA II, eA I; 2012: gA II, eA II
Pierre, Isabelle:	Abiturprüfungsaufgaben (Lösungen): 2010: eA II; 2011: eA II; 2012: eA I
Söffker, Sybille:	Abiturprüfungsaufgaben (Lösungen): 2010: gA II; 2011: gA I; 2012: gA I
Zimmermann, Bianca-Maria:	Übungsaufgaben 5–7

Stichwortverzeichnis

mots-clés

enseignement
– immigrants GA 2009-6 f.

famille
– crise conjugale 5 f.
– crise personnelle EA 2012-7 f.
– enfants maltraités EA 2011-3 f.
– garde alternée GA 2012-1 f.
– mort GA 2011-5 f.
– parents séparés GA 2012-1 f.
– relation parents-enfants 16 f., GA 2012-1 f.
– sacrifice EA 2012-7 f.

francophonie
– Afrique Noire 5 f., GA 2011-1 f., EA 2011-8 f.
– Québec GA 2007-1 f., EA 2007-1 f., EA 2012-1 f.
– ségrégation raciale EA 2012-1 f.

histoire
– Occupation 10 f., EA 2008-7 f.
– Seconde Guerre mondiale 10 f., 16 f., GA 2008-1 f., EA 2008-7 f.

immigration
– banlieue GA 2009-1 f., EA 2009-1 f.
– conflit tradition / modernité GA 2011-1 f., EA 2011-8 f.
– discrimination GA 2009-1 f., GA 2009-6 f., EA 2009-1 f., EA 2012-1 f.
– groupes ethniques à Paris EA 2007-12 f.
– mariage blanc EA 2012-1 f.
– Québec GA 2007-1 f.
– retour au pays natal GA 2011-1 f., EA 2011-8 f.

jeunes
– amour 16 f., GA 2010-7 f., EA 2012-1 f., GA 2012-6 f.
– devenir adulte 32 f., GA 2008-6 f., EA 2009-7 f., GA 2012-1 f.
– drogues GA 2010-7 f.
– études GA 2012-6 f.
– secret 16 f., GA 2011-5 f.
– violence GA 2009-1 f., EA 2009-7 f.

mer
– aventure 21 f., 32 f.
– dangers 27 f.
– naufrage 21 f.

monde du travail
– carrière GA 2012-6 f.
– commerce équitable GA 2010-5
– immigrants EA 2009-1 f.
– publicité GA 2010-1 f., 4, EA 2010-7 f., EA 2011-2 f.

politique
– discrimination 16 f., GA 2009-6 f., EA 2009-1 f.
– gestion de crise 27 f.

relations franco-allemandes
– échange scolaire GA 2007-6 f.

religion
– animisme EA 2011-8 f.
– superstitions EA 2011-8 f.

science fiction
– homme et machine GA 2010-1 f.

société
– discrimination 16 f.,
– drogues GA 2010-7 f.
– banlieue GA 2008-6 f., GA 2009-1 f., GA 2009-6 f., EA 2009-1 f.

– civilisation 21 f.
– cohabitation EA 2008-7 f.
– consommation GA 2009-1 f., EA 2010-7 f.
– criminalité GA 2008-1 f., EA 2009-1 f.
– mariage 5 f., EA 2007-7 f.
– pauvreté 1 f.
– responsabilité 27 f., GA 2009-1 f.
– Révolution tranquille (Québec) EA 2007-1 f.
– violence GA 2009-1 f., EA 2009-1 f., EA 2009-7 f.

utopie
– exotisme 21 f.

types de texte

caricature EA 2010-8
carte 10
chanson GA 2008-6
comédie EA 2007-7
commentaire GA 2010-1 f.
photo 16
publicité GA 2010-2
texte de journal 1 f., 16 f., 27 f., EA 2009-1 f.
texte littéraire 5 f., 11 f., 21 f., 32 f., GA 2007-1, GA 2007-6, GA 2008-1 f., EA 2008-1 f., EA 2008-7 f., GA 2009-1 f., GA 2009-6 f., GA 2010-7 f., EA 2010-1 f., GA 2011-1 f., EA 2011-8 f., GA 2012-1 f., GA 2012-6 f., EA 2012-1 f., EA 2012-7 f.

auteurs

Aubert Brigitte EA 2008-1 f.
Bourret, Johan 11 f.
Carles, Émilie EA 2012-7 f.
Clarinard, Raymond GA 2010-7 f.
Diop, Birago 5 f.
Ebokéa, Marie-Félicité GA 2011-8 f., EA 2011-8 f.
Friot, Bernard EA 2011-1 f.
Girardot GA 2012-6 f.
Goldman, Jean-Jacques GA 2010-2 f., EA 2010-3 f.
Guène, Faïza GA 2009-1 f.
Kavian, Eva GA 2012-1 f.
Kuperman, Nathalie GA 2011-5 f.
Lachaud, Denis GA 2007-6 f.
Lamarche, Léo EA 2009-7 f.
Le Clézio, Jean-Marie Gustave 32 f.
Mickey 3D GA 2010-8 f.
Molière EA 2007-7 f.
Ollivier, Mikaël GA 2010-7 f.
Pennac, Daniel GA 2010-2 f., EA 2010-8 f.
Pierpoljak GA 2008-6
Reichs, Kathy GA 2007-1 f.
Rozier, Gilles EA 2008-7 f.
Schmitt, Éric-Emmanuel GA 2008-1 f.
Smadja, Brigitte GA 2009-6 f.
Tardi, Jacques GA 2010-2 f., EA 2010-8 f.
Thériault, Yves EA 2012-1 f.
Tournier, Michel 21 f.
Werber, Bernard EA 2010-1 f

Hinweise und Tipps zum Zentralabitur

Die Anforderungen im Zentralabitur

1 Die Prüfungsanforderungen

Für jeden Zentralabitur-Jahrgang werden thematische Schwerpunkte vorgegeben, denen die Aufgaben zugeordnet werden.

Für das Zentralabitur 2013 sind die folgenden Schwerpunkte festgelegt worden.

Schwerpunkt 1: ***Où est donc le bonheur ?***	
fortgeführte Fremdsprache • définitions individuelles du bonheur • les sources du bonheur : succès, luxe, pouvoir, amitié, amour, famille, santé, liberté, loisirs, épanouissement… ? • la nature éphémère du bonheur • la perception relative du bonheur • apprendre à être heureux, est-ce possible ?	**verbindliche Texte**: • Erhöhtes Anforderungsniveau: *Le voyage d'Hector* (François Lelord, 2002); *Le pont Mirabeau*, Gedicht und verschiedene Vertonungen (Guillaume Apollinaire, 1913); *Le Bonheur*, Chanson und Videoclip (Berry, 2008) • Grundlegendes Anforderungsniveau: *Odette Toulemonde, Wanda Winnipeg* und *Un beau jour de pluie* (Éric-Emmanuel Schmitt, 2006); *Le Bonheur*, Chanson und Videoclip (Berry, 2008); *Moi je voudrais*, Chanson und Videoclip (Jéronimo, 2006)
in 11 neu beginnende Fremdsprache • définitions individuelles du bonheur • les sources du bonheur : succès, luxe, pouvoir, amitié, amour, famille, santé, liberté, loisirs, épanouissement… ? • la perception relative du bonheur	**verbindliche Texte**: • *Cinq, six bonheurs* (Mathis, 2004); *Happy Meal* (Anna Gavalda, 2004); *Moi je voudrais*, Chanson und Videoclip (Jéronimo, 2006)

Zur **Vorbereitung auf dieses Thema** eignen sich besonders die folgenden Aufgaben:

1 *Brahim, sans domicile fixe, seul dans le grand froid*

2 Birago Diop : *Les contes d'Amadou Koumba*

Abiturprüfungsaufgabe EA 2007 II: Molière : *L'Avare (1668)*

Abiturprüfungsaufgabe GA 2009 I: Faïza Guène : *Kiffe kiffe demain*

Abiturprüfungsaufgabe GA 2009 II: Brigitte Smadja : *Il faut sauver Saïd*

Abiturprüfungsaufgabe GA 2010 I: Denis Cheynet : *L'utopie ?*

Abiturprüfungsaufgabe GA 2010 II: Mikaël Ollivier : *É-den*

Abiturprüfungsaufgabe EA 2010 I: Bernard Werber : *Un monde trop bien pour moi*
Abiturprüfungsaufgabe EA 2010 II: Jean-Paul Geai : *La pub préfère les gros*

Schwerpunkt 2: ***La France et l'Allemagne – hier et aujourd'hui***

fortgeführte Fremdsprache • la France occupée : la vie quotidienne, la collaboration, l'antisémitisme, la Résistance • les relations franco-allemandes aujourd'hui : politique, culture, la vision de l'autre	**verbindliche Texte**: • Erhöhtes Anforderungsniveau: *Un secret* (Philippe Grimbert, 2004); *Le silence de la mer* (Vercors, 1951); *Lacombe Lucien*, Film (Louis Malle, 1974) • Grundlegendes Anforderungsniveau: *Un si terrible secret* (Évelyne Brisou-Pellen, 1997); *Lacombe Lucien*, Film (Louis Malle, 1974)
in 11 neu beginnende Fremdsprache • la France occupée : la vie quotidienne, la collaboration, l'antisémitisme, la Résistance • la France et l'Allemagne aujourd'hui : la vision de l'autre	**verbindliche Texte**: • *Au revoir les enfants*, Film mit Drehbuch in annotierter Ausgabe (Louis Malle, 1987)

Zur **Vorbereitung auf dieses Thema** eignen sich besonders die folgenden Aufgaben:
3 La France occupée en 1940/Quand les loups rôdent
4 Femmes accusées de collaboration/Les « bâtards de Boches » se confient
Abiturprüfungsaufgabe GA 2007 II: Denis Lachaud : *J'apprends l'allemand*
Abiturprüfungsaufgabe GA 2008 I: Éric-Emmanuel Schmitt : *L'enfant de Noé*
Abiturprüfungsaufgabe EA 2008 II: Gille Rozier : *Un amour sans résistance*

Schwerpunkt 3: ***La mer, une passion française***

fortgeführte Fremdsprache • évasion, fuite, liberté • les dangers et les bienfaits de la mer • la mer en danger • vacances au bord de la mer	**verbindliche Texte** • Erhöhtes Anforderungsniveau: *Lullaby* (Le Clézio, 1978); *Le jeu d'Anne* (Le Clézio, 1982); *Qui voit Ouessant voit son sang* (Yves Pinguilly, 1996); *La mer,* Chanson (Charles Trenet, 1946); *La mer et l'amour*, Gedicht (Pierre de Marbeuf, 1618) • Grundlegendes Anforderungsniveau: *Aube rouge sur l'océan* (Marie-Claude Bérot, 2008); *La part du diable* (Stéphane Descornes, 2004); *La mer*, Chanson (Charles Trenet, 1946); *Si seulement la mer pouvait se défendre*, Videoclip

in 11 neu beginnende Fremdsprache	**verbindliche Texte**
• vacances au bord de la mer • la mer en danger	• *La plage, c'est chouette, L'île des Embruns, La baignade* (Sempé/Goscinny, 1963); *Les vacances au bord de la mer*, Chanson (Michel Jonasz); *Si seulement la mer pouvait se défendre*, pub Surfrider, Videoclip

Zur **Vorbereitung auf dieses Thema** eignen sich besonders die folgenden Aufgaben:

5 Michel Tournier : *Vendredi ou la vie sauvage*
6 « Dans cette catastrophe, le cœur a parlé, très fort »
7 Le Clézio : *Celui qui n'avait jamais vu la mer*

In der Abiturprüfung erhalten Sie zwei Aufgabenvorschläge, aus denen Sie einen auswählen dürfen.
Für den Anforderungsbereich I *(Compréhension)* werden Aufgaben gestellt, anhand derer Sie nachweisen sollen, dass Sie den Text verstanden haben. In den Aufgaben zum Anforderungsbereich II *(Analyse)* wird eine tiefer gehende Erarbeitung der Thematik verlangt. Im Anforderungsbereich III *(Commentaire et créativité)* werden Aufgaben gestellt, die eine mehr oder weniger selbstständige Einordnung einer Problematik, eines Ereignisses, einer Situation usw. erfordern. Hier ist also häufig die eigene Einschätzung erforderlich. Immer wichtiger werden Aufgaben zur Textproduktion, bei der Kreativität notwendig ist (z. B. Diskussion, Verfassen eines Briefes).

2 Erlaubte Hilfsmittel

Neben dem Gebrauch von einsprachigen Wörterbüchern ist in Niedersachsen auch die Verwendung zweisprachiger Wörterbücher zugelassen.

3 Die Bewertung

Wichtig bei der Beurteilung von Klausuren ist die „integrative Sprachbewertung", bei der der Fehlerindex (Verhältnis Fehlerzahl zu Wortzahl) keine Rolle spielt.

Die Bewertung der Sprache stützt sich insbesondere auf:
- lexikalische Angemessenheit und Reichhaltigkeit
- Klarheit und Variation in der Syntax
- angemessene Verwendung sprachtypischer Konstruktionen wie Infinitiv- und Partizipialkonstruktionen, *subjonctif, gérondif*
- korrektes und sinnvolles Zitieren
- Anzahl und Schwere der Verstöße gegen die Sprachrichtigkeit

Entscheidend ist, inwieweit die kommunikativen Ziele erreicht werden. Dieses Kriterium ist auch wichtig bei der Frage, wie stark formalsprachliche Fehler (Grammatik-, Rechtschreibfehler usw.) in die Bewertung der sprachlichen Leistung eingehen.

Für die Bewertung der inhaltlichen Leistung ist es von großer Bedeutung, ob es Ihnen gelungen ist, die Aufgabe „angemessen“ zu bearbeiten (Bezug zur Aufgabenstellung, Textverständnis, Logik in der Argumentation, Anwendung erworbener Kenntnisse und Methoden usw.).
Die Gesamtbewertung der Klausur ergibt sich aus der Gewichtung der sprachlichen Leistung mit 60 % und der inhaltlichen Leistung mit 40 %.

Das Herangehen an die Abituraufgaben

1 Erfassen von Text und Aufgabenstellung

- Versuchen Sie, die Textvorlage beim ersten Durchlesen in ihrer Gesamtheit zu verstehen.
- Markieren Sie beim zweiten (und dritten) Durchlesen die Textstellen, die für die Bearbeitung der Aufgaben wichtig sind (möglichst in verschiedenen Farben).
- Machen Sie sich einen groben Zeitplan für die Bearbeitung der Aufgaben. Halten Sie sich nicht zu lange an einer Aufgabe auf. Es ist sinnvoller, die Bearbeitung einer Aufgabe zunächst zurückzustellen, als am Ende in Zeitnot zu geraten. Planen Sie ein, dass Sie vor Abgabe der Arbeit den gesamten Text nochmals nach Fehlern durchsuchen sollten.
- Achten Sie genau auf die Arbeitsanweisungen wie *en vous référant au texte, d'après l'auteur, selon vous* usw.

2 Arbeitsanweisungen (Auswahl)

Grundsätzlich gilt für die Beantwortung der Aufgaben: Schreiben Sie sauber und stilistisch klar. Benutzen Sie sprachtypische Konstruktionen wie beispielsweise *gérondif, participe présent* und Infinitivkonstruktionen, ohne dabei jedoch zu übertreiben.
Die folgenden Arbeitsanweisungen sollen Ihnen Beispiele geben, wie die Aufgabenstellung lauten könnte. Ihr Französischlehrer wird mit Ihnen die Arbeit mit diesen „Operatoren“ trainieren.

Anforderungsbereich I: Textverständnis (*Compréhension*)

décrire: Nennen Sie mit eigenen Worten einige Aspekte einer in der Textvorlage vorgestellten Person, eines Problems, einer Situation usw. Auf eine Person bezogen kann es sich sowohl um Äußerlichkeiten als auch um Charaktereigenschaften und andere Informationen handeln.
Beispiel: *Décrivez l'E-den* (→ GA 2010 II, Aufgabe 1)

exposer (brièvement): Hier sollten Sie in der gebotenen Kürze je nach Aufgabenstellung die Hauptgedanken des Textes oder eines Textabschnitts, einen Aspekt oder Ähnliches darlegen. Gehen Sie nicht zu sehr ins Detail und finden Sie Ihren eigenen Stil. Hinterfragen Sie vor der Bearbeitung der Aufgabe, ob sie sich auf den gesamten Text oder nur einen Abschnitt bezieht.

Beispiel: *Exposez brièvement la situation dans laquelle se trouve Ernst.* (→ GA 2007 II, Aufgabe 1)

indiquer: Zeigen Sie z. B. das in der Textvorlage präsentierte Problem auf und fassen Sie sich dabei kurz. Orientieren Sie sich einerseits sprachlich nicht zu eng am vorgegebenen Text, andererseits sollten die wesentlichen von der Aufgabenstellung vorgegebenen Inhalte wiedergegeben werden.

montrer: Hier sollen Sie entweder eine These oder Behauptung, die aufgestellt wird, durch Belege im Text untermauern oder ein im Text enthaltenes Problem, eine Verhaltensweise, eine Handlung usw. darstellen.

nommer: Nennen Sie die in der Aufgabenstellung geforderten Aspekte der Textvorlage. Oft handelt es sich um eine Aufzählung, die knapp ausgeführt werden muss.

présenter: Stellen Sie – je nach Fortsetzung der Aufgabenstellung – eine bestimmte Situation, ein Verhalten oder Ähnliches dar. Beziehen Sie sich streng auf den Text und fügen Sie nichts hinzu, was sich nicht direkt oder indirekt belegen lässt. Dabei sollten Sie aber darauf achten, dass Sie sich mit Ihren Formulierungen vom Quellentext lösen. Es kann hilfreich sein, die Darstellung nach eigenen Gesichtspunkten zu gliedern und einen höheren Abstraktionsgrad zu wählen (z. B. Oberbegriff statt konkreter Bezeichnung). Stil und Sprache sollen nüchtern und zurückhaltend sein.
Beispiel: *Présentez les sentiments et l'attitude de Joseph vis-à-vis de sa « nouvelle vie » avant l'apparition de la police.* (→ GA 2008 I, Aufgabe 1)

résumer: Geben Sie, je nach Aufgabenstellung, den Inhalt der gesamten Textvorlage wieder oder fassen Sie einen Teil des Textes zusammen. Benutzen Sie als Haupttempus das *présent*. Formulieren Sie sachlich und vermeiden Sie die direkte, möglichst auch die indirekte Rede. Das *résumé* darf keine persönliche Stellungnahme enthalten. Denken Sie daran, die Zeitadverbien der indirekten Rede zu verwenden (*le lendemain* anstatt *demain*, *la veille* anstatt *hier* usw.). Vor dem Anfertigen des *résumé* sollten Sie die wichtigsten Textstellen in der Textvorlage markieren.
Beispiel: *Résumez l'action de cet extrait.* (→ EA 2008 II, Aufgabe 1)

Anforderungsbereich II: Textanalyse *(Analyse)*

analyser: Diese Aufgabe bezieht sich auf einen Teilaspekt der Textvorlage. Tragen Sie die in der Aufgabenstellung geforderten Informationen zusammen und versuchen Sie, diese zu analysieren. Erklären Sie die Zusammenhänge und nennen Sie die Botschaft, die sich aus dem Text ergibt. Äußern Sie nicht Ihre persönliche Meinung.
Beispiel: *Analysez les sentiments et réactions de Charlotte lors de son arrivée.* (→ GA 2011 I, Aufgabe 2)

caractériser: Hier müssen Sie eine Person (manchmal auch eine Sache oder Ähnliches) mit all den Details beschreiben, die aus der Textvorlage zu entnehmen sind. Auf Personen bezogen, kann es sich um das Aussehen, den Charakter und Verhaltensweisen handeln. Die Person soll nicht nur im Rahmen einer Aufzählung beschrieben werden, sondern es handelt sich hier um eine detailliertere Beschreibung,

wobei der Textbezug gewahrt werden soll. Vermeiden Sie, Ihre eigene Stellungnahme erkennen zu lassen.
Beispiel: *Caractérisez Jean.* (→ GA 2012 II, Aufgabe 2)

comparer: Bei einem Vergleich sollten nach Möglichkeit nicht nur die Unterschiede, sondern auch die Gemeinsamkeiten aufgezeigt werden. Bei dieser Aufgabenstellung sollten Sie vermeiden, die zu vergleichenden Komponenten (Personen, Gegenstände usw.) völlig losgelöst voneinander zu behandeln und dabei den gegenseitigen Bezugspunkt aus den Augen zu verlieren.
Beispiel: *Comparez cet extrait de texte avec la nouvelle « Rouge et Blanc » de Monique Proulx.* (→ EA 2012 I, Aufgabe 3)

dégager: Erarbeiten Sie ein Element (oder mehrere, je nach Aufgabenstellung), das in der Textvorlage enthalten ist. Formulieren Sie mit eigenen Worten, arbeiten Sie inhaltlich aber eng am Text.
Beispiel: *Dégagez du texte le comportement du père après la fuite de sa fille [...].*
(→ GA 2009 I, Aufgabe 2)

étudier (de façon détaillée)/examiner (de plus près): Hier sollen Sie genauestens den in der Aufgabe geforderten Aspekt (Problem, Verhaltensweise einer Person oder Personengruppe, gesellschaftliche Entwicklung oder Ähnliches) untersuchen. Arbeiten Sie inhaltlich eng am Text und vermeiden Sie auch hier Ihre eigene Stellungnahme.
Beispiel: *Examinez de plus près l'image que le protagoniste peint de Paris.*
(→ GA 2008 II, Aufgabe 2)

expliquer: Erklären Sie entsprechend der Aufgabenstellung ein Problem, eine Situation, eine in der Textvorlage thematisierte Entwicklung, einen Tatbestand usw. Gehen Sie auch auf Details ein und versuchen Sie sie zu erklären, ohne Ihre eigene Meinung erkennen zu lassen.
Beispiel: *Expliquez les causes de l'obésité des enfants mentionnées dans ce texte.*
(→ EA 2010 II, Aufgabe 2)

faire le portrait d'une personne: Bei dieser Aufgabe beschreiben Sie eine Person, um die es in der Textvorlage geht. Nennen Sie alle wichtigen Details. Dazu gehören nicht nur das Äußere (z. B. Größe, Haut- und Haarfarbe, Gesichtszüge), sondern auch die Charaktereigenschaften und die Verhaltensweisen, soweit diese im Text erkennbar werden. Formulieren Sie möglichst mit eigenen Worten. Vor der Formulierung Ihrer Antwort kann es, insbesondere bei vielen Details, hilfreich sein, die zu verwendenden Textstellen zu markieren.
Beispiel: *Faites le portrait du marabout.* (→ EA 2011 II, Aufgabe 2)

préciser: Beschreiben Sie detailliert die Bedeutung eines in der Textvorlage genannten Begriffs, einer Verhaltensweise, eines Problems usw. Um keinen wichtigen Aspekt zu vergessen, markieren Sie auch hier vor der Bearbeitung der Aufgabe die Ihrer Meinung nach wichtigen Textstellen. Vermeiden Sie jegliche persönliche Stellungnahme. Soll ein Begriff erklärt werden, empfiehlt es sich manchmal, die zur Verfügung gestellten Wörterbücher zu Hilfe zu nehmen.

Anforderungsbereich III: Stellungnahme *(Commentaire, créativité)*

commenter: Formulieren Sie Ihre eigene Meinung zu einem in der Textvorlage enthaltenen Aspekt (Problem, Verhalten einer Person usw.). Je nach Aufgabenstellung können Sie auch materialunabhängig argumentieren und auf Ihre eigenen Erfahrungen, Kenntnisse usw. zurückgreifen. Es empfiehlt sich, vor dem Ausformulieren mögliche Argumente zu sammeln und zu strukturieren.

discuter: Hier sollen Sie eine Meinung, eine Handlungsweise, einen Charakterzug usw. untersuchen und Argumente zusammentragen. Sie können, um möglichst nichts zu vergessen, zunächst eine Liste anfertigen. Nach Abwägen dieser Argumente (Diskussion) formulieren Sie eine zusammenfassende Wertung.
Beispiel: *Discutez si les attitudes envers le mariage présentées dans cette scène sont toujours d'actualité.* (→ EA 2007 II, Aufgabe 4)

écrire/formuler: Die Aufgabenstellung ist sehr allgemein. Passen Sie Ihre Ausdrucksweise an die Erfordernisse an. Seien Sie kreativ und bringen Sie, wenn erforderlich, auch Ihre persönliche Meinung zum Ausdruck.
Beispiel: *Enfin, Goran rencontre Mel. Ecrivez la suite.* (→ GA 2010 II, Aufgabe 4)

imaginer: Versetzen Sie sich in eine Person oder Situation (aus der Textvorlage oder textunabhängig) hinein. Beschreiben Sie, wie Sie sich anstelle dieser Person bzw. in dieser Situation verhalten würden. Dabei muss der Bezug zur Textvorlage erkennbar sein.
Beispiel: *Imaginez et rédigez la scène qui a précédé le meurtre de Marie-Reine Petit.* (→ GA 2007 I, Aufgabe 4)

inventer: Schreiben Sie einen Text, der von Ihnen zumindest teilweise frei erfunden wird. Je nach den Erfordernissen kann er aber vorgegebene inhaltliche Aspekte, z. B. der Textvorlage, enthalten. Oft werden bei diesem Arbeitsauftrag im Text offen gelassene Teile (z. B. der Schluss) möglichst stimmig und sachbezogen ergänzt. Entwickeln Sie Ihre Gedanken so, dass der Leser Ihre Ideen nachvollziehen kann.

juger: Beurteilen Sie einen Aspekt der Textvorlage oder, je nach Aufgabenstellung, eine textunabhängige Problematik. Versuchen Sie, Ihr Urteil stichhaltig und logisch zu begründen.
Beispiel: Jugez le comportement des parents de Sylvia.
(→ GA 2012 I, Aufgabe 4)

justifier: Diese Aufforderung folgt meistens auf eine Stellungnahme, die man von Ihnen fordert. Sie sollen nun die Gründe angeben, die Sie zu Ihrer Meinung geführt haben. Hier ist Ihre persönliche Einschätzung gefragt, was aber nicht dazu verleiten darf, sachlich ungenau oder gar polemisch zu werden. Suchen Sie gut begründete Argumente und scheuen Sie ggf. nicht davor zurück, auch Gegenargumente anzuführen, die Sie aber am Besten gleich im Folgenden relativieren (hier eignen sich besonders gut Konzessivsätze).
Beispiel: *Denis Cheynet apprécierait certainement la page de publicité Fairtrade. Justifiez pourquoi.* (→ GA 2010 I, Aufgabe 4)

peser le pour et le contre de: Wägen Sie das Für und Wider einer Verhaltensweise oder etwas Ähnlichem ab und formulieren Sie, ausgehend von den Argumenten, Ihre persönliche Stellungnahme dazu. Es ist hilfreich, vor der Formulierung der Antwort eine kleine Tabelle mit den Für- und Wider-Argumenten anzufertigen und diese dann in den Text einfließen zu lassen. Strukturieren Sie die Argumentation und überlegen Sie eine Reihenfolge der Argumente.
Beispiel: *À votre avis, faut-il interdire la publicité ? Pesez le pour et le contre. Référez-vous aussi au texte, à la caricature et à La Débauche.* (→ EA 2010 II, Aufgabe 4)

rédiger: Verfassen Sie einen Text, wobei Sie sich an die Vorgaben der Aufgabenstellung und der Textvorlage halten müssen. Oft werden Texte verlangt, in denen Sie zu einem Problem oder Sachverhalt Stellung beziehen sollen. Häufige Textarten sind hier z. B. ein Brief, ein Zeitungsartikel oder eine Diskussion.
Beispiel: *De retour chez elle, la jeune femme réfléchit à la rencontre avec l'homme dans le train et à ce qu'il lui a dit. Rédigez ses réflexions.* (→ EA 2012 II, Aufgabe 4)

3 Bearbeiten von Bildern und Karikaturen

Bilder, Karikaturen, Statistiken und Ähnliches gehören zu den Materialien, die neben herkömmlichen Texten Bestandteil von Abituraufgaben sein können.

Bilder

Ein Bild sollten Sie folgendermaßen bearbeiten: Zunächst versuchen Sie, den Bildinhalt umfassend im Sinne der dazugehörigen Aufgabenstellung zu erfassen. Gehen Sie dabei systematisch vor und machen Sie sich Notizen (Stichworte). Folgende Leitfragen können hilfreich sein:
- Was wird in dem Bild dargestellt?
- Ist das Bild gegliedert (Vordergrund, Hintergrund usw.)?
- Gibt es eine Bildüber- oder Bildunterschrift, die Hinweise gibt?

Beim Beschreiben des Bildes geben Sie die im Sinne der Aufgabenstellung wichtigen Aspekte wieder. Enthält die Abituraufgabe ein Bild und einen Text (Zeitungsartikel oder Ähnliches), so versuchen Sie, die Zusammenhänge herzustellen, wenn dies in der Aufgabe gefordert wird.

Karikaturen

Eine Karikatur ist eine zeichnerische, häufig übertriebene Darstellung eines Sachverhalts. Sie fordert Sie auf, sich mit dem in der Karikatur enthaltenen Problem zu befassen.
Versuchen Sie zuerst, den Inhalt der Karikatur zu erfassen und deren Intention zu erkennen (auf welches Problem will der Zeichner aufmerksam machen?). Achten Sie dabei darauf, ob zur Karikatur eine Über- oder Unterschrift gehört, die Hinweise auf die Intention gibt. Ist eine Karikatur Bestandteil einer Abituraufgabe, so wird im Allgemeinen zusätzlich ein Text (Zeitungsartikel oder Ähnliches) gegeben, der inhaltlich mit der Karikatur im Zusammenhang steht. Lesen Sie die Aufgabenstellung ge-

nau durch, bevor Sie mit der Bearbeitung der Materialien beginnen. Machen Sie sich Notizen (Stichworte) oder nehmen Sie Markierungen vor und formulieren Sie dann mit deren Hilfe Ihren Text.

Wichtige Ausdrücke und Redewendungen

Bezugnahme auf Text, Quelle bzw. Gegenstand

- le texte traite le problème de l'immigration clandestine…
- dans le texte, il s'agit de…
- le sujet de l'article de…, paru dans *Libération* du 20 janvier 2004, est…
- le texte donné est composé de/se compose de quatre passages…
- dans la première partie du texte, il est question de…
- d'après l'auteur/selon le journaliste…
- Nelly Brunel évoque le problème des générations…
- l'auteur affirme que…
- il constate que…
- Fabienne Defrance met en doute…
- je voudrais me référer à…
- en ce qui concerne la situation de/quant à la situation de…
- en tenant compte de…

Aufzählen

- premièrement, …, deuxièmement, …, troisièmement, …
- d'abord, …, ensuite/puis, …, enfin, …
- tout d'abord, …
- en premier lieu…, en dernier lieu…
- ajouté à cela, …
- pour commencer, …
- de plus, …
- en outre, …
- finalement, …
- pour finir/pour terminer, …
- en conclusion, …

Vergleich und Gegensatz

- en comparaison de/avec…
- comparé à…
- par rapport à…
- à la différence de/contrairement à l'auteur, je…
- au contraire de…
- en revanche…
- à part cela, …
- à l'exception de…

Abwägen

- d'un côté…, d'un autre côté…
- d'une part…, d'autre part…

Wiedergabe seiner eigenen Meinung

- à mon avis/d'après moi, …
- je partage l'opinion de…/je suis du même avis que…
- je trouve que/je crois que/je pense que/j'ai l'impression que/il me semble que/je suis sûr que/je suis persuadé que/je suis convaincu que… (Achtung: in der bejahten Form folgt der *indicatif*, in der verneinten der *subjonctif*, ebenso nach *il semble que…*, *je trouve intéressant/bon que…*)
- moi, personnellement, je pense que…
- pour ma part, il me semble que…
- il est probable/improbable que (+ *subjonctif*) …
- il est possible/impossible que (+ *subjonctif*) …
- je suis (tout à fait) d'accord avec l'auteur…
- là, l'auteur va trop loin…
- je m'oppose à cela…
- pour moi, ce qui compte, c'est…
- pour moi, l'essentiel est de (+ *infinitif*) …

Begründen und Folgern

- c'est pourquoi je ne suis pas d'accord avec…
- pour cette raison…
- c'est la raison pour laquelle…
- par conséquent…
- en conséquence…
- il en résulte que…
- il s'ensuit que…
- un autre exemple en est…
- en fin de compte, cela veut dire que…
- j'en conclus que…

Schluss

- tout compte fait, …
- pour résumer, …

Zeitangaben

- en ce moment…
- autrefois…
- ces dernières années…
- en 2015/en l'an 2015…
- à ce moment-là…
- dans le passé…
- à l'époque où…
- à l'avenir…

Gehen Sie die Lösungen des vorliegenden Bandes durch und schreiben Sie sich zu den einzelnen Aufgabenteilen die Wendungen heraus, die Ihnen nicht geläufig sind. So erweitern Sie am Einfachsten Ihren idiomatischen Wortschatz.

Abiturähnliche Übungsaufgaben

Abiturprüfung Niedersachsen: Französisch
Übungsaufgabe 1

Brahim, sans domicile fixe, seul dans le grand froid…

Aujourd'hui sera le jour le plus froid de la semaine, selon les prévisions de la météo. Et les jours suivants côtoieront encore le degré zéro. Pourtant, Brahim préfère dormir dehors, sur le terre-plein central de la porte d'Asnières à Paris (XVIIe arrondissement) où il vit, dit-il « depuis quatre ans avec un collègue ». Blotti hier après-midi sous une couverture bleue donnée par le Samu social, cet homme vêtu d'un manteau à col en fourrure offert par « un gentilhomme » passe ses nuits et une bonne partie de ses journées allongé sur une bouche d'aération qui envoie de l'air chaud.

Le soir, les Restos du cœur ou le Samu social lui apportent soupe chaude et café, mais ce quinquagénaire d'origine marocaine refuse obstinément de se rendre au Centre d'hébergement et d'accueil des personnes sans abri (Chapsa) de Nanterre. « Je ne veux pas y aller parce que je n'y dors pas. Les gens ronflent, font du bruit ou fument dans les dortoirs. Je préfère dormir dans le bruit des moteurs de voitures que dans un centre », confie-t-il en tremblant sous sa couverture. Les autres structures d'hébergement ne trouvent pas davantage grâce à ses yeux : « Une fois, je suis allé au centre de Montrouge. Ils m'ont viré à six heures du matin avec un café. Et après, comment je fais pour revenir ici ? Je dois prendre le métro ou le bus sans ticket ? »

À la rue « depuis au moins dix ans », l'homme à la barbe grisonnante raconte avoir travaillé comme serveur une quinzaine d'années à l'hôtel Méridien… « Un problème de famille », dit-il pudiquement, est à l'origine de son infortune : « Je suis devenu clochard. » Aujourd'hui, les riverains le connaissent, les automobilistes lui glissent la pièce au feu rouge : « Je vais boire un verre au café, ça me réchauffe. »

Dimanche, « une belle femme » lui a apporté un pot-au-feu dans un Tupperware qu'il a posé à même le bitume. À l'en croire, le froid n'est pas son premier souci : « Tant qu'il ne pleut pas… », dit-il philosophe. Et quand il pleut, c'est simple, il se réfugie sous l'auvent de la station-service en face…

Par temps de grand froid, les sans domicile fixe sont menacés d'hypothermie, une chute de température du corps qui provoque un engourdissement progressif et peut conduire à la mort. Voici quelques conseils de bon sens aux citadins dont beaucoup, dans leur quartier, connaissent un sans-abri.

1. Ne pas hésiter à parler aux personnes en détresse. Ce dont les gens à la rue souffrent le plus, c'est la solitude. Ils se retrouvent pour ainsi dire invisibles.
2. Tenter de convaincre la personne à la rue qu'elle ne peut rester dehors lorsqu'il fait aussi froid.

3. Appeler le 115 du Samu social qui enverra une équipe sur place pour conduire le sans-abri, s'il est d'accord, dans un centre d'hébergement. Même si l'intéressé refuse la solution de l'hébergement dans un centre, le Samu social lui proposera une soupe chaude, un café… Légalement, on ne peut pas forcer un SDF à aller dans un centre pour la nuit. En plus, si on le faisait, il se cacherait le lendemain…

Philippe Baverel/Aujourd'hui, 10 décembre 2002 *(545 mots)*

Annotations

l. 2	côtoyer	*liegen bei*
l. 3	le terre-plein central	*Grünstreifen (einer Straße)*
l. 7	la bouche d'aération	*Belüftungsöffnung*
l. 10	Nanterre	ville dans la région parisienne
l. 21	glisser la pièce à qn	donner une pièce de monnaie à qn
l. 26	l'hypothermie (f)	*Unterkühlung*
l. 27	un engourdissement	*Erstarrung*

Aufgabenstellung

1. Décrivez la situation du personnage dans cet extrait.
2. Examinez de plus près l'évolution de Brahim.
3. Analysez les « quelques conseils de bon sens aux citadins » (l. 28).
4. Les immigrés vivent souvent en marge de la société (Brahim est d'origine marocaine). Rédigez une lettre en français dans laquelle un immigré d'origine maghrébine explique sa situation à sa famille, vivant toujours au Maghreb.

Lösungsvorschläge

1. L'article « Brahim, sans domicile fixe, seul dans le grand froid… » de Philippe Baverel, paru dans « Aujourd'hui » du 10 décembre 2002, a pour sujet la situation d'un clochard d'origine marocaine. Il a environ cinquante ans et vit dans les rues de Paris depuis plus de 10 ans. Lui et un collègue dorment à la belle étoile et refusent de se rendre dans un foyer pour des SDF. Ils préfèrent l'ambiance de la grande ville avec tous les bruits des voitures aux bruits causés par les autres personnes sans abri dans les centres d'accueil.
   Quand il fait froid, Brahim s'allonge sur une bouche d'aération pour se chauffer, et, en cas de pluie, il s'abrite sous l'auvent d'une station-service. *(125 mots)*

2. ***Hinweis:*** *Nennen Sie auf jeden Fall, dass der Auslöser von Brahims Situation familiäre Probleme waren (der soziale „Abstieg" beginnt oft mit derartigen Problemen und endet mit einem Leben « en marge de la société »).*
   Avant de devenir clochard, Brahim menait une vie dite traditionnelle. Il gagnait sa vie et celle de sa famille en travaillant dans un hôtel. Après « un problème de famille », il n'a plus ni appartement ni travail. Alors un cercle vicieux commence. Étant au chômage, il n'a plus de quoi vivre, et sans domicile fixe, il ne trouve pas de travail.
   Pour lui, la seule possibilité est de vivre dans les rues de Paris ou d'avoir une place dans un des foyers pour les SDF. Il décide de rester dehors. Ce dont il a besoin pour vivre, il le reçoit du Samu social et des Restos du cœur. De temps en temps, un « gentilhomme » ou une « belle femme » lui donnent un manteau ou un repas chaud.
   Dans la situation actuelle, Brahim souffre par temps de pluie ou de froid. Ne voulant pas se rendre dans un foyer, lui et son copain s'abritent sous le toit d'une station-service et, en hiver, ils sont sur une bouche d'aération qu'on trouve près des stations de métro, par exemple. *(180 mots)*

3. Par les « quelques conseils de bon sens aux citadins », les SDF doivent être protégés des dangers du grand froid qui peuvent conduire à la mort de ceux-ci.
   D'abord, il faut parler à ceux qui se trouvent dans la situation d'être sans domicile. Ils se sentent seuls, et en leur parlant, on leur donne le sentiment qu'il y a quelqu'un qui pense à eux.
   Puis, on devrait essayer de les convaincre d'aller dans un foyer. Comme ça, ils ne risqueraient pas de mourir de froid ou de tomber gravement malades.
   Enfin, il est recommandé de faire le numéro du Samu social. Ainsi, une équipe pourrait s'occuper du sans-abri et le persuader de passer le temps du grand froid dans un foyer. S'il n'accepte pas, il pourrait au moins profiter d'un repas chaud ou d'un café.

Le problème des organisations d'aide humanitaire est qu'elles ne peuvent pas forcer ceux qui ont besoin d'aide à aller dans un foyer, même s'ils risquent d'être en danger de mort. Malgré la situation déplorable du SDF, c'est toujours lui qui décide enfin de ce qu'il fait. *(198 mots)*

4. ***Hinweis:*** *Schreiben Sie einen persönlichen Brief, in dem nicht nur die Situation des « immigré » beschrieben wird, sondern auch seine Empfindungen. Diesbezüglich gibt es keine inhaltlichen Vorgaben; sie können, je nach Ihrer Fantasie, positiv oder/und negativ sein.*

Paris, le 13 mai 2002

Ma chère famille,
Me voilà à Paris depuis quelques mois. Je regrette beaucoup de ne pas être avec vous et avec mes amis, dans mon bled en Kabylie. Ici à Paris, tout est différent. J'habite dans un foyer avec d'autres immigrés d'origine africaine. Comme nous sommes originaires de différents pays, il y a des tensions entre nous, surtout entre les Noirs et les Arabes. C'est pourquoi j'essaie de régler seul toutes les affaires qui sont à régler.
Vous savez bien que je suis allé à Paris pour trouver du travail. J'ai voulu gagner ma vie et celle de ma famille en Kabylie, mais, en fait, il n'y a pas beaucoup de travail ici. Je fais tous les efforts pour en trouver, croyez-moi, mais jusqu'à présent en vain. À part le problème de travail, il y a un autre problème : pas mal de Français n'aiment pas les Arabes. Ils le montrent bien, et j'ai l'impression que certains entreprises n'embauchent pas d'Arabes.
Mais qu'est-ce que je peux faire ? J'ai besoin d'argent, pour moi et pour vous, et en Algérie, il n'y a pas d'emplois. J'espère bien que je vais réussir enfin à trouver du travail, n'importe lequel. C'est pourquoi je suis venu ici, et je n'aimerais pas rentrer en Kabylie les mains vides !
Le pire pour moi, c'est le déracinement familial. Ma chère Djura, toi et nos deux enfants, vous me manquez beaucoup. Je réfléchis souvent à notre avenir. Quand j'aurai trouvé du travail, il y aura peut-être la possibilité que vous me rejoigniez ici, à Paris. Comme ça, la vie serait beaucoup plus facile pour moi. On pourrait louer un petit appartement dans une des grandes tours de la banlieue parisienne. Là-bas, c'est moins cher et il y a beaucoup d'Arabes comme nous. Moi, j'irais travailler et toi, tu t'occuperais des deux enfants. En été, nous passerions nos vacances en Kabylie, dans notre famille. Qu'est-ce que tu en penses ?
Mais pour l'instant, c'est un projet. Je ne pourrai le réaliser que lorsque j'aurai trouvé du travail. Il faut attendre encore un peu…
Je m'excuse de ne pas pouvoir vous envoyer d'argent cette fois-ci, comme prévu, et j'espère que ma situation va s'améliorer très bientôt !
Je pense toujours à vous et j'attends avec impatience de vous revoir (ici à Paris ou dans notre village kabyle) le plus vite possible.

Nassim *(432 mots)*

Abiturprüfung Niedersachsen: Französisch
Übungsaufgabe 2

Birago Diop : *Les contes d'Amadou Koumba*

Un jour, on avait dévasté les champs de Demba. Celui-ci fut très furieux et passa sa colère sur Koumba, sa femme.

Il trouva que l'eau que Koumba lui offrait à genoux en le saluant n'était pas assez fraîche. Il trouva que le couscous était trop chaud et pas assez salé et que la viande était trop dure, il trouva que cela était ceci et que ceci était cela [...]

Las de crier, Demba se mit à rouer Koumba de coups, et, fatigué de battre, il lui dit :

– Retourne chez ta mère, je te répudie.

Sans mot dire, Koumba se mit à ramasser ses affaires et ses ustensiles, fit sa toilette, revêtit ses plus beaux habits. [...] À chacun de ces gracieux mouvements, tintaient ses ceintures de perles et son parfum entêtant agaçait les narines de Demba.

Koumba prit ses bagages sur sa tête et franchit le seuil de la porte. Demba fit un mouvement pour la rappeler, mais il s'arrêta et se dit : « Ses parents me la ramèneront. »

Deux, trois jours, dix jours passèrent sans que Koumba revînt, sans que les parents de Koumba donnassent signe de vie.

L'on ne connaît l'utilité des fesses que quand vient l'heure de s'asseoir. Demba commençait à savoir ce que c'était une femme dans une maison.

[...] Son repas du jour ne lui était plus porté aux champs ; et, le soir, il allumait lui-même le feu pour griller les patates douces.

Il est défendu à l'homme fait de toucher à un balai, et pourtant, comment faire quand la poussière, les cendres, et les épluchures de patates envahissent chaque jour un peu plus le sol de la case ?

L'on ne travaille vraiment bien que torse nu. Mais lorsque la journée finie, on endosse son boubou, l'on voudrait bien que ce boubou ne soit pas aussi sale que le foie d'un chien ; et pourtant, est-il digne d'un homme qui mérite le nom d'homme de prendre calebasse, savon et linge sale et d'aller à la rivière ou au puits faire la lessive ?

[...] Demba trouva maintenant son lit trop large pour lui seul.

Koumba, par contre, s'apercevait, chaque jour qui passait, que l'état de repudiée pour une femme jeune et accorte, dans un village rempli de jeunes hommes entreprenants, n'avait absolument rien de désagréable, bien au contraire. [...] Koumba, qui était retournée chez elle, qui y avait retrouvé ses ainées et ses cadettes, et qui, en outre, passait à leurs yeux pour avoir tant souffert dans la case de son mari, était gâtée et choyée par tout le monde.

[...] [L]es griots-chanteurs et les dialis-musiciens, aux sons de leurs guitares, exhortaient en vain Koumba à choisir parmi les prétendants qui, dès le premier soir de son arrivée avaient envahi sa case. [...]

Un grand tam-tam était projeté pour le dimanche qui venait, tam-tam au cours duquel Koumba devait enfin choisir entre ses prétendants. Hélas ! le samedi soir, quelqu'un vint que personne n'attendait plus, et Koumba moins que quiconque. C'était Demba, qui entrant dans la case de ses beaux-parents, leur dit :

– Je viens chercher ma femme.

– Mais, Demba, tu l'as répudiée !

– Je ne l'ai point répudiée.

On alla chercher Koumba dans sa case, que remplissaient amis, griots, prétendants et musiciens.

– Tu m'as dit de retourner chez ma mère, déclara Koumba, et elle ne voulut rien savoir pour reprendre le chemin de la case de son époux.

Il fallut trouver les vieux du village. Mais ceux-ci ne surent qui, de l'époux ou de l'épouse, avait raison ; qui des deux croire, ni que décider : Koumba était revenue toute seule dans la demeure de ses parents, d'où elle était partie en bruyante et joyeuse compagnie pour la case de son mari. Sept jours, puis sept autres jours et encore sept jours avaient passé et Demba n'était pas venu la réclamer, donc elle n'avait pas fui, selon toute vraisemblance, la couche de son époux ; une femme est chose trop nécessaire pour qu'on la laisse s'en aller sans motif grave. [...] Demba n'avait pas reclamé sa dot ni ses cadeaux. Et pourquoi ne les avait-il pas reclamés ?

– Parce que, justement, répondit Demba, je n'avais pas répudié ma femme.

– Parce que, justement, prétendit Koumba, tu m'avais répudiée.

En effet, l'époux qui répudie sa femme perd la dot payée aux beaux-parents et les cadeaux faits à la fiancée et ne peut plus les réclamer. Mais qui n'a pas chassé son épouse n'a à réclamer ni dot, ni cadeaux. *(748 mots)*

Birago Diop : Les contes d'Amadou Koumba.

Annotations

introd.	dévaster	*verwüsten*
l. 4	rouer qn de coups	le battre très fort
l. 6	répudier	*verstoßen*
l. 9	tinter	*klingeln*
l. 9	agacer	énerver, irriter
l. 9	les narines	*Nasenlöcher*
l. 15	les fesses	*Pobacken*
l. 19	un balai	*Besen*
l. 22	le torse	*Oberkörper*
l. 25	une calebasse	*aus einem Kürbis hergestelltes Gefäß*
l. 33	choyer	*umsorgen*
l. 35	exhorter	*drängen*
l. 35	le prétendant	un homme qui veut épouser une jeune fille
l. 60	la dot	l'argent qu'on paie aux parents de la fiancée pour l'épouser

Aufgabenstellung

1. Résumez brièvement l'action de ce conte.
2. Caractérisez Koumba.
3. Comparez le rôle de la femme telle qu'on le voit dans ce conte et à celui du roman « Fille des crocodiles ».
4. Trouvez une fin pour ce conte.

Lösungsvorschläge

1. Le conte « Un jugement » de Birago Diop raconte l'histoire d'un couple africain. Demba, le mari, est en colère à cause d'un malheur qui lui est arrivé et passe sa colère sur sa femme Koumba qui est complètement innocente. Il la bat même très fort et à la fin il la répudie en lui disant de rentrer chez sa mère. Koumba obéit sans mot dire et s'en va.
   Après quelques jours, Koumba se rend compte que sa femme lui manque, parce qu'il n'y a plus personne pour faire les travaux ménagers qui sont indignes d'un homme. Il a quand même l'espoir que Koumba reviendra bientôt.
   Celle-ci, au contraire, aime bien la vie dans son village natal, où beaucoup de jeunes hommes lui font la cour et où ses sœurs s'occupent d'elle pour la consoler. Un jour on organise une grande fête, au cours de laquelle Koumba doit choisir un nouveau mari. C'est juste ce jour-là que Demba revient pour réclamer sa femme. Koumba refuse de rentrer avec lui et affirme que son mari l'a répudiée. Celui-ci le nie. Personne ne peut dire qui des deux a raison et même les vieux du village ne trouvent pas de solution. *(199 mots)*

2. Koumba est une jeune femme africaine très belle. Elle s'est mariée sans doute très jeune et elle assume le rôle traditionnel sans s'en plaindre. Elle accomplit les tâches féminines – faire la lessive, nettoyer la case, préparer les repas et les porter à son mari qui travaille dans les champs – et elle obéit à son mari sans jamais le contredire. Elle est une femme parfaite. Mais son mari s'en rend seulement compte quand il est trop tard.
   Une fois rentrée chez sa famille, elle commence à se rendre compte de sa propre valeur et prend plaisir à être courtisée par des jeunes hommes parmi lesquels elle va choisir un nouveau mari. Ce qui est intéressant c'est que personne dans sa famille ne lui fait des reproches. Donc, ils sont tous sûrs qu'elle était une bonne épouse et que Demba a fait une faute en la répudiant. *(145 mots)*

3. Dans le conte la femme est traitée comme une domestique – on pourrait même dire comme une esclave – par son mari. Il attend d'elle qu'elle fasse les travaux ménagers sans la remercier. Il la bat même violemment sans la moindre raison, seulement parce qu'il est de mauvaise humeur. Les femmes dans le roman « Fille des Crocodiles » ont un meilleur sort. Elles aussi font les travaux typiquement féminins dans la case, mais elles sont bien traitées et respectées par leurs maris. Bégué et Pangatié ne battent jamais leurs femmes. Mais dans le roman on insiste tellement sur ce fait qu'on peut en conclure que ce n'est pas le cas dans toutes les familles.
   Mâ a un rôle exceptionnel dans le roman. Tout le village la respecte et écoute ses conseils et ses fils, et aussi les autres hommes, ne font rien contre sa volonté.

Comme Demba a payé une dot pour Koumba il s'agit sans aucun doute d'un mariage arrangé. Les mariages de Sali et Assiatou aussi étaient arrangés. Dans le cas de Delphine on peut même parler d'un mariage forcé, parce qu'on raconte qu'elle ne voulait pas épouser le cousin que les aînés avaient choisi pour elle et même Mâ n'a pas pu empêcher ce mariage. Mais dans le roman on voit aussi que les choses changent : Bintou, la fille de Delphine, et son ami Adama feront un mariage d'amour.
Il y a aussi un autre fait qui montre que le rôle des femmes change dans le roman : Bintou et Fanta vont à l'école pour pouvoir apprendre un métier. Bintou deviendra institutrice et ne travaillera plus aux champs comme sa grand-mère et ses tantes. Comme ça elle ne dépendra pas de son mari comme Koumba, qui – après avoir été répudiée – doit choisir un nouveau mari, ce qui montre que dans la société décrite dans le conte une femme ne peut pas exister sans mari. *(317 mots)*

4. Demba s'en est allé, très triste. Il regrettait beaucoup d'avoir répudié sa femme. Il savait maintenant ce que Koumba avait fait pour lui, comment elle lui avait rendu la vie belle et agréable. Il savait maintenant qu'il aurait pu s'estimer l'homme le plus heureux du monde d'avoir une telle femme : belle, ravissante, travailleuse et obéissante. Il regrettait de l'avoir maltraitée et réfléchissait à ce qu'il pourrait faire pour lui demander pardon. Il s'est dit : « Et si je lui faisais un cadeau ? » Alors il est allé dans le petit magasin du village et a acheté un balai, le plus beau balai qu'il y avait dans le magasin. Après il s'est rendu à la case de Koumba, a frappé à la porte. Quand celle-ci a ouvert la porte, il lui a tendu le balai en disant « Regarde Koumba, j'ai un cadeau pour toi, reviens avec moi, je t'en prie ! » Mais Koumba lui a claqué la porte au nez.
   Demba était désespéré, il a pris son balai, a quitté le village, est allé dans la brousse, s'est assis sur une pierre et a commencé à pleurer à chaudes larmes. Il pleurait et pleurait. Mais tout à coup il a vu que là où tombaient ses larmes poussaient de belles roses. Il a cueilli ces roses, en a fait un grand bouquet et a couru vers la case de Koumba. Il a frappé de nouveau à la porte, est tombé à genoux, a tendu les roses vers Demba et s'est écrié : « Koumba, pardonne-moi ! Je sais maintenant comment je t'ai maltraitée. Je ne le ferai plus jamais. Je le jure. Je sais maintenant que je n'avais pas mérité une femme comme toi. Tu es la meilleure des femmes et si tu reviens je te chérirai et je te gâterai. Pardonne-moi ! Pardonne-moi ! » Koumba était très émue, elle a pardonné à son mari. Ils sont retournés dans leur village et Demba a tenu sa parole. Il n'a plus jamais levé la main sur sa femme et il l'a chérie et gâtée. Ils ont eu beaucoup d'enfants et ont vécu heureux et contents jusqu'à la fin de leurs jours. *(365 mots)*

a. La France occupée en 1940

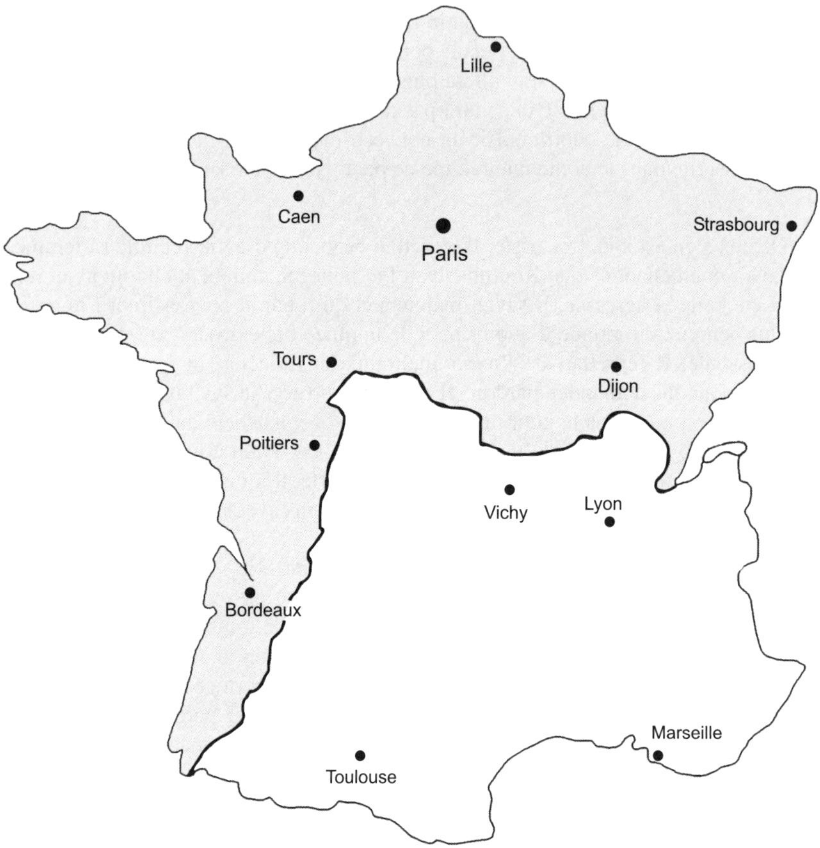

Zone d'occupation allemande

Zone libre

Ligne de démarcation

b. Quand les loups rôdent

Je ne garde aucun souvenir des circonstances de notre fuite de la ferme des Hautes Vignes. Je me réveillai sur un grabat, à côté de Bernadette qui dormait encore. Je me levai d'un bond. Hagard, affublé de vêtements trop larges mais rognés à bonne longueur, je découvris un endroit humide et sombre. Comme dans un de ces cauchemars d'enfant dont j'étais coutumier, je me crus tout d'abord prisonnier dans l'estomac d'une immense baleine. Très vite, le feu dans la cheminée et les lampes à carbure fixées dans la roche rousse me ramenèrent à une réalité plus rassurante. Je reconnus une habitation troglodytique, un de ces curieux abris creusés dans des falaises de tuf, nombreux au cœur de la vallée de la Loire, souvent vides et abandonnés depuis longtemps. Il s'agissait d'une excavation haute, large et voûtée, où l'on accédait par trois galeries.

Les flammes de l'âtre projetaient mon ombre sur les parois inégales de la roche. Je m'avançai doucement. Quatre hommes me tournaient le dos, discutant à voix basse. Mon pas les fit sursauter. Ils se turent, pivotèrent, me découvrirent avec surprise. L'un d'entre eux finit par me sourire. Je le regardai fixement, comme pour l'interroger. Il murmura :

– Ne t'inquiète pas, t'es en sécurité, ici.

Il s'approcha de moi avec prudence, pour ne pas m'effrayer. Je n'avais plus peur. Son visage, comme celui des autres, m'était familier. À la tombée de la nuit, une fois le couvre-feu passé, les hommes qui se trouvaient là venaient à la maison pour discuter longuement avec papa. Même si ces conciliabules m'étaient rigoureusement interdits, il m'arrivait parfois d'en discerner quelques bribes. Il était question d'armes, de maquis, de Londres, d'Hitler… Il y avait Maurice, le maréchal-ferrant, Raymond, le boulanger, Léon, l'ouvrier du garage, et Marcel, un vigneron de Souzay.

– Comment s'appelle-t-il, déjà ? demanda Maurice.

– Je ne sais pas, répondit Raymond. Demande-le-lui. Derrière moi, une voix douce, enfantine, appela :

– Maman… maman…

Bernadette venait de s'éveiller. Je courus vers elle, m'assis à son côté. Elle avait les joues pâles, les cheveux défaits. Je dégageai les mèches collées sur son front.

– C'est moi, Bernadette, c'est Jacques. Je suis là. Ses yeux rougis par les larmes plongèrent quelques secondes dans les miens. Enfin, ses paupières cillèrent, ses sourcils se détendirent. Je compris que ma présence la rassurait. Elle chuchota :

– Où est papa ?

– Je ne sais pas.

– Il est à côté, lança Raymond. Il va bien. La mère Vintard le soigne. Vous voulez le voir ?

– Avec ça, une bonne soupe, du sommeil, et tu te sentiras comme avant, lui déclara-t-elle sans la moindre tendresse.

Elle effrayait Bernadette, qui s'était blottie contre moi. Il faut dire que ses haillons noirs de crasse, presque raides, la rendaient disgracieuse et inquiétante. Sorcière au visage sale et buriné, à la chevelure grisâtre, ébouriffée, au regard lointain et triste, elle sentait le vin, la litière souillée, l'aigre et le bois de chauffage. Elle devait vivre dans la forêt, seule et depuis longtemps. Même si ses remèdes de bonne femme relevaient de la pure chimère, elle faisait preuve, en s'occupant de mon père, d'une dextérité étonnante, quoique dénuée de toute compassion. Elle avait déjà dû soigner de nombreux hommes avec cette indifférence redoutable des êtres que la souffrance n'émeut plus. Pourtant, son regard vif et dur comme l'acier, sa silhouette robuste, ses gestes précis m'inspiraient confiance. J'espérais qu'elle redonnerait à l'homme alité une vigueur comparable à la sienne.

Elle pencha la tête du blessé vers l'avant, lui fit boire le contenu d'un bol qu'elle reposa sur la table de chevet. Mon père, alors, s'adressa à nous.

– Jacques, Bernadette, approchez.

Je pris la main de ma sœur et nous nous avançâmes près du lit. La vieille femme s'éclipsa, nous laissant seuls avec notre père.

– Ici, rien ne vous arrivera. Tous ces gens sont des amis. Dès demain, je pourrai marcher et…

– Est-ce qu'on va mourir ? demanda Bernadette.

– Non, murmura mon père en ébauchant un sourire, bien sûr que non. Tu ne dois pas avoir peur, Bernadette. Je sais que tu aimerais être avec ta maman, mais les choses sont ainsi : désormais, nous devrons nous débrouiller sans elle, tous les trois…

Il me fixa droit dans les yeux. Son regard, jusque-là doux et réconfortant, devint plus grave.

– Jacques, tu t'occuperas de ta sœur. Vous ne quitterez pas cet endroit sans y avoir été autorisés. Les Allemands nous recherchent. Ils ne doivent jamais nous trouver. Jamais.

J'acquiesçai énergiquement pour lui montrer que j'avais compris.

– On va rester ici combien de temps ?

Il hésita, puis soupira :

– Je ne sais pas. Il va falloir trouver une solution : changer de nom, peut-être, obtenir de faux papiers et fuir vers la zone libre. On verra…

Je ne suis pas près d'oublier ce jour de juin 1940, où il avait entendu à la radio l'appel d'un obscur général français exhortant ses compatriotes à poursuivre le combat. À voir l'expression de mon père, ses traits figés comme dans du marbre, j'avais su tout de suite qu'il serait de ceux-là. *(891 mots)*

Annotations

l. 2	le grabat	lit misérable
l. 8	une habitation troglodytique	habitation qui se trouve sous terre ou dans la roche
l. 8	la falaise de tuf	*Steilhang aus Kalkstein*
l. 10	une excavation	caverne, grotte
l. 21	le conciliabule	conversation où l'on chuchote
l. 41	la crasse	couche de saleté
l. 44	la bonne femme	femme simple et assez âgée

Aufgabenstellung

1. Présentez la situation dans laquelle le narrateur Jacques, sa sœur Bernadette et leur père se trouvent.
2. Caractérisez le personnage de la mère Vintard et dites quel est son travail.
3. Analysez la situation de la France en 1940 (a) et précisez en quoi consiste la signification de l'avant-dernière phrase du texte (« Je ne suis pas près… à poursuivre le combat. », b, l. 73–75).
4. « Je ne garde aucun souvenir des circonstances de notre fuite… » (b, l. 1/2). Discutez les problèmes de ceux qui doivent quitter leur pays et s'intégrer dans leur nouveau milieu. Basez-vous sur ce que vous avez appris sur l'immigration en France ou dans un autre pays de la Francophonie (intégration, langue, religion, travail etc.)

Lösungsvorschläge

1. Après la fuite de leur ferme des « Hautes Vignes », Jacques, Bernadette et leur père se trouvent dans une habitation souterraine du val de Loire. Le père, blessé, est soigné par la mère Vintard. La petite Bernadette est en mauvais état psychique, elle a les yeux rougis de larmes. Elle a peur de mourir et appelle son papa. Celui-ci parle de sa femme qui n'est plus avec eux (« désormais, nous devrons nous débrouiller sans elle… », l. 61).
   Il interdit à ses enfants de quitter leur abri sans autorisation parce que les Allemands les cherchent. En plus, il pense à changer de nom et de s'enfuir à la zone qui n'est pas occupée par les occupants allemands
   Dans la troglodyte, il y a d'autres personnes qui parlent de Londres, d'Hitler, d'armes etc. Pour le père, « tous ces gens sont des amis » (l. 56). *(143 mots)*

2. La mère Vintard est une femme qui « effrayait Bernadette » (l. 40).
   Son extérieur est plutôt repoussant : portant des vêtements très sales, elle sent l'alcool et l'humidité. Son visage est celui d'une vieille femme : elle a des rides et ses cheveux sont plus ou moins gris.
   Dans l'habitation troglodytique, la « sorcière au visage sale » (l. 41/42) s'occupe de ceux qui se cachent aux Allemands. Elle leur donne à manger et soigne les malades ou blessés, comme le père de Jacques et Bernadette. Malgré l'apparence peu soignée mais robuste de la mère Vintard et malgré son indifférence, Jacques commence à avoir confiance en elle. *(104 mots)*

3. ***Hinweis:** Der zweite Teil der Aufgabe bezieht sich auf den berühmten « appel du 18 juin », in dem Charles de Gaulle 1940 die Franzosen zum Widerstand gegen die deutschen Besatzer aufforderte.*

   Après la défaite militaire de la France en 1940, le pays était divisé dans la zone occupée par les Allemands (partie nord et ouest) et la zone libre. En zone libre, le maréchal Pétain a formé le gouvernement français et demandé l'armistice aux Allemands (16 juin 1940).
   La phrase citée concerne l'appel du général Charles de Gaulle qu'il a lancé aux Français le 18 juin 1940.
   De Gaulle, encore inconnu, ayant gagné l'Angleterre le 17 juin, a lancé son discours par la radio de Londres. En ces temps de guerre, beaucoup de Français écoutaient la radio anglaise pour être bien informés sur les événements en France.
   Dans son appel, de Gaulle a demandé à ses compatriotes de poursuivre la lutte contre l'occupant et d'organiser la résistance contre les Allemands. L'appel du 18 juin a marqué la naissance de la France libre. *(141 mots)*

4. En France, il y a un nombre important d'immigrés. Il s'agit surtout de Maghrébins et d'Africains noirs.
Quant à l'intégration, il faut différencier. Il y a ceux qui vivent en France depuis longtemps et dont une grande partie (surtout la nouvelle génération) s'est plus ou moins intégrée dans la société française. Il y a d'autres qui sont entrés clandestinement, par exemple pour gagner plus d'argent que dans leur pays. Ceux-ci vivent souvent dans des grands ensembles dans la périphérie des grandes villes où ils sont fortement concentrés.
Pour les nouveaux venus, l'arrivée en France est quelquefois un choc. Ils ne parlent pas la langue, ne trouvent pas de travail et en plus, leur culture est toute différente de celle des Français.
Le problème majeur est la langue. Ne sachant pas parler français, les immigrés ont de grands problèmes de s'intégrer : ils ne trouvent pas de travail et ils n'arrivent guère à faire des demandes pour trouver un logement, par exemple. Leurs enfants d'âge scolaire ne suivent pas les cours : à la fin de leur scolarité ils n'ont pas de diplôme, ils sont au chômage, pauvres et vivent dans des ghettos.
En ce qui concerne la culture, les problèmes qui résultent de leur religion sont évidents.
Aujourd'hui, presque 5 % de la population en France sont musulmans. Les Français de souche se demandent si l'islam contredit l'esprit des droits de l'homme. Regardons de plus près le rôle de la femme dans l'islam. Selon le Coran, « les hommes sont classés au-dessus des femmes, qui leur doivent obéissance ». Comme la France est le pays de la liberté, la déclaration citée du Coran n'est pas acceptable. Mais qu'est-ce qu'on peut faire ? Les musulmans vivant souvent entre eux, on ne peut presque rien faire. À mon avis, il faut en discuter surtout avec la jeune génération des musulmans pour la convaincre qu'ils doivent, s'ils veulent vivre en France, s'intégrer et accepter la manière de vivre européenne. Dans le secteur public, l'État français doit surveiller l'observation rigoureuse des lois françaises par tous ceux qui vivent sur son territoire.
Un autre exemple en est le voile islamique que des jeunes musulmanes portaient à l'école et dont on discutait longtemps. Depuis la rentrée 2004, il y a une loi sur la laïcité interdisant aux élèves musulmanes de porter le voile à l'école publique.
Comme la laïcité est un des principes fondamentaux de l'état français, il ne faut pas accepter le port de signes religieux ostensibles (le voile est le symbole de l'oppression des filles et des femmes musulmanes).
Côté intégration en France, chaque nouveau immigrant est invité (c'est facultatif !) dès 2005 à signer un contrat (« contrat d'accueil et d'intégration ») dans lequel il accepte de suivre un apprentissage linguistique et une formation civique où les principes fondamentaux de la République sont rappelés.
Moi personnellement, je me demande pourquoi un tel contrat n'est pas obligatoire pour tous ceux qui immigrent en France. Avec une telle mesure, on pourrait peut-être résoudre quelques problèmes causés par l'immigration. *(525 mots)*

a. Femmes accusées de collaboration

© Rue des Archives

b. Les « bâtards de Boches » se confient

Premier livre sur les 200 000 enfants nés en France de soldats allemands sous l'Occupation

Megrit, petit village breton, début des années 50. Tous les dimanches, à la sortie de la messe, le secrétaire de mairie réunit la population. Ce jour-là, il appelle auprès de lui un garçonnet de 10 ans et s'adresse aux habitants : *« Est-ce que vous connaissez, vous autres, la différence entre un Boche et une hirondelle ? »* Personne ne répond. *« Je vais vous le dire. Une hirondelle, quand elle a fait ses petits en France, elle les emmène avec elle quand elle s'en va, alors que le Boche, lui, les laisse sur place. »* Daniel Rouxel raconte que ce dimanche il a beaucoup pleuré et a pensé mettre fin à ses jours. *« J'étais l'attraction. Alors ma grand-mère m'interdisait de sortir, elle m'enfermait dans le poulailler, toute la nuit avec un cadenas. Là-dedans, dans le noir, j'éprouvais une peur terrible. »*

Refoulé. Des « têtes de Boche » comme l'appelait l'instituteur de Daniel, ou des « bâtards de Boches », il y en a eu 200 000, nés de liaisons amoureuses entre des jeunes Françaises et des soldats allemands durant l'Occupation. Ils sont aujourd'hui âgés de 57 à 63 ans, et plusieurs dizaines d'entre eux ont accepté de se confier à Jean-Paul Picaper. Certains, tel Daniel Rouxel, ont toujours été en contact avec leur famille allemande. Les grands-parents allemands de Raymond ont contribué à son éducation en versant discrètement de l'argent à sa grand-mère maternelle. D'autres enfants ont passé une partie de leur vie à rechercher les traces d'un géniteur dont ils connaissaient à peine le nom. Tous ont vécu de longues années dans la honte et la culpabilité, martyrisés parfois par leur propre famille qui leur faisait expier la « faute » d'une fille. Certains ont été placés dans des familles d'accueil lorsque leurs mères purgeaient des peines de prison pour indignité nationale. Mise en pension chez les bonnes sœurs par un grand-père à qui elle faisait horreur, Jeanine en est sortie à 10 ans. Elle pesait 18 kg et personne ne lui avait appris à lire.

Les châtiments infligés aux mères n'ont pas épargné les enfants. Dans l'après-guerre, il ne faisait déjà pas bon être né de père « inconnu ». Avoir les cheveux blonds et les yeux bleus fut pour ces enfants le tatouage indélébile d'une infamie, celle de la « collaboration horizontale ». Des mères se sont mariées, parfois mal, pour donner un père à leurs « bâtards ». Ils n'ont découvert que très tard leur véritable origine. À 50 ans pour Anita la Savoyarde, dont la mère a vécu jusqu'à sa mort sous le joug d'un tyran qui leur a fait payer le péché originel. Juste après une tentative de suicide, à 18 ans, pour Anita la Provençale. Elle se croyait la fille du républicain espagnol qui l'a élevée et protégée d'une mère distante.

Le livre de Jean-Paul Picaper est le premier publié en France sur ce sujet. [...]

Aimés. Ce livre d'une grande justesse rappelle aussi que l'Occupation en France, surtout les deux premières années, fut une drôle de guerre. Les pères des « fils de Boches » n'ont pas violé. Ils ont été aimés, reçus à la table des parents de leurs fiancées. Leurs enfants, neveux, petits-enfants, arrière-petits-enfants forment aujourd'hui en France une communauté qui commence à sortir du néant. Jean-Paul Picaper demande, au nom de certains, que leur soit accordée la double nationalité. *(586 mots)*

Blandine Grosjean / © Libération, 29 avril 2004

Annotations

l. 15	Jean-Paul Picaper	auteur de *Enfants maudits* (avec Ludwig Norz)
l. 18	le géniteur	*ici :* le père
l. 22	pour indignité nationale	*wegen Vaterlandsschande*
l. 23	les bonnes sœurs	*Ordensschwestern*
l. 30	la Savoyarde	femme qui vient de Savoie
l. 31	le péché originel	*ici : Unzucht*
l. 32	la Provençale	femme qui vient de Provence

Aufgabenstellung

1. Décrivez la photo et exposez brièvement le problème dont il est question dans le texte de Blandine Grosjean.
2. Décrivez la situation des mères des « bâtards de Boches » et analysez-la.
3. Examinez de plus près l'évolution psychologique des enfants de soldats allemands et essayez d'expliquer cette évolution.
4. Les « bâtards de Boches » et leurs mères ont été humiliés par les Français. Jugez cette situation et comparez-la à la situation de certains immigrés dans la France d'aujourd'hui.

Lösungsvorschläge

1. Sur la photo présentée, il y a six femmes, l'une à côté de l'autre, le visage au mur d'une grande maison. Deux hommes les regardent dont l'un porte un béret basque. Les femmes sont accusées d'avoir collaboré avec les Allemands et les deux hommes semblent les surveiller.
   Dans le texte « Les " bâtards de Boches " se confient », rédigé par Blandine Grosjean et publié dans *Libération* du 29 avril 2004, l'auteur présente les répercussions des liaisons entre soldats allemands et Françaises pendant l'Occupation. On compte en France environ 200 000 enfants dont le père était soldat allemand et la mère Française. C'est surtout grâce à un livre de Jean-Paul Picaper et Ludwig Norz (« Enfants maudits ») que la société française se rend compte du fait que les pères de ces enfants n'ont pas violé, mais étaient plutôt acceptés par leurs fiancées et les familles. Longtemps discriminées, les mères concernées et leurs enfants sortent du néant pour faire remarquer qu'ils ont été martyrisés à tort par la société française. *(172 mots)*

2. Les mères des « bâtards de Boches » étaient longtemps considérées comme femmes qui ont commencé une « collaboration horizontale » pour en retirer un profit et on leur a infligé des peines importantes. Quelques-unes devaient purger des peines de prison « pour indignité nationale » (l. 22), d'autres ont vécu de longues années dans la honte et la culpabilité, martyrisées non seulement par la société, mais aussi par la propre famille. Pour être suspecte de « collaboration horizontale », il suffisait d'avoir un enfant aux cheveux blonds et aux yeux bleus de père « inconnu ». Blandine Grosjean nous présente Anita la Savoyarde qui est la fille d'un soldat allemand, ce qu'elle a appris à l'âge de 50 ans. Sa mère s'est mariée à un Français qui savait de son « péché originel » (l. 31) et qui l'a tyrannisée jusqu'à sa mort. Un autre exemple en est Anita la Provençale qui a appris qu'elle était la fille d'un Allemand juste après une tentative de suicide, à 18 ans. Pour résumer, il faut constater que la situation des mères suspectes était terrible. Même celles qui ne devaient pas purger des peines de prison étaient dans une situation psychologique affreuse, parce qu'elles n'ont pas seulement été refoulées par le voisinage, mais également par la famille. *(211 mots)*

3. Quant à l'évolution psychologique des enfants de soldats allemands, je propose de différencier entre deux étapes. Juste après la guerre, ils sont martyrisés. Les Français se souviennent bien des atrocités que les Allemands ont commises en France. Pour eux, tout ce qui est allemand doit être refoulé. C'est toujours le temps de la haine, et les enfants des « Boches », qui ne sont pas responsables de ce que leurs pères ont fait, sont humiliés. Blandine Grosjean nous en donne plusieurs exemples dont Daniel Rouxel qui a dix ans dans les années cinquante et qui est humilié par le secrétaire de mairie devant les villageois de Megret en

Bretagne. Tout le monde apprend qu'il est le fils d'un Allemand, et la grand-mère l'enferme dans le poulailler parce qu'elle a honte. Daniel a une peur terrible et se sent coupable. Malgré tout, il reste en contact avec sa famille allemande qui verse clandestinement de l'argent pour contribuer à son éducation. L'après-guerre est caractérisé par la honte et la culpabilité.

Depuis quelques années, les « bâtards de Boches » ont le courage de parler de leurs problèmes, par exemple avec Jean-Paul Picaper, co-auteur du livre « Enfants maudits ». Aujourd'hui, la réconciliation entre la France et l'Allemagne accomplie, les enfants de soldats allemands ont environ 60 ans. La honte et la culpabilité font place au désir d'informer et d'être acceptés par la société française sans réserve, d'autant plus qu'on sait maintenant que les pères allemands ont été aimés par les jeunes Françaises. Quelquefois, les enfants sont toujours à la recherche du père qui fait, pour eux, partie de la famille. Au lieu de se sentir coupables, ils commencent à manifester une grande assurance en ce qui concerne leur situation. Et la société contemporaine les accepte, ce qui les aide à « sortir du néant » (l. 39). *(305 mots)*

4. L'humiliation des « bâtards de Boches » et de leurs mères est un comportement qui est, à mon avis, reprochable. Malgré les atrocités de l'occupant, il faut faire la différence entre la guerre entre soldats et les relations qui existaient quelquefois entre les soldats et des jeunes femmes françaises. Ce qui est le pire pour moi, c'est la manière de laquelle quelques Français ont humilié et discriminé les enfants qui n'étaient pas responsables du tout de ce que « les Allemands » ont fait dans la France occupée.

   Quant à la situation actuelle, il y a toujours des groupes qui sont discriminés (en France ainsi qu'en Allemagne et ailleurs). Ce que les groupes se trouvant en marge de la société ont en commun, c'est qu'ils sont « différents ». Les enfants de soldats allemands sont différents parce qu'ils ont un père allemand. Les immigrés dans la France d'aujourd'hui sont différents parce qu'ils ont, par exemple, la peau noire ou parce qu'ils ont une culture qui n'est pas celle des Français de souche.

   Toute société se méfie de ceux qui sont différents, surtout quand « cela se voit ». Ainsi, une partie des Français de souche n'aime pas les immigrés. Ceux-ci arrivent en France, ne parlent pas bien la langue, ne s'intègrent pas dans la société et la culture françaises et sont, en plus, de religion musulmane. En période de récession conjoncturelle, ils occupent les emplois (c'est ce qu'on pense). En réalité, la plupart des immigrés font des travaux que les Français de souche n'aimeraient pas faire. Voilà une situation dans laquelle on a besoin d'un bouc émissaire. Les responsables prétendus d'une telle situation, c'est-à-dire le bouc émissaire, sont les plus faibles : les immigrés, par exemple.

   À part cela, je suis d'avis que beaucoup d'immigrés pourraient faire plus d'efforts de s'intégrer dans leur pays d'accueil. Mais le manque d'intégration ne justifie aucune discrimination. En comparant les « bâtards de Boches » aux immigrés, je dois constater qu'ils ont en commun la discrimination, les causes du refoulement sont tout à fait différentes. *(357 mots)*

Michel Tournier : *Vendredi ou la vie sauvage*

Le 22 décembre 1787, un bateau s'approche de l'île Speranza où Robinson vit depuis le naufrage de la Virginie il y a 28 ans avec l'indien Vendredi.

Vendredi alla avertir Robinson que le visiteur doublait les dunes et jetterait l'ancre très probablement dans la baie du Salut.

Il importait avant toute chose de reconnaître sa nationalité. Robinson s'avança jusqu'au dernier rideau d'arbres bordant la plage et braqua sa longue-vue sur le navire qui stoppait à deux encablures du rivage. Quelques instants plus tard, on entendit la chaîne de l'ancre tinter en se déroulant.

Robinson ne connaissait pas ce type de bateau qui devait être récent, mais il reconnut l'*Union Jack,* le drapeau anglais, qui flottait à l'arrière. L'équipage avait mis une chaloupe à la mer, et déjà les avirons battaient les flots.

Robinson était très ému. Il ne savait plus depuis combien de temps il était dans l'île, mais il avait l'impression d'y avoir passé la plus grande partie de sa vie. On raconte qu'avant de mourir un homme revoit souvent tout son passé étalé devant lui comme un panorama. C'était un peu le cas de Robinson qui revoyait le naufrage, la construction de *L'Évasion,* son échec, la grande misère de la souille, l'exploitation frénétique de l'île, puis l'arrivée de Vendredi, les travaux que Robinson lui avait imposés, l'explosion, la destruction de toute son œuvre, et ensuite c'était une longue vie heureuse et douce, pleine de jeux violents et sains et des inventions extraordinaires de Vendredi. Est-ce que tout cela allait prendre fin ? […]

Après avoir reçu du ravitaillement et de l'or, le commandant du navire invite Robinson et Vendredi sur son navire, le Whitebird.

Une première fois la chaloupe avait regagné le bord du *Whitebird* pour y déposer tout un chargement de fruits, de légumes et de gibier au milieu desquels se débattaient des chevreaux ligotés. Les hommes attendaient les ordres du commandant avant d'effectuer un second voyage.

– Vous me ferez bien l'honneur de déjeuner avec moi, dit-il à Robinson.

Et sans attendre sa réponse, il ordonna qu'on embarque l'eau douce et qu'on revienne ensuite pour le mener à bord avec son invité.

Lorsque Robinson sauta sur le pont du *Whitebird,* il y fut accueilli par un Vendredi radieux que la chaloupe avait amené lors de son précédent voyage. L'Indien avait été adopté par l'équipage et paraissait connaître le navire comme s'il y était né. Robinson le vit s'élancer dans les haubans, se hisser sur la hune et repartir de là sur les marchepieds de la vergue, se balançant à quinze mètres au-dessus des vagues avec un grand rire heureux. Il se souvint alors que Vendredi aimait tout ce qui avait rapport à l'air – la flèche, le cerf-volant, la harpe éolienne – et que ce beau voilier svelte, léger et blanc était certainement la chose aérienne la plus merveilleuse qu'il eût jamais vue. Il éprouva un peu de tristesse en constatant combien l'Indien paraissait plus heureux que lui de l'arrivée du *Whitebird.*

Il avait fait quelques pas sur le pont, lorsqu'il distingua une petite forme humaine attachée demi-nue au pied du mât de misaine. C'était un enfant qui pouvait avoir une douzaine d'années. Il était maigre comme un oiseau déplumé et tout son dos était strié de marques sanglantes. On ne voyait pas son visage, mais ses cheveux formaient une masse rouge qui retombait sur ses épaules minces et parsemées de taches de rousseur. Robinson ralentit le pas en le voyant.

– C'est Jean, notre mousse, lui dit le commandant. [...]

Lorsqu'il fit part de sa décision de demeurer sur l'île, seul Joseph manifesta de la surprise. Hunter n'eut qu'un sourire glacé. Au fond il était peut-être soulagé de n'avoir pas deux passagers supplémentaires à embarquer sur un navire étroit où la place était chichement distribuée.

– Je considère tout le ravitaillement et l'or que nous avons embarqués, comme l'effet de votre générosité, lui dit-il courtoisement. En souvenir de notre passage à Speranza, permettez-moi de vous offrir notre petite yole de repérage qui s'ajoute inutilement à nos deux chaloupes de sauvetage réglementaires.

C'était un canot léger et de bonne tenue, idéal pour un ou deux hommes par temps calme. Il remplacerait avantageusement la vieille pirogue de Vendredi. C'est dans cette embarcation que Robinson et son compagnon regagnèrent l'île comme le soir tombait.

En reprenant pied sur ses terres, Robinson éprouva un immense soulagement. Le *Whitebird* et ses hommes avaient apporté le désordre et la destruction dans l'île heureuse où il avait mené une vie idéale avec Vendredi. Mais qu'importait ? Aux premières lueurs de l'aube, le navire anglais lèverait l'ancre et reprendrait sa place dans le monde civilisé. Robinson avait fait comprendre au commandant qu'il ne souhaitait pas que l'existence et la position de son île sur la carte fussent révélées par l'équipage du *Whitebird.* Le commandant avait promis, et Robinson savait qu'il respecterait son engagement. Robinson et Vendredi avaient encore de belles et longues années de solitude devant eux. *(772 mots)*

Annotations

l. 4	la longue-vue	instrument optique pour regarder au loin
l. 5	l'encablure (f.)	mesure marine indiquant une distance (200 m)
l. 9	la chaloupe	un grand canot
l. 9	l'aviron (m.)	un instrument pour ramer
l. 21	le chevreau	une petite chèvre
l. 21	ligoté	attaché, lié
l. 29	le hauban	*Wante*
l. 29	la hune	*Mastkorb*
l. 30	la vergue	*Rahe*
l. 37	la misaine	*Fockmast*
l. 46	chichement	péniblement
l. 49	la yole	*Jolle*
l. 52	la pirogue	un canot long
l. 58	la lueur	une lumière faible à l'aube

Aufgabenstellung

1. Exposez brièvement la situation dans laquelle se trouvent Robinson et Vendredi après l'arrivée du Whitebird.

2 Analysez le comportement et les réflexions de Robinson et du commandant.

3. Examinez pourquoi Robinson n'est plus ni apte ni prêt à vivre dans une société après les 28 ans passés dans la solitude.

4. Robinson et Vendredi, chacun tient un monologue intérieur après la visite du Whitebird. Écrivez leurs réflexions.

Lösungsvorschläge

1. ***Hinweis:*** *Diese Aufgabenstellung verlangt von Ihnen keine chronologische Zusammenfassung der Handlung, sondern eine knappe Darlegung der wichtigsten inhaltlichen Aspekte, die Sie abstrahiert darlegen sollen. Handlungsdetails sind nicht wichtig. Sie sollten sich auf die Beschreibung der Umstände konzentrieren.*

Dans les extraits proposés du roman « Vendredi ou la vie sauvage » de Michel Tournier, paru en 1971 chez Flammarion, il est question de l'arrivée du bateau *Whitebird* vingt-huit ans après le naufrage de Robinson. Pendant toutes ces années, il a mené une vie solitaire sur l'île Speranza. Un indien qu'il a nommé Vendredi sera plus tard son compagnon.
Vendredi est ravi de la nouvelle situation surtout quand il monte à bord du *Whitebird* sur l'invitation du commandant. Il admire le bateau et s'y divertit joyeusement tandis que Robinson passe en revue sa vie heureuse sur l'île. Ce dernier par contre se pose des questions angoissantes quant à l'avenir craignant que désormais tout change pour eux. Le comportement violent de l'équipage et sa visite sur le navire lui rappellent les revers de la vie dans une société civilisée et le poussent à prendre la décision de retourner sur son île pour continuer sa vie idéale.

2. ***Hinweis:*** *Die Analyse der beiden Personen sollte mit einer kurzen Zusammenfassung der wesentlichen Ergebnisse abgeschlossen werden. Während im Folgenden die beiden hintereinander betrachtet werden, ist es auch möglich, die unterschiedlichen Verhaltensweisen direkt einander gegenüberzustellen. Das birgt allerdings die Gefahr sprachlicher Wiederholungen in sich.*

Les personnages principaux dans les extraits sont Robinson et le commandant Hunter.

Robinson est cordial et généreux. Il offre toutes les richesses de son île au commandant et à l'équipage du bateau. Mais il est aussi pensif. Passant en revue sa vie « heureuse et douce » (l. 17) de solitaire, seul en compagnie de Vendredi, dont il admire les « inventions extraordinaires » (l. 17), il a peur que cette vie ne prenne fin (l. 18).
Il ne sait pas ce qui s'est passé dans le monde pendant ces années loin de toute civilisation, mais il ne le regrette aucunement. En s'apercevant que Vendredi s'amuse en compagnie de l'équipage sur le bateau où le commandant les a invités, il devient triste et sceptique. Loin d'être ébloui par le progrès technique qu'il constate sur le bateau de construction récente (l. 7) et par son aspect élégant (l. 32–34), il est plutôt très attristé par le comportement inhumain envers un petit mousse (l. 36/37) et éprouve de la compassion pour cet être maltraité et délaissé (l. 40). Son effroi et sa désapprobation s'expriment par son attitude (« il ralentit le pas en le voyant », l. 41). Pourtant Robinson ne proteste pas et n'exprime pas ouvertement son horreur face à un tel comportement inhumain : soit qu'il soit trop choqué, soit qu'il ait perdu l'habitude de discuter. De toute manière, Robinson est taciturne et renfermé.

Finalement, il prend la décision de ne pas retourner en Angleterre à bord du *Whitebird*, mais de renoncer à la vie « civilisée » et de continuer à vivre librement. Il est convaincu qu'il mène « une vie idéale avec Vendredi » (l. 57) sur Speranza.
Tout compte fait, le comportement de Robinson est humain et cordial, généreux et modeste, taciturne et pensif. C'est un être libre qui refuse toute dépendance et toute soumission.

Le comportement du commandant Hunter qui utilise un langage conventionnel (l. 23, l. 47–50) et se cache derrière des phrases toutes faites se distingue nettement de celui de Robinson.
À la différence de celui-ci, Hunter manque de sincère cordialité. Il a un « sourire glacé » (l. 44) qui reflète sa froideur. Le cadeau qu'il donne à Robinson et Vendredi pour compenser leurs cadeaux généreux – une petite yole – le débarrasse d'un canot superflu (l. 49/50). Bien qu'il ait invité Robinson à voyager avec eux, il est soulagé de la décision de Robinson de ne pas retourner en Angleterre (l. 44–46).
Hunter mène son équipage de manière autoritaire (l. 21/22) et brutale, reflétée par son comportement inhumain envers Jean, le petit mousse (l. 40).
Mais même à l'égard de Robinson, qui ne fait pas partie de ses équipiers, il montre son attitude autoritaire : il n'attend même pas sa réponse (l. 24).
Hunter vit dans une société qui se réclame civilisée, mais il fait preuve d'inhumanité, d'égoïsme et de violence, demandant de surcroît la soumission absolue de ses sujets.

3. Depuis vingt-huit ans, Robinson a vécu seul avec Vendredi sur une île isolée et non repérable sur la carte (l. 60/61). Il s'est habitué à l'absence d'autres personnes et au silence qui en résulte et ne gaspille pas non plus trop de mots lors de l'arrivée du *Whitebird*.
   Pour Robinson, le comportement des nouveaux-arrivés est choquant. Ils exploitent et détruisent la nature (l. 56) qu'il aime et au rythme de laquelle il a vécu depuis des années. En outre, ils ne respectent pas non plus leurs semblables. Pour Robinson, par contre, son compagnon est très important (l. 17/18) et il n'est pas question pour lui de dominer un autre ou de se soumettre à un autre comme il le voit sur le bateau (l. 21/22, 36–41).
   De plus, Robinson a déjà un certain âge, ainsi il serait difficile pour lui de changer de mode de vie. Et lui, qui n'est plus au courant ni du progrès technique (l. 7, 32/33) ni des évolutions politiques, devrait apprendre à nouveau beaucoup de choses.
   Comme Robinson pense mener une vie paradisiaque sur son île, et qu'il se sent confronté à une société hostile dont les valeurs ne sont pas les siennes, il refuse de retourner en Angleterre dans une vie caractérisée par l'exploitation et l'irrespect.

4. ***Hinweis:*** *Der letzte Absatz der Textauszüge kann als Ausgangspunkt der Betrachtungen herangezogen werden.*

Vendredi

Quelle joie. Enfin un bateau est arrivé et l'équipage est venu sur notre petite île. Nous leur avons donné du ravitaillement, nos trésors et surtout de l'eau et bien qu'ils aient dévasté un peu notre paradis, maltraité les animaux, je suis reconnaissant qu'ils m'aient invité sur leur grand bateau où j'ai pu jouer dans les mâts, me sentir comme un oiseau. C'est merveilleux. Ils me considèrent comme l'un des leurs. Je ris de bonheur.
Cela serait formidable si je pouvais partir avec eux ; mais Robinson serait alors seul, sans personne. Il m'aime beaucoup et notre vie sur l'île est calme. Nous ne manquons de rien. Peut-être trop calme. J'aimerais bien voir autre chose que notre île.
Depuis que j'ai vu le *Whitebird*, Speranza n'est plus un paradis pour moi. Je ne veux plus vivre dans un tel isolement.
Heureusement le commandant nous a fait cadeau d'une petite yole. Et si je prenais cette yole pour retourner sur le *Whitebird* avant qu'il lève l'ancre ? Tant pis pour Robinson, il se débrouillera sûrement très bien tout seul.
Ma décision est prise : cette nuit je vais rejoindre le *Whitebird.*

Robinson

Quel beau voilier, quelle élégance, quelle merveille !
Mais l'équipage et le commandant sont violents, même brutaux. Ils ne respectent ni la nature ni les hommes. Le commandant est autoritaire, il ne sait que donner des ordres. Et ce petit mousse attaché, il me fait pitié. Ont-ils oublié toutes les valeurs humaines ? Qu'est-ce que la civilisation est devenue ?
Les paroles du commandant – sans chaleur, son regard – froid, son sourire – glacé. Ce ne sont pas ces êtres humains que j'aime. Le commandant ne connaît ni la cordialité ni la générosité qui devraient régner dans le monde.
Heureusement que je mène une vie libre, indépendante des autres créatures humaines, dépendant seulement de la nature et des saisons. Je n'ai pas besoin de parler beaucoup, le silence me parle abondamment, me remplit de bonheur. Je vis une vie idéale dans mon paradis avec Vendredi qui a des idées extraordinaires. Le langage est source de malentendus, mais nous nous entendons bien sans beaucoup de mots. Nous nous enrichissons mutuellement, nous sommes là l'un pour l'autre.
Mais, si je passe en revue la courte scène sur le bateau où Vendredi était si gai, si heureux, je crains que Vendredi ne soit attiré par cette autre vie, qu'il veuille devenir mousse et rester sur le *Whitebird.* C'est certain, il est ébloui.
Il ne connaît pas les hommes qui se croient civilisés, il ne connaît ni leur caractère mensonger et mesquin, ni leur volonté de dominer les autres.
Arriverai-je à le retenir sur l'île ? Bon, pour le moment, il est retourné avec moi sur notre île. Mais la yole reste dans la baie et il sait bien ramer…
Je prie pour qu'il reste avec moi, j'ai tellement besoin de lui…

« Dans cette catastrophe, le cœur a parlé, très fort »

Dans la nuit du 27 au 28 février 2010 une forte tempête a causé la mort de 28 personnes, beaucoup de blessés et des dégâts catastrophiques dans plusieurs communes de la Charente-Maritime. La mer a inondé et dévasté des maisons construites trop près de la mer, le port de plaisance des Sables d'Olonne. Encore un an après les plaies sont ouvertes.

Béatrice Lagarde, sous préfète de l'arrondissement des Sables-d'Olonne était aux avant-postes dès le petit matin du 28 février. Comment a-t-elle vécu personnellement cette tragédie, qu'a-t-elle ressenti, que gardera-t-elle en mémoire ? C'est ce que nous lui avons demandé.

Aviez-vous déjà été confrontée à une telle tragédie ?
En ce qui me concerne et durant toute ma carrière, je n'avais jamais connu une catastrophe, un événement ou un sinistre de cette ampleur-là et surtout au regard du nombre de victimes. J'ai connu des accidents graves et des catastrophes routières, mais jamais une telle tragédie.

Comment avez-vous été informée de ce qui se passait ?
Je me trouvais de permanence ce week-end-là. Bien qu'ayant laissé des messages d'alerte et tout en sachant que nous nous attendions à un événement climatique qui pouvait être d'une certaine importance, nous n'avons à aucun moment imaginé l'ampleur et les conséquences de cette tempête Xynthia. Cette impression de grand calme a été renforcée par le fait que, dans la nuit du 27 au 28 février et alors même que j'étais de permanence, je n'ai reçu aucun coup de téléphone. C'est à sept heures trente que j'ai été informée par mon collègue le directeur de cabinet.

Quelle atmosphère régnait-il dans cette cellule de crise ?
On ressentait une espèce d'effroi car au fil des minutes on nous tenait informé de l'évolution du nombre des victimes. Personnellement je devais animer cette cellule de crise et je devais aussi organiser la cellule médiatique. Cela a donc été à la fois un choc répété car le nombre de victimes ne cessait d'augmenter tout au long de la journée et une émotion à laquelle on ne pouvait pas véritablement se laisser aller parce que nous sommes tout d'abord des professionnels et que nous devions gérer et aussi parce que la pression médiatique est telle qu'elle vous oblige à vous positionner de manière institutionnelle de façon quasi-immédiate. Le temps du chagrin du recul et de la compassion disparaît à ce moment-là, mais il revient dès que vous rentrez chez vous. Vous ne dormez pas, vous êtes nerveux, vous êtes en état de choc et surtout vous pensez tout de suite à toutes ces personnes qui ont été prises au piège par l'eau. Qui ont appelé au secours, pour certains d'entre eux, en vain pendant des heures et là, à titre personnel, que l'on soit père ou mère de famille, fils ou fille de personnes qui

ont un certain âge, on se projette et on est envahi par ce phénomène de compassion qui crée une situation de mal-être profond, un mal-être qui perdure encore aujourd'hui.

Quelles ont été les difficultés que vous avez rencontrées dans la gestion de Xynthia ?

Nous avons parfois été placés dans une situation ambivalente voire bipolaire dans la mesure où nous sommes des professionnels et des fonctionnaires, mais nous sommes aussi des êtres humains, avec beaucoup d'empathie envers les victimes. Mais les pressions extérieures, tendant à faire désigner très rapidement des responsables voire des coupables, peuvent nous placer en situation de porte-à-faux. C'est-à-dire qu'il y une réelle compassion de notre part qui est mal acceptée ou mal vécue de la part des familles sinistrées ou des victimes qui ne sont pas prêtes à entendre ce discours. Ils voient en nous des fonctionnaires et des coupables potentiels. C'est donc parfois difficile à gérer. Personnellement, je dois dire que [...] j'ai bénéficié de beaucoup de compréhension. Même avec des messages institutionnels qui étaient difficiles à faire passer, ils ont été réceptifs à mon empathie et ma compassion. C'est terrible quand on est professionnels et que l'on intervient, de se sentir rejeté dans l'élan de sincérité que l'on peut avoir. Personnellement je n'ai jamais eu à affronter cela.

Que retenez-vous de ce tragique événement ?

Ce qui m'a frappé, c'est l'élan de solidarité de la population entre elle et des responsables publics. Je retiens également le dynamisme et l'organisation derrière cette solidarité, car la solidarité peut être désordonnée et dans ce cas cela devient contre productif, ce qui n'a pas été le cas. Je garderai aussi en mémoire la profonde compréhension et l'appui des élus. En ce qui me concerne je n'ai aucune observation à faire. Chaque fois que j'ai fait appel à eux, ils ont répondu présents et toujours avec beaucoup de loyauté. Je voudrais surtout insister sur cette solidarité qui me semble être véritablement un trait local, une particularité vendéenne et aussi sur la fraternité, quelles que soient les sensibilités d'origine. C'est un événement qui a transcendé les courants, les philosophies et les couches sociales. Au-delà, de l'ampleur de la catastrophe, qui restera gravée de façon indélébile dans nos mémoires, c'est aussi ce formidable mouvement d'espérance et la grande réactivité qui l'a accompagné, que je retiendrai.

S'il n'y avait qu'une leçon à retenir de ce tragique événement, quelle serait-elle ?

C'est un événement qui marquera nos parcours professionnels respectifs et j'ajoute que pour l'avenir, cela va nous rendre forcément beaucoup plus sensibles aux questions de l'exposition aux risques. Il y aura sans doute une plus grand fermeté mais aussi du courage et de la détermination dans nos décisions. Nous ne sortirons pas indemnes d'une telle expérience parce que nous avons toujours au fond de nous-mêmes la question de nous interroger sur notre part de responsabilité, qu'elle soit d'ailleurs négative ou positive. [...] J'irais même jusqu'à dire que le courage dont nous devons faire preuve est tel que l'on ne doit plus craindre de prendre des décisions qui, éventuellement, pourraient nuire à notre carrière professionnelle. Nous devons toujours être conscients des enjeux et personnellement, c'est la grande leçon que j'en retirerai.

Gérard Héraud : Dans cette catastrophe, le cœur a parlé, très fort. *(933 mots)*
Dans : Le Journal des Sables (24/02/2011), p. 63

Annotations

l. 7	le sinistre	événement catastrophique
l. 19	un effroi	une horreur, un choc
l. 29	le piège	danger caché, risque caché
l. 33	perdurer	durer longtemps
l. 40	porte-à-faux	situation difficile
l. 58	transcender	dépasser, traverser
l. 60	indélébile	qui ne peut pas être effacé
l. 68	indemne	sans dommage, sans plaie
l. 73	un enjeu	ce que l'on met comme argent ou élan dans un jeu

Aufgabenstellung

1. Résumez brièvement les énoncés essentiels de cette interview.
2. Analysez de plus près les problèmes qui se sont posés après la catastrophe et se poseront dans l'avenir.
3. Expliquez le comportement des victimes sinistrées et de la population après la catastrophe.
4. Écrivez une lettre au préfet dans laquelle vous exprimez votre remerciement pour le soutien moral mais également votre critique quant à la gestion des dédommagements.

Lösungsvorschläge

1. L'interview avec Béatrice Lagarde, la sous-préfète de l'arrondissement des Sables d'Olonne, a paru dans « Le journal des Sables » le 24 février 2011. Il y est question de Xynthia, la tempête catastrophique qui, en février 2010, a dévasté la côte vendéenne faisant beaucoup de victimes.
Madame Lagarde parle d'abord des circonstances dans lesquelles elle a appris la catastrophe. Elle regrette de ne pas avoir été avertie assez tôt et exprime sa compassion envers les victimes. La situation dans laquelle elle s'est trouvée, d'une part comme fonctionnaire et professionnelle et d'autre part comme être humain, était ambivalente. Ainsi il est difficile pour les officiels de montrer un comportement qui plaisait à tous.
Puis, elle décrit les réactions des victimes et de la population qui sont qualifiées d'extraordinaires. Finalement, la sous-préfète souligne les leçons que Xynthia a données pour l'avenir.

2. Les problèmes se sont posés sur deux plans, le plan administratif et le plan humain.
Bien qu'on se soit attendu à un « événement climatique » impressionnant, l'administration a sous-estimé la force de la tempête annoncée (l. 12–14). On a donc

négligé de prendre des précautions convenables et de donner l'alerte à la population. De plus, il y avait un problème de communication de sorte que la sous-préfète bien qu'elle ait été de permanence n'a pas été mise au courant à temps et n'a donc pas pu réagir (l. 16).
Après une première constatation de l'ampleur de Xynthia, on a dû organiser une cellule de crise ce qui jetait un grand défi personnel aux fonctionnaires. D'une part, il fallait agir de façon professionnelle, d'autre part, on ressentait du chagrin et de la compassion envers ceux qui souffraient (l. 26, 38) et on était choqué par le nombre de victimes qui augmentait sans cesse au cours de la journée, ce qui laissait un grand malaise et menait à une certaine inertie (l. 22, 28).
Le comportement des sinistrés qui ne voulaient souvent pas admettre la compassion sincère de l'administration, la tenant pour responsable de cette catastrophe a constitué une autre difficulté aiguisée encore par la demande de médias (l. 39–42) qu'on devait satisfaire tout de suite après la catastrophe (l. 25/26).
Ces problèmes auront des répercussions pour l'avenir en ce qui concerne avant tout les décisions administratives à prendre. Dans l'avenir, par conséquent, il faudra être plus prudent et plus sensible aux risques. On devra avoir le courage de prendre des décisions impopulaires, quelles que soient les conséquences pour la carrière des hommes et femmes politiques (l. 71/72).

3. Face à une catastrophe dans laquelle beaucoup de gens ont perdu des proches ou subi des dégâts immenses, les victimes réagissent de manière souvent irrationnelle. C'était aussi le cas après la tempête Xynthia, où les sinistrés ont fait preuve d'un comportement ambivalent qui a été difficile à gérer pour les fonctionnaires (l. 36–43).
   D'un côté, la population voulait soulager sa colère et son deuil en cherchant un bouc émissaire. Comme apparemment la force de la tempête a été sous-estimée de sorte que les mesures préventives n'étaient pas adéquates, on l'a vite trouvé : c'était l'administration (l. 11–14).
   De l'autre côté, on a pu constater un courant de solidarité et de loyauté non seulement entre les gens (l. 50), mais même avec l'administration et les représentants des communes, de sorte que l'organisation a pu être constructive et dynamique (l. 51).

4. Monsieur le préfet,

   Je me permets de m'adresser à vous pour vous remercier de votre aide après la tempête Xynthia qui a dévasté notre maison, mais où heureusement personne de mes proches n'a perdu la vie. Votre aide a été avant tout morale et nous a fait du bien. Nous avons aussi été touchés par la grande solidarité de ceux qui n'étaient pas sinistrés comme nous. La commune a fait preuve d'un grand soutien et la compassion des fonctionnaires de la préfecture était sincère.
   Mais il me faut tout de même exprimer aussi quelques reproches. La préfecture a annoncé des aides matérielles immédiates, mais la bureaucratie est très lente et

jusqu'à maintenant, bien que nous ayons rempli les papiers nécessaires, nous n'avons pas encore reçu d'aides financières. Nous ne comprenons pas les désaccords entre les différentes administrations et les assurances qui en sont responsables.
Ce n'est pas tout. Certes, il y avait des alertes qui annonçaient une forte tempête, mais les services météorologiques n'avaient pas prévu une catastrophe d'une telle ampleur. Donc la plupart des habitants n'a pas pris les mesures nécessaires pour se mettre à l'abri ou pour protéger leurs biens. Peut-être aurait-il été mieux d'être plus prudent.
De plus, l'eau a inondé des quartiers tout près de la mer où normalement on ne devrait pas avoir le droit de construire des maisons car la force de l'eau est dangereuse, surtout sur un terrain sableux. Mais les communes avaient donné l'accord d'y construire, d'une part parce que cela rapporte de l'argent et d'autre part parce que les gens désirent de plus en plus bâtir près de la mer. Ce n'est donc pas uniquement la faute des communes, mais aussi des gens irresponsables.
Afin d'éviter une autre catastrophe de cette ampleur, je propose d'abord d'interdire formellement toute construction d'habitats près de la mer.
En outre, je demande que les services météorologiques soient plus clairs, qu'on mesure par exemple la hauteur et par conséquent la force des vagues, qu'on crée dans chaque commune des centres où la population puisse se réfugier et qu'on l'a alerte à temps. On pourrait instituer aussi des secours spécialisés pour transporter les gens à un endroit plus sûr si une grave tempête s'annonce.
Il serait aussi souhaitable d'organiser une aide psychologique pour les sinistrés ou les proches des victimes. C'est ce qui a manqué l'année dernière.

Veuillez agréer, Monsieur le préfet, l'expression de mes sentiments distingués

Abiturprüfung Niedersachsen: Französisch
Übungsaufgabe 7

Le Clézio : *Celui qui n'avait jamais vu la mer*

Daniel, qui pourrait aussi s'appeler Sindbad, est un jeune garçon solitaire qui n'aime que la mer.
Une nuit de septembre, il s'enfuit du collège-internat et va à la mer. Daniel y vit dans une grotte. Pendant longtemps on le cherche sans pour autant le trouver, puis on ne parle plus de lui…
Daniel se promène tous les jours à la plage et communique avec son seul ami, un poulpe, qu'il a nommé Wiatt. Un jour la mer est extrêmement basse et retirée et le ciel d'une blancheur éblouissante. Daniel ressent une grande fatigue.

La mer était là, déjà. Elle venait très vite, elle entourait avec hâte les premiers rochers comme des îles, elle noyait les crevasses, elle glissait avec un bruit de rivière en crue. Chaque fois qu'elle avait englouti un morceau de roche, il y avait un bruit sourd qui ébranlait le socle de la terre, et un rugissement dans l'air.

Daniel se leva d'un bond. Il se mit à courir vers le rivage sans s'arrêter. Maintenant il n'avait plus sommeil, il ne craignait plus la lumière et le sel. Il sentait une sorte de colère au fond de son corps, une force qu'il ne comprenait pas, comme s'il avait pu briser les rochers et creuser les fissures, comme cela, d'un seul coup de talon. Il courait au-devant de la mer, en suivant la route du vent, et il entendait derrière lui le rugissement des vagues. De temps en temps, il criait, lui aussi, pour les imiter :

« Ram ! Ram ! »

car c'était lui qui commandait la mer.

Il fallait courir vite ! La mer voulait tout prendre, les rochers, les algues, et aussi celui qui courait devant elle. Parfois elle lançait un bras, à gauche, ou à droite, un long bras gris et taché d'écume qui coupait la route de Daniel. Il faisait un bond de côté, il cherchait un passage au sommet des roches, et l'eau se retirait en suçant les trous des crevasses.

Daniel traversa plusieurs lacs déjà troubles, en nageant. Il ne sentait plus la fatigue. Au contraire, il y avait une sorte de joie en lui, comme si la mer, le vent et le soleil avaient dissous le sel et l'avaient libéré.

La mer était belle ! Les gerbes blanches fusaient dans la lumière, très haut et très droit, puis retombaient en nuages de vapeur qui glissaient dans le vent. L'eau nouvelle emplissait les creux des roches, lavait la croûte blanche, arrachait les touffes d'algues. Loin, près des falaises, la route blanche de la plage brillait. Daniel pensait au naufrage de Sindbad, quand il avait été porté par les vagues jusqu'à l'île du roi Mihrage, et c'était tout a fait comme cela, maintenant. Il courait vite sur les rochers, ses pieds nus choisissaient les meilleurs passages, sans même qu'il ait eu le temps d'y penser. Sans doute il avait vécu ici depuis toujours, sur la plaine du fond de la mer, au milieu des naufrages et des tempêtes.

Il allait à la même vitesse que la mer, sans s'arrêter, sans reprendre son souffle, écoutant le bruit des vagues. Elles venaient de l'autre bout du monde, hautes, penchées en avant, portant l'écume, elles glissaient sur les roches lisses et elles s'écrasaient dans les crevasses.

Le soleil brillait de son éclat fixe, tout près de l'horizon. C'était de lui que venait toute cette force, sa lumière poussait les vagues contre la terre. C'était une danse qui ne pouvait pas finir, la danse du sel quand la mer était basse, la danse des vagues et du vent quand le flot remontait vers le rivage.

Daniel entra dans la grotte quand la mer atteignit le rempart de varech. Il s'assit sur les galets pour regarder la mer et le ciel. Mais les vagues dépassèrent les algues et il dut reculer à l'intérieur de la grotte. La mer battait toujours, lançait ses nappes blanches qui frémissaient sur les cailloux comme une eau en train de bouillir. Les vagues continuèrent à monter, comme cela, une après l'autre, jusqu'à la dernière barrière d'algues et de brindilles. Elle trouvait les algues les plus sèches, les branches d'arbre blanchies par le sel, tout ce qui s'était amoncelé à l'entrée de la grotte depuis des mois. L'eau butait contre les débris, les séparait, les prenait dans le ressac. Maintenant Daniel avait le dos contre le fond de la grotte. Il ne pouvait plus reculer davantage. Alors il regarda la mer pour l'arrêter. De toutes ses forces, il la regardait, sans parler, et il renvoyait les vagues en arrière, en faisant des contre-lames qui brisaient l'élan de la mer.

Plusieurs fois, les vagues sautèrent par-dessus les remparts d'algues et de débris, éclaboussant le fond de la grotte et entourant les jambes de Daniel. Puis la mer cessa de monter tout d'un coup. Le bruit terrible s'apaisa, les vagues devinrent plus douces, plus lentes, comme alourdies par l'écume. Daniel comprit que c'était fini.

Il s'allongea sur les galets, à l'entrée de la grotte, la tête tournée vers la mer. Il grelottait de froid et de fatigue, mais il n'avait jamais connu un tel bonheur. Il s'endormit comme cela, dans la paix étale, et la lumière du soleil baissa lentement comme une flamme qui s'éteint. *(850 mots)*

J. M. G. Le Clézio, « Celui qui n'avait jamais vu la mer », dans « Mondo et autres histoires ».

Annotations

l. 2	la crevasse	fente, fissure
l. 2	en crue	l'eau qui monte constamment de manière forte
l. 4	le rugissement	cri fort, hurlement
l. 9	le talon	partie postérieure du pied de l'homme
l. 16	sucer	aspirer un liquide par la bouche
l. 20	dissoudre	faire disparaître, désagréger, se décomposer
l. 23	le creux	le vide
l. 31/32	pencher	s'incliner, rendre oblique
l. 32	lisse	une surface égale calme, douce
l. 40	la nappe	eau stagnante, plane dans un creux
l. 41	frémir	bouger légèrement à la suite d'une émotion
l. 44	amonceler	réunir en grande quantité
l. 45	le débris	reste d'un objet cassé, brisé
l. 46	le ressac	retour des vagues sur elles-mêmes après un choc contre un obstacle
l. 50	le rempart	mur autour d'une ville, fortification
l. 54	les galets	cailloux polis par la mer

Aufgabenstellung

1. Décrivez la situation de cet extrait.
2. Analysez minutieusement les sentiments de Daniel face à la situation.
3 Comparez le protagoniste Daniel à Lullaby.
4. Écrivez un monologue intérieur de Daniel.

Lösungsvorschläge

1. Dans cet extrait de la nouvelle « Celui qui n'avait jamais vu la mer » de J. M. G. Le Clézio, le lecteur assiste à l'arrivée rapide de la marée haute rapporté par un narrateur qui livre la perspective du protagoniste Daniel.
   Les vagues qui envahissent de plus en plus la plage et le rugissement du vent rendent l'atmosphère tendue. Bien que la mer montante constitue un danger pour Daniel, il se réjouit de ce spectacle et mesure ses forces dans cette lutte contre la mer qui menace de l'engloutir lui aussi.
   L'apogée atteint, la mer se calme brusquement, le bruit cesse et Daniel qui s'est refugié dans une grotte s'endort fatigué mais rempli d'un bonheur inouï.

2. Dans cet extrait, un narrateur décrit un spectacle naturel, l'arrivée d'une grande marée, de même que les sentiments et réactions du personnage principal, Daniel.
   Lorsque l'eau arrive, Daniel, soudain, ne sent plus sa fatigue (l. 6, 19). Il commence à courir pour ne pas être englouti par les vagues qui accompagnées d'un vent rugissant déferlent et arrivent de plus en plus vite en inondant rapidement la plage jusqu'aux dunes.
   La colère lui donne une force inconnue et il lutte de manière acharnée contre la violence de la mer (l. 7–9). Son combat est accompagné de ses cris qui imitent le vacarme de l'eau (l. 10/11), croyant qu'il dominerait ainsi la mer (l. 12) qui est son adversaire et le défie.
   Mais Daniel se sent libéré (l. 20) malgré cette situation qui n'est pas sans danger pour lui et il peut même admirer la beauté de ce spectacle qui ressemble à une danse (l. 21–24, 30–33).
   Une joie inouïe l'envahit (l. 19) et éveille sa confiance en ses forces de pouvoir sortir vainqueur de ce combat se comparant à Sindbad, le navigateur qui a survécu à bien des catastrophes.
   Il doit tout de même se retirer dans une grotte car la mer devient de plus en plus forte, recouvre la nature, engloutit les algues, les débris, les cailloux et menace de le noyer (l. 46, 51).
   Mais la confiance de pouvoir dompter la mer en la regardant fixement (l. 47–49) comme s'il la conjurait et la suppliait, le rend fort et fier à la fois.
   Un bonheur sans pareil le remplit après cette victoire, et extrêmement fatigué, Daniel s'endort sous le soleil couchant (l. 54–57).

3. Les deux récits de J. M. G. le Clézio présentent plusieurs parallèles. Celui qui saute aux yeux dès le début des deux récits est le thème de la fugue lié à celui de l'amour et de la nostalgie de la mer.
   Lullaby et Daniel ont à peu près le même âge et vont au lycée. Daniel est à l'internat, tandis que Lullaby vit avec sa mère malade. Le père de Lullaby habite à Téhéran, ce que le lecteur apprend par une lettre que Lullaby lui écrit avant de s'évader.

Tandis que Lullaby vit au bord de la mer, le titre du récit « Celui qui n'avait jamais vu la mer » laisse supposer que la mer est une nouvelle expérience pour Daniel.
Les deux jeunes s'identifient à des personnages mythiques ou fantastiques : Le père de Lullaby appelle sa fille Ariel, d'après le dieu du vent, ce qui fait penser à la liberté. Daniel admire Sindbad, qui a survécu à des aventures périlleuses en mer.
Un beau jour d'automne, Lullaby et Daniel quittent le lycée clandestinement. Les deux adolescents se cachent près de la mer dans une grotte ou dans les rochers. Ils regardent et admirent la mer dont ils décrivent la beauté et la force. À la différence de Lullaby, Daniel fait l'expérience d'une mer périlleuse avec ses pouvoirs dévastateurs, ce qui provoque son désir de dominer la mer et le rend fier et heureux.
Daniel a l'impression que les vagues viennent de l'autre bout du monde (l. 31), Lullaby est d'avis que la mer transporte à son père les bouts de papier qu'elle jette. Pour tous les deux, la mer, qui s'étend à perte de vue, signifie une liberté extrême et infinie.
Après son aventure, Lullaby retourne dans son école. Comme le texte présent de « Celui qui n'avait jamais vu la mer » n'est qu'un extrait, on ne sait pas ce qui va arriver à Daniel.

4. ***Hinweis:** Der innere Monolog sollte die einzelnen Phasen des Kampfes aufnehmen und vor allem den inneren Konflikt in dieser Grenzsituation von Freude und verdeckter Angst verdeutlichen.*

Que la mer est belle ! Je n'ai jamais assisté à une telle splendeur. Je crie de joie contre le vent. Enfin, la liberté est là. Je me sens tout léger.
Mais elle monte toujours, elle couvre déjà la plage, se retire un peu pour monter de nouveau encore plus. Les vagues sont couronnées d'écume.
Quel bruit assourdissant ; comme une bête féroce, la mer rugit. L'air en est plein.
Je cours devant cette mer qui me poursuit, mais je n'ai pas peur. Je suis fort, ma fatigue a disparu et fait place à une force que je ne me connaissais pas. Il faut que je dompte la mer, je veux être vainqueur.
Ram ! Ram ! Mer, tais-toi, je suis ton adversaire. Mer, tu ne m'auras pas, je cours vite, je saute, je nage. Je réponds à ton défi.
Je suis entièrement libre ; l'école est loin, oubliée la vie enfermée à l'internat. C'est ici, près des rochers où je vis, où j'ai toujours vécu.
Le soleil va bientôt se coucher, elle jette une lumière fantastique sur les vagues qui dansent. Quelle aventure. Je suis Sindbad, le naufragé toujours sauvé.
Voilà la grotte qui me sauve. La mer ne peut plus m'engloutir. Quel défi ! Je vais te dompter, mer, j'ai plus de force que toi. Vraiment ? Le dos contre le mur, je ne peux plus reculer davantage. Alors, Sindbad, un dernier effort. Un regard fixe sur ce déferlement de la mer ! Encore une vague qui essaie de m'envahir ? Ah, non, plus de bruit, les vagues reculent, j'ai gagné, je domine la mer. Que je suis fatigué !

Abiturprüfungs-aufgaben

Französisch (Niedersachsen) – Abiturprüfung 2007
Grundlegendes Anforderungsniveau: Aufgabe I

Kathy Reichs : *Meurtres à la carte*

L'Américaine Kathy Reichs pratique, tout comme Temperance Brennan, narratrice et protagoniste de son roman, le métier d'anthropologue judiciaire (pathologiste dont la spécialité est l'analyse des os). Elle partage son temps entre la Caroline du Nord (North Carolina) et le Québec. Sa vision de Montréal est donc en même temps celle d'une Américaine et d'une femme qui connaît très bien le Québec.

Mardi, en me réveillant avec les infos météo, j'ai compris que j'étais bonne pour subir un froid de gueux. Je ne parle pas du petit froid humide avoisinant les 5 °C qui nous fait bien pleurer au mois de janvier en Caroline du Nord, non. Je parle d'un froid inférieur à moins 18 °C. D'un froid polaire. D'un froid si j'arrête-de-remuer-je-vais-geler-sur-place-et-je-serai-dévorée-par-des-loups !

J'adore Montréal. J'aime sa montagne qui ne fait même pas deux cent cinquante mètres de haut ; j'aime le Vieux-Port, la Petite Italie et le quartier chinois ; j'aime le village gay et les gratte-ciel du centre-ville avec leurs façades en acier et en verre. Et j'aime les quartiers en pierre grise avec leurs enchevêtrements de rues et leurs escaliers impossibles.

Montréal est une ville atteinte de schizophrénie, toujours en train de se battre contre elle-même. Francophone et anglophone. Séparatiste et fédéraliste. Catholique et protestante. Ancienne et moderne. Personnellement, je trouve ça fascinant. Je plonge avec enchantement dans son multiculturalisme où les *empanadas*, le *falafels* et la *poutine* le disputent au poulet *Kong Pao*. Où le *Hurley's Irish Pub*, le *Katsura* et *l'Express* s'allient au *Fairmont Bagel* et à la *Trattoria Trastevere* pour vous offrir du bon temps.

Je prends part à la ronde incessante des festivals : le festival international de jazz, les fêtes gourmandes internationales, le festival des films du monde, la dégustation de plats à base d'insectes qu'organise l'Insectarium. Je fais du lèche-vitrine rue Sainte-Catherine, je flâne aux marchés Jean-Talon et Atwater, je chine chez les antiquaires de la rue Notre-Dame. Je visite les musées, je pique-nique dans les parcs, je me balade à vélo le long du canal Lachine. Je me délecte de tout.

Sauf du climat, de novembre à mai.

J'ai vécu trop longtemps dans le Sud, je l'admets. Je déteste avoir froid. Je n'ai pas de patience envers la neige et la glace. Vos bottes fourrées, vos crèmes antigerçures et vos hôtels en glace, vous pouvez vous les garder ! Donnez-moi des shorts, des sandales et une crème solaire de protection 30.

Mon chat partage totalement mon opinion. Quand je me suis assise dans mon lit, il s'est levé, a fait le gros dos et il s'est glissé sous le tunnel de mes couvertures. Je l'ai regardé en souriant se recroqueviller en un rond tout petit. Birdie. L'unique ami fidèle à partager ma chambre.

– Je suis de tout cœur avec toi, mon oiseau, lui ai-je déclaré en coupant le radio-réveil.

Le rond s'est encore resserré.

J'ai regardé les chiffres à l'écran. Cinq heures et demie.

J'ai regardé la fenêtre. Noire comme dans un four.

J'ai filé à la salle de bains.

Vingt minutes plus tard, j'étais attablée à la cuisine, un café à portée de la main, le dossier Petit ouvert devant moi.

Marie-Reine Petit, mère de trois enfants, âgée de quarante-deux ans, travaillait comme vendeuse dans une boulangerie à l'époque où elle avait disparu, voilà deux ans. Quatre mois plus tard, dans une remise derrière sa maison, son torse décomposé avait été retrouvé dans un sac de hockey. Sa tête et ses membres se trouvaient juste à côté, dans une valise assortie.

La perquisition effectuée au domicile des Petit avait fait apparaître tout un jeu de scies dissimulé au sous-sol : scie à métaux, scie égoine, scie à bande. J'avais été missionnée pour analyser les traces de découpe sur les os de Marie-Reine et déterminer si elles avaient pu être laissées par un outil que possédait le mari. Bingo pour la scie à métaux. Réjean Petit était maintenant jugé pour le meurtre de son épouse. *(657 mots)*

« Meurtres à la carte », Kathy Reichs, © Editions Robert Laffont, 2006

Annotations

l. 2 froid de gueux : froid très fort

l. 14/15 les *empanadas*, le *falafels* et la *poutine* … poulet *Kong Pao* : spécialités gastronomiques (cuisines espagnole, orientale, québécoise et asiatique)

l. 15/16 *Hurley's Irish Pub*, *Katsura*, *l'Express*, *Fairmont Bagel*, *Trattoria Trastevere* : noms de bars, cafés et restaurants

l. 21 chiner : chercher des livres bon marché

l. 26/27 crèmes antigerçures : crèmes qui protègent contre les effets du froid

l. 35 le rond : le chat

l. 46 un jeu : *ici :* une série, une collection

l. 47 scie à métaux, scie égoine, scie à bande : différentes espèces de scies

l. 49 Bingo : Gagné !

Aufgabenstellung

1. Résumez ce que vous apprenez de Temperance Brennan.
2. Analysez sa vision de Montréal et dégagez ce qui montre qu'elle n'est pas Québécoise.
3. Choisissez deux des contrastes mentionnés aux lignes 12/13 et expliquez-les en vous référant à vos connaissances acquises en cours.
4. Imaginez et rédigez la scène qui a précédé le meurtre de Marie-Reine Petit. Faites-en un problème québécois.

Lösungsvorschläge

1. Temperance Brennan est la protagoniste du roman « Meurtres à la carte », écrit par Kathy Reichs et publié en 2006 à Paris. Elle est Américaine et vit quelquefois en Caroline du Nord et quelquefois au Québec, province francophone du Canada. Temperance exerce le métier d'anthropologue judiciaire. Selon le texte, elle travaille actuellement sur le dossier Petit. Grâce à l'analyse de Temperance Brennan, le mari Réjean a pu être inculpé pour le meurtre de sa femme.
   Temperance habite un appartement de Montréal avec son chat, elle n'a pas de famille et se lève tôt pour travailler. Elle aime la ville de Montréal dont l'auteur associe les contrastes à de la « schizophrénie » et elle passe son temps à prendre part à toutes sortes d'activités comme des festivals culturels internationaux ou des dégustations de plats originaux. Elle aime également faire des promenades à vélo, pique-niquer dans des parcs, etc.
   Etant d'origine du sud-est des Etats-Unis, Temperance a du mal à s'habituer au climat québécois. Elle déteste le froid des hivers, pendant lesquels les températures sont souvent inférieures à moins 18 °C. Il en résulte qu'elle n'aime pas tout ce qui est en lien avec ce froid très fort, par exemple les bottes d'hiver et les crèmes protégeant contre les effets du froid.

2. L'attitude de Temperance Brennan concernant Montréal est quelquefois distante. Elle ne voit pas seulement la beauté et les avantages de cette ville du Québec, mais aussi les inconvénients (pour elle, ce sont surtout les conditions climatiques). A Montréal, l'été est tempéré, mais en hiver il fait très froid, beaucoup plus froid qu'en Caroline du Nord. La température est souvent au-dessous de –18 °C. Voilà un froid polaire que Temperance ne supporte pas bien. En plus, il y a la nuit qui est si longue en hiver. Quand Temperance se lève à cinq heures et demie, il fait noir « comme dans un four » (l. 37). Malgré le froid de l'hiver et tout ce qui s'ensuit (bottes d'hiver, etc.), les aspects fascinant Temperance prédominent.
   Elle est attirée par les contrastes qu'elle juge d'une manière objective. D'abord, il y a les deux grands groupes linguistiques au Québec : les francophones et les anglophones. Puis, ce sont les séparatistes (les francophones luttant pour une séparation du Canada anglophone) et les fédéralistes qui veulent préserver l'unité de l'Etat canadien. Enfin, l'auteur évoque la religion (les francophones sont plutôt catholiques et les anglophones plutôt protestants) et encore Montréal comme ville « ancienne et moderne » (l. 13). Le moderne, c'est tout ce que les nouveaux arrivants apportent au Québec, par exemple la nourriture non-québécoise.
   Malgré son affection pour ce multiculturalisme, Temperance se considère d'abord comme une Américaine. Elle souligne cela en distinguant entre « nous » les Américains et « vous » les Montréalais (« Vos bottes fourrées …, vous pouvez vous les garder ! » (l. 26/27).
   J'en conclus que, instinctivement, Temperance n'est pas complètement intégrée dans la société québécoise malgré les côtés positifs dont elle profite bien.

3. ***Hinweis:*** *Zwischen den genannten Gegensatzpaaren bestehen enge inhaltliche Zusammenhänge.*

J'aimerais expliquer les deux contrastes « francophone et anglophone » et « séparatiste et fédéraliste », qui sont mentionnés dans le texte.
D'abord, la ville de Montréal, ainsi que le Québec entier, a des difficultés à s'identifier à cause des deux langues qu'on y parle : le français et l'anglais. La population québécoise se divise en effet en deux groupes importants : les francophones et les anglophones. Les premiers sont souvent les descendants des Français qui sont venus en Amérique du Nord. Après la revendication au nom de la France du territoire de la « Nouvelle France » par Jacques Cartier (XVIe siècle), la colonisation a commencé. Au cours des siècles, beaucoup de Français ont quitté leur patrie pour aller vivre sur le territoire français jusqu'à la défaite française contre les troupes britanniques en 1759, à la suite de laquelle la Nouvelle-France est devenue britannique. Aujourd'hui, l'anglais et le français sont utilisés côte à côte par la population. Le Québec regroupe presque huit millions d'habitants, dont six millions forment une société majoritairement francophone. Ils vivent en français et maintiennent leur société francophone dans une Amérique du Nord anglophone (le Québec est comme un îlot francophone dans une mer anglophone). La fameuse « Charte de la langue française » (appelée « loi 101 ») de 1977 impose la primauté du français dans le domaine public, c'est-à-dire dans l'enseignement, l'administration, le monde du travail et la publicité. Par ailleurs, c'est l'immigration qui a un impact important sur le Québec. Presque 20 000 immigrants arrivent chaque année d'Europe, d'Asie, d'Amérique latine et d'Afrique. Le Québec fait venir surtout des immigrants ayant une bonne connaissance de la langue française. C'est ainsi qu'on lutte contre la prédominance de l'anglais en Amérique du Nord et qu'on essaie de compenser le recul du français.
Le deuxième contraste, « séparatiste et fédéraliste », peut être mis en rapport avec le premier. Les francophones ayant depuis longtemps du mal à maintenir leur culture, ils ont tendance à vouloir être indépendants du Canada. C'est de cette façon qu'ils veulent préserver leurs particularités et se développer librement. Les anglophones, par contre, veulent garder l'unité du Canada. En ce qui concerne le statut de la province, le gouvernement québécois a réalisé deux référendums pour savoir si les Québécois voulaient une souveraineté. Au premier référendum, en 1980, environ 40 % des votants étaient pour l'indépendance. Au deuxième (en 1995), la majorité n'était pas claire du tout : 49,42 % ont voté pour que le Québec devienne souverain.

4. ***Hinweis:*** *Schreiben Sie den Text in der 3. Person und bauen Sie einen Dialog ein, der der Situation angemessen ist (Dramatik, Gefühle). Die Aufgabenstellung erfordert, dass die familiäre Zerrüttung durch ein Québec-typisches Problem verursacht wird (z. B. kulturelle Differenzen der Eheleute, Streit um Erziehung der Kinder in dieser zweisprachigen Provinz, Rolle der Religion, Liebesbeziehung eines frankophonen Partners mit einer anglophonen Person).*

Après avoir préparé le dîner, Marie-Reine a cherché son mari Réjean pour lui dire de venir parce les enfants attendaient déjà à table. Elle l'a appelé plusieurs fois sans avoir de réponse. Enfin, elle l'a trouvé dans la remise où il était en train de bricoler.

MARIE-REINE : Réjean, je te cherche partout. Le dîner est prêt, et toute la famille t'attend. Mais toi, tu ne bouges pas. Qu'est-ce que tu as ?

RÉJEAN : Tu vois bien que je suis en train de bricoler. Je t'ai déjà dit maintes fois que vous pouvez commencer à manger sans moi. Ça m'est tout à fait égal.

MARIE-REINE : Qu'est-ce que tu as ces derniers temps ? Tu ne t'intéresses plus à ta famille ?

RÉJEAN : Tais-toi ! C'est à moi de poser les questions. Ecoute, les voisins t'ont vue plusieurs fois parler longtemps avec cet homme qui travaille au MacDo d'à côté. Qu'est-ce qu'il y a entre vous ?

MARIE-REINE : Rien, absolument rien. Je le trouve très sympa, voilà tout. Tu ne vas pas m'interdire de parler avec des hommes que je trouve sympas. Toi, tu ne parles plus guère avec moi. Et quand tu me parles, tu me fais des reproches, par exemple à cause de l'éducation des enfants. Lui, il s'appelle John, et il essaie de comprendre mes problèmes, contrairement à toi.

RÉJEAN : Ne parle pas des enfants. Tu sais bien que je ne suis pas de ton avis. Je leur ai défendu de parler trop anglais. Nous habitons à Montréal et nous sommes francophones. Il faut qu'ils parlent français avec des copains francophones. Je comprends bien que ce type américain que tu appelles John t'impressionne parce qu'il te monte contre moi. Je te rappelle que c'est avec moi que tu t'es mariée et que c'est moi qui décide comment on éduque les enfants.

MARIE-REINE : Réjean, tu es tellement borné. Je ne sais pas pourquoi j'ai pris un type comme toi. S'il n'y avait pas les enfants…

Réjean a pris un marteau à l'établi. Marie-Reine a paniqué et essayé de s'enfuir. Son mari a fermé la porte de la remise et tenu sa femme par le bras.

MARIE-REINE : Laisse-moi, salaud. Tu n'es qu'une brute. Tu penses seulement à toi. Tu es égoïste, et c'est pour ça que tu n'acceptes pas que tes enfants aient des copains anglophones. Et cela seulement parce que tes sacrés ancêtres sont d'origine française. Je ne te comprends pas. Et c'est pour des raisons comme ça que tu risques de nous perdre. Oui, tu as bien entendu : tu risques de nous perdre. Si tu continues à nous terroriser comme ça, nous allons te quitter…

A ces mots, Réjean a tué sa femme à plusieurs coups de marteau. Il a réfléchi un moment, puis il est allé dans la maison où il s'est assis à table et a demandé à ses enfants pourquoi leur mère n'était pas là.

Denis Lachaud : *J'apprends l'allemand*

Dans les années 70, Ernst, un jeune Français de quatorze ans, part en Allemagne avec sa classe …

SAARBRÜCKEN-HAUPTBAHNHOF

Il pleut.

Nous descendons du train, chacun vérifie qu'il n'a rien oublié, nous courons vers l'escalier pour rejoindre le hall de la gare.

Je repère Rolf au premier coup d'œil mais je fais semblant de rien, j'attends comme les autres que la prof désigne ma famille. Rolf parle avec un garçon, il me cherche, je pense qu'il ne m'a pas encore vu, ou alors il fait comme moi, il attend.

Tout le monde a le trac, certains crient et sautent dans tous les sens, d'autres se taisent et observent, les couples commencent à se former, Mme Ladurée est très concentrée sur le travail de répartition des petits Français dans les familles allemandes.

On appelle Rolf, on m'appelle, je ramasse ma valise et me dirige vers la main levée, il est plus grand que moi, il me regarde, prend ma valise et me fait signe de le suivre. Ses parents me serrent la main, *« Hallo Ernst ! » (hallo ??), « Guten Tag »*, soyons poli, on fera mieux plus tard.

Nous quittons le hall, Mme Bauer me fait de grands sourires, *« War die Reise schön ? »*, j'ai compris, *« Ja ! »*, je m'engouffre à l'arrière de la Passat à côté de Rolf, je vois par la fenêtre Thierry Fornerie monter dans une sorte d'énorme camping-car, M. et Mme Bauer se parlent, je comprends *« Supermarkt »*, on va sûrement commencer par aller faire des courses, on démarre. Tout en discutant avec sa femme, M. Bauer m'observe dans le rétroviseur.

Mme Bauer se retourne vers moi.

« Avant de rentrer à la maison, nous allons au supermarché pour faire des courses. *Verstehst du ?*

– *Ja ja.*

– Es-tu fatigué ?

– Non. Ça va.

– Très bien. »

Mme Bauer parle très lentement pour que je comprenne.

« Ernst Wommel, c'est un nom allemand, ou peut-être que tu es alsacien ? »

M. Bauer est un homme direct.

« C'est allemand.

– C'est bien ce qui me semblait. »

Je réfléchis une minute pour préparer mon explication.

« Mes parents sont allemands mais je suis né en France et j'apprends l'allemand à l'école. On ne parle jamais allemand à la maison. »

M. Bauer me dit quelque chose que je ne comprends pas, je me retourne vers Rolf.

« Mon père dit … c'est bizarre … tes parents ne parlent pas allemand avec toi. »

C'est la première fois que j'entends sa voix. Il se débrouille bien en français, ça peut servir.

« Oui … mes parents ne veulent plus parler allemand. »

Terrain miné, silence dans la voiture.

Au supermarché, beaucoup de produits sont différents, les prix en marks donnent l'impression que tout se vend une bouchée de pain. Mme Bauer me demande si j'aime le fromage, les céréales, la charcuterie, oui j'aime tout, sauf les choux de Bruxelles, mais je n'en vois pas dans le caddie.

Le rayon charcuterie est immense, il y a plus de sortes de saucisses et de saucissons que je n'en ai jamais vu.

Les Bauer habitent un petit appartement à l'écart du centre-ville. On m'installe dans la chambre de Rolf.

Il y a des lits superposés, Rolf me demande de choisir, je prends celui du bas, je n'ai jamais dormi dans un lit en hauteur, si je tombais j'aurais l'air malin.

On me présente Petra, quinze ans, et Klaus, dix-sept, la grande sœur et le grand frère de Rolf. Ils sont en train de faire leurs devoirs, Petra dans sa chambre et Klaus dans la salle à manger.

Dix-sept, quinze, treize, un tous les deux ans.

C'est Klaus qui m'a laissé son lit, et son bureau par la même occasion. Je n'ose pas lui dire qu'il peut quand même travailler dans sa chambre, que ça ne me dérange pas.

La cuisine est une grande pièce, la table est longée sur deux côtés par un banc fixé au mur, je trouve ça très sympathique.

« Ernst, tu dois faire comme chez toi et si tu as besoin de quelque chose, n'hésite pas à le demander. »

Mme Bauer sent que je n'ai pas l'habitude d'aller chez les gens et encore moins de m'y sentir chez moi.

Je défais mon sac, range mes habits dans l'armoire de Rolf. *(706 mots)*

Denis Lachaud, « J'apprends l'allemand », © Editions Actes Sud, 1988

Annotation

l. 43 une bouchée de pain : bon marché

Aufgabenstellung

1. Exposez brièvement la situation dans laquelle se trouve Ernst.
2. Dégagez les éléments que l'auteur juge être typiquement allemands.
3. Etudiez les ressemblances entre le texte de Denis Lachaud et le roman *La jeune fille au pair*.
4. De retour en France, Ernst discute avec ses parents. Il veut savoir pourquoi ils n'ont jamais parlé allemand avec lui. En rédigeant cette discussion, basez-vous sur le texte et sur vos connaissances des rapports franco-allemands.

Lösungsvorschläge

1. ***Hinweis:*** *Beachten Sie, dass hier kein Resumee von Ihnen verlangt ist, sondern nur eine knappe Darstellung der Situation. Es genügt also, wenn Sie die wichtigsten inhaltlichen Aspekte in leicht abstrahierter Form herausgreifen und in einer logischen (aber nicht unbedingt chronologischen Abfolge) darlegen. Konzentrieren Sie sich auf die Beschreibung der Umstände, nicht der Handlungen, und lassen Sie alle Details weg.*

   Dans l'extrait proposé, tiré du roman « J'apprends l'allemand » de Denis Lachaud, il est question d'un adolescent français de 14 ans, Ernst Wommel, qui arrive avec sa classe à Sarrebruck dans le cadre d'un échange scolaire. Il décrit ses impressions, à commencer par l'ambiance un peu électrique dans le hall de la gare, où les élèves français et allemands attendent d'être présentés les uns aux autres. Comme les autres élèves, Ernst est nerveux, et il observe du coin de l'œil ce qui se passe autour de lui.
   Il fait enfin la connaissance de la famille Bauer et en particulier de Rolf, son correspondant. Le frère et la sœur de Rolf sont restés à la maison. Le premier contact se limite à des salutations polies et à des gestes, et déjà, Ernst se retrouve dans la Passat des Bauer. Que ce soit dans la voiture, au supermarché ou dans l'appartement des Bauer, Ernst est confronté à la culture allemande : langue, gastronomie, mobilier, etc. Lorsque les parents s'étonnent que la famille d'Ernst, pourtant allemande, refuse de parler allemand, on sent qu'ils ont abordé sans le savoir un sujet délicat pour Ernst.

2. Premièrement, il y a tout ce qui concerne les personnages. Le nom de la famille, « Bauer », est typiquement allemand, aussi allemand que « Schulz » ou « Meyer ». C'est pareil pour les prénoms des enfants : Rolf, Petra et Klaus qui ne sont pas des noms à la mode, mais plutôt traditionnels. Quant à Rolf, nous apprenons qu'il est plus grand qu'Ernst (l. 12). En général, on pense que les Allemands sont plus grands que les Français.
   Deuxièmement, j'aimerais mentionner les objets appartenant à la famille Bauer ou à d'autres Allemands. Les Bauer ont comme voiture une Volkswagen Passat, une voiture allemande par excellence. Une autre famille, qui accueille Thierry Fornerie (un camarade d'Ernst), a un « énorme camping-car » (l. 17). Les Français sont d'avis que leurs voisins d'outre-Rhin ont pour la plupart de grandes voitures chères. Dans l'appartement des Bauer, la grande cuisine a une table « longée sur deux côtés par un banc fixé au mur » (l. 59/60) et les lits superposés dans la chambre de Rolf sautent aux yeux d'Ernst. Lui n'a jamais dormi dans un tel lit, c'est pourquoi il choisit celui du bas. En France, cette sorte de lits est plutôt rare, on les trouve quand même dans les auberges de jeunesse et les casernes, par exemple.

Troisièmement, il me faut parler du supermarché. Les produits qu'Ernst y voit sont différents de ceux qu'on trouve dans un supermarché français. Le jeune Français est surtout impressionné par le rayon charcuterie qu'il trouve immense. Il n'a jamais vu autant de sortes de saucisses et de saucissons, et cela semble être typiquement allemand. Il y a encore les prix « en marks » qui semblent être plus bas que les prix en francs français (à l'époque, l'euro n'existait pas encore). C'est peut-être dû au cours de change (un mark valait environ trois francs).
Pour terminer, on peut constater que M. et Mme Bauer pensent qu'Ernst est peut-être un Alsacien (l. 29). Pour eux, aussi bien que pour beaucoup d'autres Allemands, le nom allemand d'un Français (ici « Wommel ») pourrait être l'indication d'une origine alsacienne (l'Alsace a été longtemps allemande).

3. Dans les deux textes donnés, il y a maintes ressemblances. Tout d'abord, il faut constater que les deux textes concernent les relations franco-allemandes.
L'époque pendant laquelle les deux histoires se passent, c'est la deuxième moitié du XXe siècle. Le roman de Joseph Joffo commence dans les années 50 (avec des retours en arrière au temps du Troisième Reich/l'après-guerre) alors que dans l'extrait de Denis Lachaud, il s'agit des années 70.
En ce qui concerne les protagonistes, nous faisons connaissance avec l'Allemande Wanda (dans « La jeune fille au pair ») et le Français Ernst (dans « J'apprends l'allemand »). Les deux sont jeunes et vont dans l'autre pays pour y passer quelque temps.
Wanda va en France pour y travailler comme jeune fille au pair. Elle trouve un emploi dans la famille Finkelstein, une famille juive dont le père était à Auschwitz, où il a survécu. Quand les garçons de la famille, David et Benjamin, apprennent que Wanda est Allemande, ils sont choqués. Mais ils l'acceptent enfin et la famille commence à l'aimer.
Ernst va à Sarrebruck avec sa classe pour faire un échange scolaire. Il habite dans la famille Bauer, qui l'accueille très bien.
Les deux textes sont captivants, car il y a un secret dans les deux.
Pendant sa vie heureuse au sein de la famille Finkelstein, Wanda disparaît brusquement, et cela plusieurs fois. Personne ne sait pour quelle raison et elle ne s'explique pas ou dit des mensonges. Les Finkelstein ont toujours confiance en Wanda et apprennent enfin la raison de son absence. Elle va à Spandau en Allemagne pour rendre visite à son père, qui a été condamné à la détention à perpétuité à cause de son rôle sous le nazisme. Il était un fonctionnaire important pendant la Solution finale concernant les Juifs. C'est pour cela qu'il se trouve enfermé dans la prison des criminels de guerre de Spandau.
Ernst aussi a un secret dont nous n'apprenons pas le dénouement dans l'extrait présenté. Le nom Ernst Wommel est typiquement allemand. Cela étonne la famille Bauer, et, par conséquent, les parents Bauer lui demandent s'il est Alsacien. La réponse d'Ernst est nette : ses parents sont Allemands, mais lui est né en France et « on ne parle jamais allemand à la maison » (l. 35). Pour le lecteur, le secret n'est

pas dévoilé, tout comme pour la famille Bauer. Même Ernst ne semble pas être au courant du secret familial.
Je voudrais terminer en soulignant qu'on trouve bien des ressemblances entre les deux textes (relations franco-allemandes, personnages, époque etc.), et le lecteur se demande quel pourrait être le secret de Wanda (qu'on apprend enfin) et celui d'Ernst.

4. ***Hinweis:*** *Die Diskussion sollte sich am Text sowie den historischen Gegebenheiten orientieren. Zeigen Sie an Details, dass Sie über umfassende Kenntnisse der deutsch-französischen Geschichte verfügen. Welchen Grund Sie für das Vermeiden des Sprechens der deutschen Sprache in der Familie Wommel anführen, bleibt Ihnen überlassen. Wichtig ist, dass er nachvollziehbar ist und ein Zusammenhang zu historischen Tatsachen besteht (z. B. Flucht deutscher Juden nach Frankreich als Folge der Judenverfolgung im Nationalsozialismus).*

Voilà la discussion qui a lieu le lendemain du retour d'Ernst.

M. WOMMEL : Ernst, tu nous a raconté hier soir que ton séjour en Allemagne s'est très bien passé. Qu'est-ce qui t'a plu le plus ?

ERNST : C'était la bonne ambiance dans la famille Bauer. Tout le monde m'a accueilli chaleureusement et je pouvais faire comme à la maison. Et puis, mon corres Rolf s'est beaucoup occupé de moi. L'après-midi, les cours finis, nous nous sommes retrouvés avec ses copains pour faire du sport. Rolf adore le foot.

MME WOMMEL : Et les parents, ils sont comment ?

ERNST : Très gentils, comme Rolf et aussi Petra et Klaus, ses frère et sœur. Mais ce qui m'a étonné, c'est qu'on m'a demandé si j'étais Alsacien, à cause de mon nom qui est typiquement allemand. Je ne savais pas quoi dire… Pourquoi est-ce que je m'appelle Ernst Wommel ?

M. WOMMEL : Moi, je n'aimerais pas trop en parler. Cela me rappelle une époque assez douloureuse. Mais puisque tu nous le demandes, nous allons te dire franchement ce qui s'est passé.

MME WOMMEL : Ernst, tu sais ce qui est arrivé aux Juifs sous le régime d'Hitler?

ERNST : Oui, je sais. Notre prof d'histoire-géo nous en a parlé en cours. Hitler voulait exterminer tous les Juifs dans des camps d'extermination. Et quelques Français comme le maréchal Pétain ont collaboré avec lui.

M. WOMMEL : Mes parents et moi, nous vivions à Verden, une petite ville entre Hanovre et Brême où nous tenions un petit commerce. Après la prise du pouvoir par les nazis, la situation des Juifs en Allemagne s'est aggravée très rapidement. Nous avons alors fermé notre magasin pour émigrer en France. Pour nous, ce pays était le pays de la liberté, et nous espérions pouvoir y vivre en paix.

ERNST : Mais la France a été occupée par les Allemands ?

MME WOMMEL : Tu as raison, mon fils. D'abord, c'était la partie nord qui était occupée. Voilà la raison pour laquelle nous voulions aller de Paris en zone libre, c'était la moitié sud de la France. Nous avons enfin réussi à y arriver. Et puis, le maréchal Pétain a collaboré avec Hitler, et la situation pour nous, Juifs, est devenue très difficile. Ma famille a eu la chance de pouvoir se cacher dans une ferme en Auvergne. Heureusement. Sinon…

ERNST : Et maman, qu'est-ce qu'elle a fait, et pourquoi nous ne sommes pas Juifs aujourd'hui ?

M. WOMMEL : Ta maman était une Allemande catholique qui vivait en France depuis longtemps. J'ai fait sa connaissance après la guerre, au début des années 50. Nous nous sommes mariés, et voilà, maintenant toute la famille est catholique parce que je me suis converti.

ERNST : Et toi, maman, tu n'avais pas envie d'aller vivre en Allemagne avec papa et moi ?

MME WOMMEL : Non, non. Moi, j'étais en France depuis longtemps. Ma famille et moi, nous n'avions pas de problèmes sous l'occupation allemande. Quant à ton père et ses parents, la situation a dû être horrible. C'est pourquoi nous avons décidé de rester en France pour toujours.

ERNST : Je me rappelle que vous vouliez absolument que j'apprenne l'allemand au collège, alors que moi, je préfère l'espagnol à l'allemand. C'est à cause de mes ancêtres allemands ?

M. WOMMEL : C'est ça. Moi, je n'aimerais pas retourner en Allemagne pour m'y installer. Mais les temps ont changé. L'Allemagne est un pays démocratique et les rapports franco-allemands sont, pour les deux pays, de tout premier ordre. C'est pourquoi Charles de Gaulle et Konrad Adenauer, l'ancien chancelier allemand, ont signé un traité de coopération qu'on appelle le « Traité de l'Elysée ». C'était en 1963, et aujourd'hui, il y a beaucoup de jumelages entre des villes et des écoles françaises et allemandes, tout comme entre la tienne et celle de Rolf. Malgré la fuite de ma famille, qui était la seule possibilité pour éviter les chambres à gaz, ta mère et moi, nous voulons que tu grandisses dans l'esprit européen dont les rapports franco-allemands sont le moteur. C'est pourquoi nous sommes très heureux que ton séjour à Sarrebruck t'ait plu. Il faut faire la différence entre le passé et l'avenir. Moi, je n'oublierai jamais ce qui nous est arrivé, à nous ainsi qu'à nos amis qui n'ont pas pu échapper aux persécutions des nazis. Mais toi, tu es jeune, et tu vas faire tes expériences comme celle de Sarrebruck pour développer l'amitié franco-allemande !

Französisch (Niedersachsen) – Abiturprüfung 2007
Erhöhtes Anforderungsniveau: Aufgabe I

La fin du Québec ?

L'essayiste-cinéaste-romancier Jacques Godbout a longtemps milité pour l'indépendance du Québec. Aujourd'hui, à 73 ans, il se pose des questions sur l'avenir du Québec.

Extrait d'une interview menée par Michel Vastel, publiée dans le magazine québécois *l'actualité* du 1er septembre 2006

De quoi rêviez-vous, pour le Québec, quand vous étiez jeune ?
– Je voulais un Québec laïque. J'en avais marre de penser que la seule façon d'exister dans cette société était de monter dans la hiérarchie catholique et que, quand on était chanoine, on avait enfin une existence. Il nous fallait une société laïque où les gens seraient reconnus pour leur métier, leur travail, leur réussite. Alors, nous avons voulu créer une littérature nationale, parce qu'un pays qui n'en a pas est un pays qui n'a pas d'existence nationale ni d'existence internationale. Il faut un drapeau et une littérature, le reste suit. Nous avons fait des colloques où Gilles Vigneault et [le poète] Gaston Miron d'un côté et des romanciers de l'autre se demandaient quand et comment créer une littérature nationale. À l'époque, cela s'appelait une « littérature canadienne-française ». Notre première décision fut de changer l'étiquette : nous l'avons appelée « littérature québécoise ». Puis, nous avons convenu que si nous écrivions suffisamment de volumes, un jour il y aurait deux ou trois mètres de littérature québécoise sur les étagères et que ça y resterait. La cinématographie nationale, c'est aussi une chose à laquelle nous travaillions beaucoup. On en discutait sans arrêt. C'était une volonté et ce fut une réussite.

N'étiez-vous pas aussi portés par la Révolution tranquille ?
– L'avantage que nous avions, c'est que la société était jeune. Quand j'avais 20 ans, la majorité des Québécois n'avaient pas 20 ans. Nous pouvions dire : « Vous êtes une bande de vieux cons et on va vous remplacer. » C'était un discours naturel. Les chefs qui dirigeaient la société avaient tous l'Europe comme référence et avaient fait leur cours classique. On les appelait d'ailleurs parfois des « retours d'Europe ». Ils avaient pris des idées là-bas et revenaient les imposer ici (…) Aujourd'hui, vous avez trois chefs de parti qui sont de la génération des cégeps, des Nord-Américains d'abord et avant tout, qui n'ont pas fait leurs humanités et manquent de perspective. Je ne comprends pas tout à fait comment ils pensent et j'ai de la difficulté à saisir où ils vont.

Le Québec serait-il en déclin ?
– L'année 1976 fut l'étape ultime de la Révolution tranquille, son apogée. On avait effectivement une littérature nationale, un cinéma, la chanson. On a eu l'élection du PQ, qui était le produit de tout un effort culturel des années 1960, la loi 101, la Loi sur la protection du territoire et des activités agricoles. Ce fut le sommet de la courbe.

Sans la chanson, sans la poésie, sans la littérature, sans discours chargé d'émotion, le PQ n'aurait pas été élu. C'était une époque où il y avait une cohésion extraordinaire et un rêve partagé dans la société. Trente ans plus tard, on peut dire que la Révolution tranquille est épuisée, parce que la société canadienne-française, qu'on appelle « québécoise de souche », est elle aussi épuisée. Elle ne fait plus d'enfants. Elle a un problème démographique énorme. Par conséquent, sa culture disparaît peu à peu.

Voulez-vous dire que ce que vous avez bâti est menacé ?
– On se retrouve avec une immigration de plus en plus importante, qui, curieusement, ramène le religieux dont on s'était débarrassé. Le religieux revient avec le voile, le kirpan, les salles réservées à la prière dans les collèges et les universités, l'érouv qu'il faut tendre autour du quartier. Le religieux revient donc avec l'immigré, qui, lui, n'a pas vécu notre laïcité. La langue française, elle aussi, est menacée, parce que ce n'est plus une immigration d'individus, comme dans les années 1970 : ce sont des tribus qui immigrent, avec leurs costumes, leurs coutumes, leur religion et leur télévision. On sous-estime le fait que la soucoupe branchée sur Al-Jazira ou d'autres chaînes étrangères empêche ces gens de regarder la télévision indigène, qui, elle, ne les intéresse absolument pas. Donc, ils ne s'intègrent même pas le soir en rentrant à la maison. Ils sont entre eux. Sous prétexte de permettre aux individus plus de liberté, on se trouve à détruire une cohésion sociale. La tribu canadienne-française est en mauvaise posture : elle n'a plus d'enfants ! Elle doit mettre fin au retour du religieux qui s'opère par l'intermédiaire du militantisme immigré, musulman entre autres, car il est très dangereux. Une façon d'y parvenir serait de dire : « On vous offre nos églises, elles sont vides. Faites-en des mosquées ! » Le jour où on fera ça, le peuple va se rendre compte que quelque chose ne marche pas !

Dans ces conditions, les jeunes peuvent-ils encore rêver ?
– Si j'avais 25 ans et que je regardais autour de moi, je me rendrais compte que je ne suis pas dans la majorité, au contraire ; que ma société est en train de devenir clairsemée, dispersée et conservatrice ; que les partis politiques sont conservateurs et que les organisations syndicales, qui, à mon époque, étaient dynamiques, sont devenues conservatrices. C'est très difficile d'avoir 25 ans aujourd'hui et de rêver de transformer une société comme celle-là. *(815 mots)*

Michel Vastel : 2076 : La fin du Québec ? 1er septembre 2006,
http://www.lactualite.com/article.jsp?content=20060802_164018_4464

Annotations

l. 8 Gilles Vigneault : chanteur et auteur québécois populaire

l. 24 un cégep : qn qui a fait des études dans un établissement d'enseignement supérieur. Les cégeps ont été créés en 1967.

l. 25 leurs humanités : l'étude du latin et du grec – l'éducation classique

l. 30 PQ : Parti Québécois

l. 41 le kirpan : un poignard de métal qui symbolise l'appartenance à la religion Sikh

l. 41 l'érouv : mur symbolique qui permet aux juifs de travailler le samedi (sabbat) hors de leur maison

Aufgabenstellung

1. Exposez les idées pour lesquelles Godbout s'est engagé quand il était jeune.
2. Expliquez pourquoi il est d'avis que la culture québécoise est menacée aujourd'hui.
3. Est-ce que la vision de l'immigrant de Monique Proulx *(Les Aurores montréales)* confirme les craintes de Godbout ? Justifiez votre avis en vous référant à une nouvelle de votre choix.
4. La publication de l'interview avec Jacques Godbout a suscité une vive discussion sur le forum du site web de *l'actualité.*

   Une jeune Québécoise « de souche », Patrice St-Onge, 29 ans, écrit :
   « Ce qui freine le Québec ? C'est le PQ et leurs suiveux, qui vivent dans le passé. Il est temps de passer à autre chose. Vous avez perdu. Les Québécois ont dit non deux fois. C'est assez. Les gens de ma génération se foutent éperdument de votre souveraineté. Qu'est-ce que ça changerait ? Le Québécois de souche, il se dilue de plus en plus. »*

   Partagez-vous l'opinion de Patrice ? Justifiez votre réponse.

   * suiveux : québécisme – des gens qui suivent bêtement

Lösungsvorschläge

1. ***Hinweis:*** *Fassen Sie nach Möglichkeit mehrere Aspekte oder Punkte zusammen. Überlegen Sie sich auch, ob diesen ein gemeinsamer Hintergrund zugrundeliegt (hier die „Révolution tranquille"). Dieser kann gut in einen einleitenden oder einen abschließenden Satz integriert werden.*

   Quand il était jeune, l'essayiste-cinéaste-romancier Godbout a participé à la « Révolution tranquille » dont l'apogée a été atteint en 1976. Sans violence, les partisans qui aspiraient à l'indépendance du Québec ont transformé leur pays. Dans l'interview avec Michel Vastel, Jacques Godbout mentionne quelques idées pour lesquelles ils se sont engagés.
   D'un côté, Godbout a lutté pour une société laïque. Jusqu'alors, les Québécois francophones étaient catholiques et c'est pour cette raison qu'ils ont réussi dans leur vie. Selon les « révolutionnaires tranquilles », les gens n'auraient pas dû être reconnus pour leur religion, mais pour l'effort et le travail qu'ils faisaient. On désirait une société qu'on appellerait aujourd'hui une « société compétitive ».
   De l'autre, on voulait créer une littérature nationale autant qu'un cinéma national parce qu'on les considérait comme indispensables pour l'existence et la survie d'un pays. Pour commencer, on a baptisé la littérature franco-canadienne (francophone) « littérature québécoise ». Les efforts pour une culture nationale ont été couronnés de succès.
   Enfin, Godbout parle d'une aversion contre tout ce qui était européen et contre les hommes politiques (les « vieux cons ») qui avaient pris les idées européennes.

2. Après que le Québec avait atteint son apogée dans les années 70 du XXe siècle (culture nationale, élection du Parti Québécois, Charte de la langue française etc.), le déclin de la société «québécoise de souche» (l. 35/36) a commencé.
Pour cela, Jacques Godbout nomme deux raisons entre lesquelles il y a un rapport étroit : la démographie et l'immigration.
Le taux de natalité dans le groupe francophone a baissé. C'est un phénomène commun à maintes sociétés modernes. On y fait de moins en moins d'enfants pour se réaliser dans son métier, pour vivre une vie indépendante sans enfants. Et puis, les enfants coûtent cher et les gouvernements des pays industrialisés ne font pratiquement rien pour encourager les couples à en avoir.
Alors que la société francophone du Québec a un « problème démographique énorme » (l. 36/37), le nombre des allophones est en progression. On appelle « allophones » ceux dont la langue maternelle est différente de celle du pays dans lequel ils vivent. Au Québec, il s'agit notamment des immigrants africains, latino-américains et asiatiques de la Belle Province. Les immigrés continuent à parler leur langue maternelle (ils vivent souvent en groupes ethniques) ou préfèrent l'anglais au français (pour des raisons économiques).
Les nouveaux-arrivants n'apportent pas seulement leur langue, mais en même temps leur culture et leur religion (souvent l'islam). Comme ils arrivent en famille ou en groupe (« ce sont des tribus qui immigrent », l. 44/45), contrairement à l'immigration d'individus des années 70, ils restent souvent entre eux et s'isolent en continuant à vivre leur vie d'autrefois. Entre eux, ils ne parlent pas français et ne peuvent donc pas participer à la culture francophone. Les technologies modernes facilitent cette tendance que les Québécois de souche regardent avec inquiétude. Les immigrés arabes, pour en donner un exemple, préfèrent souvent les chaînes de télévision comme « Al-Jazira » (l. 46) aux chaînes québécoises. Vu ces moyens de communication dont Internet fait également partie, les immigrés n'éprouvent aucun besoin de s'intégrer et continuent à vivre dans leur culture d'origine, voire dans le militantisme musulman. Godbout en parle ironiquement : « On vous offre nos églises, elles sont vides. Faites-en des mosquées ! » (l. 53/54).
En ce qui concerne l'avenir de la société québécoise, Jacques Godbout est pessimiste. Il voit la destruction de tout ce que les révolutionnaires tranquilles ont bâti jusqu'en 1976. Selon lui, « c'est très difficile d'avoir 25 ans aujourd'hui et de rêver de transformer une société comme celle-là » (l. 61/62).

3. ***Hinweis:*** *Aufgrund des Inhalts sind folgende Novellen besonders geeignet: « Gris et blanc », « Jaune et blanc », « Rose et blanc » (siehe Lösungsvorschlag) und « Noir et blanc ». Alle vier genannten Novellen zeigen die Sichtweise der Immigranten, während Jacques Godbout in der Textvorlage die Meinung eines « Québecois de souche » repräsentiert. In « Gris et blanc » handelt es sich um einen Einwanderer aus Costa Rica, der unbedingt in die Gesellschaft des Québec integriert werden möchte. Auch die junge Chinesin aus « Jaune et blanc » fügt sich nach anfänglichen Schwierigkeiten gut in die französischsprachige Gesellschaft ein. Der dunkelhäutige Chauffeur aus Haïti (« Noir et blanc ») geht sogar so weit,*

zu leugnen, dass es Immigranten gebe, die nicht integriert werden wollen. Somit werden die Befürchtungen von Godbout in allen genannten Novellen nicht bestätigt.

Jacques Godbout craint que la nouvelle société québécoise pour laquelle il a lutté longtemps soit en danger à cause du nombre croissant des immigrants en groupes qui s'intègrent de moins en moins dans le Québec francophone.
Pour répondre à la question posée, je me base sur la nouvelle « Rose et blanc » des « Aurores montréales » de Monique Proulx. La protagoniste, une jeune femme d'origine italienne de dix-huit ans, écrit une lettre à son professeur italien. Celui-ci enseigne l'italien à une classe d'immigrés, et son élève (qui est tombée amoureuse de lui) lui révèle ses idées concernant sa situation entre ses racines italiennes et le pays d'accueil de ses parents, le Québec. Les parents veulent contraindre leur fille à garder et à respecter la tradition et la culture italiennes ; elle, par contre, ne se sent pas immigrée, d'autant plus qu'elle est née au Québec.
En ce qui concerne la langue française, elle la parle couramment et veut même devenir écrivaine francophone. Malgré le manque d'attachement pour ses origines italiennes, elle n'arrive pas à les nier complètement. Dans la nouvelle, elle dit, entre autres, qu'elle aime bien les figues, fruits méditerranéens ayant besoin d'une chaleur qu'on ne trouve pas au Québec.
La jeune femme est déchirée entre sa vie familiale où l'on parle italien (en raison de la provenance) et anglais (la première langue du Canada). Elle doit en souffrir beaucoup. D'un côté, sa famille n'accepte pas son désir d'être tout à fait québécoise, de l'autre, les Québécois de souche la traitent comme une immigrante. En tenant compte des idées de la jeune Québécoise, je dois constater qu'elle ne confirme pas les craintes de Godbout. Tout au contraire : elle essaie à tout prix d'être intégrée dans la société québécoise francophone et rencontre alors la résistance de sa famille (qui est tout comme les immigrés de Godbout qui menacent la société québécoise), et également d'une partie des Québécois de souche qui la rejettent à cause de son origine étrangère.
Ainsi, elle est sans repères. Ce qu'elle veut (être acceptée comme Québécoise francophone), on ne le lui accorde pas. C'est une femme qui correspond très bien à l'idéal de Godbout. Mais elle n'arrive pas (encore) à réaliser son désir d'être intégrée dans « sa » société.

4. Cela m'étonne qu'une Québécoise de souche se fiche de la souveraineté du Québec, mais j'aime bien lire le message, parce que je partage l'avis de Patrice St-Onge. Quant à la souveraineté, c'est vrai que les Québécois y ont dit non deux fois. En 1980, le vote contre la souveraineté était net. En 1995, par contre, la majorité était très faible, seulement un peu plus de 50 % ont dit non à un Etat souverain du Québec. Comme je l'ai déjà dit, je vois la situation du Québec tout comme Patrice, et cela pour les raisons suivantes.
Premièrement, il faut être réaliste. A une époque où l'on voit partout une mondialisation, on ne peut pas s'enfermer dans un territoire et faire semblant de pouvoir

vivre seul. Dans d'autres régions du monde, par exemple en Europe, les pays perdent de plus en plus de pouvoir au profit de l'Union européenne. Au Québec, par contre, quelques nationalistes comme Jacques Godbout se plaignent de la menace qui plane sur la culture québécoise. Mais c'est quoi, la culture québécoise ? A mon avis, l'immigration, avec tous les problèmes qui en résultent, fait partie de la culture.

Deuxièmement, le taux de natalité baisse constamment, car les Québécois ne font pas assez d'enfants. Comme le nombre des Québécois de souche diminue, on doit trouver moyen de compenser cela. C'est à l'aide de l'immigration qu'on arrive enfin à sauver la société québécoise. Selon les indépendantistes, l'arrivée des immigrants est une menace, ce qui n'est pas logique. Pour qu'une société soit dynamique, il lui faut des enfants. Et ce sont les immigrés qui font plus d'enfants que les Québécois de souche. Donc, l'immigration sert au Québec entier.

Troisièmement, les nouvelles idées apportées par les immigrants enrichissent la société. La diversité culturelle est un effet positif. Comme cela, nous faisons connaissance avec d'autres cultures qui ne sont pas a priori plus mauvaises que celle du Québec. En ce qui concerne la culture québécoise francophone, il s'agit également d'un phénomène apporté par des immigrants (les colons français qui sont arrivés surtout aux XVIIe et XVIIIe siècles). Ce qui se passe aujourd'hui est comparable à ce qui s'est passé à l'époque de la colonisation par les Français.

Quatrièmement, je suis d'avis qu'il ne faut pas dramatiser le problème de l'immigration. La société québécoise a des problèmes beaucoup plus importants à résoudre. Pensons, par exemple, à la situation de la population autochtone comme les Amérindiens et les Inuits qui se sentent exclus de la société.

Pour moi, l'essentiel est d'accepter les référendums de 1980 et 1995 et d'arrêter de prétendre que le Québec est menacé. La réalité est qu'il faut considérer la Belle Province comme un territoire dont la population se compose de différents groupes ethniques. Par conséquent, on y trouve des traits français, américains, canadiens, africains, européens et asiatiques. Il s'agit d'une mosaïque en mouvement qui devrait donner le bon exemple à d'autres pays où l'on trouve une forte immigration !

Französisch (Niedersachsen) – Abiturprüfung 2007
Erhöhtes Anforderungsniveau: Aufgabe II

Molière : ***L'Avare (1668)***

HARPAGON, père d'Élise
ÉLISE, fille d'Harpagon, amante de Valère
VALÈRE, fils d'Anselme et amant d'Élise qui, déguisé en valet, travaille dans la maison d'Harpagon
ANSELME, noble, père de Valère

Acte I, scène v : VALÈRE, HARPAGON, ÉLISE

HARPAGON. – Ici, Valère. Nous t'avons élu pour nous dire qui a raison, de ma fille, ou de moi.

VALÈRE. – C'est vous, Monsieur, sans contredit.

HARPAGON. – Sais-tu bien de quoi nous parlons ?

VALÈRE. – Non. Mais vous ne sauriez avoir tort, et vous êtes toute raison.

HARPAGON. – Je veux ce soir lui donner pour époux un homme aussi riche que sage ; et la coquine me dit au nez, qu'elle se moque de le prendre. Que dis-tu de cela ?

VALÈRE. – Ce que j'en dis ?

HARPAGON. – Oui.

VALÈRE. – Eh, eh.

HARPAGON. – Quoi ?

VALÈRE. – Je dis que dans le fond je suis de votre sentiment ; et vous ne pouvez pas que vous n'ayez raison ; mais aussi n'a-t-elle pas tort tout à fait, et …

HARPAGON. – Comment ? Le seigneur Anselme est un parti considérable ; c'est un gentilhomme qui est noble, doux, posé, sage, et fort accommodé, et auquel il ne reste aucun enfant de son premier mariage. Saurait-elle mieux rencontrer ?

VALÈRE. – Cela est vrai. Mais elle pourrait vous dire que c'est un peu précipiter les choses, et qu'il faudrait au moins quelque temps pour voir si son inclination pourra s'accommoder avec …

HARPAGON. – C'est une occasion qu'il faut prendre vite aux cheveux. Je trouve ici un avantage qu'ailleurs je ne trouverais pas, et il s'engage à la prendre sans dot.

VALÈRE. – Sans dot ?

HARPAGON. – Oui.

VALÈRE. – Ah ! je ne dis plus rien. Voyez-vous ? voilà une raison tout à fait convaincante ; il se faut rendre à cela.

HARPAGON. – C'est pour moi une épargne considérable.

VALÈRE. – Assurément, cela ne reçoit point de contradiction. Il est vrai que votre fille vous peut représenter que le mariage est une plus grande affaire qu'on ne peut croire ; qu'il y va d'être heureux ou malheureux toute sa vie ; et qu'un engagement qui doit durer jusqu'à la mort ne se doit jamais faire qu'avec de grandes précautions.

HARPAGON. – Sans dot.

VALÈRE. – Vous avez raison : voilà qui décide tout, cela s'entend. Il y a des gens qui pourraient vous dire qu'en de telles occasions l'inclination d'une fille est une chose sans doute où l'on doit avoir de l'égard ; et que cette grande inégalité d'âge, d'humeur, et de sentiments, rend un mariage sujet à des accidents très fâcheux.

HARPAGON. – Sans dot.

VALÈRE. – Ah ! il n'y a pas de réplique à cela : on le sait bien ; qui diantre peut aller là contre ? Ce n'est pas qu'il n'y ait quantité de pères qui aimeraient mieux ménager la satisfaction de leurs filles, que l'argent qu'ils pourraient donner ; qui ne les voudraient point sacrifier à l'intérêt, et chercheraient plus que toute autre chose, à mettre dans un mariage cette douce conformité qui sans cesse y maintient l'honneur, la tranquillité, et la joie ; et que …

HARPAGON. – Sans dot.

VALÈRE. – Il est vrai : cela ferme la bouche à tout, *sans dot*. Le moyen de résister à une raison comme celle-là ?

HARPAGON. *Il regarde vers le jardin.* – Ouais ! il me semble que j'entends un chien qui aboie. N'est-ce point qu'on en voudrait à mon argent ? Ne bougez, je reviens tout à l'heure.

ÉLISE. – Vous moquez-vous, Valère, de lui parler comme vous faites ?

VALÈRE. – C'est pour ne point l'aigrir, et pour en venir mieux à bout. Heurter de front ses sentiments, est le moyen de tout gâter ; et il y a de certains esprits qu'il ne faut prendre qu'en biaisant ; des tempéraments ennemis de toute résistance, des naturels rétifs, que la vérité fait cabrer, qui toujours se raidissent contre le droit chemin de la raison, et qu'on ne mène qu'en tournant où l'on veut les conduire. Faites semblant de consentir à ce qu'il veut, vous en viendrez mieux à vos fins, et …

ÉLISE. – Mais ce mariage, Valère ?

VALÈRE. – On cherchera des biais pour le rompre.

ÉLISE. – Mais quelle invention trouver, s'il se doit conclure ce soir ?

VALÈRE. – Il faut demander un délai, et feindre quelque maladie.

ÉLISE. – Mais on découvrira la feinte, si l'on appelle des médecins.

VALÈRE. – Vous moquez-vous ? Y connaissent-ils quelque chose ? Allez, allez, vous pourrez avec eux avoir quel mal il vous plaira, ils vous trouveront des raisons pour vous dire d'où cela vient.

HARPAGON. – Ce n'est rien, Dieu merci.

VALÈRE. – Enfin notre dernier recours, c'est que la fuite nous peut mettre à couvert de tout ; et si votre amour, belle Élise, est capable d'une fermeté … *(Il aperçoit Harpagon.)* Oui il faut qu'une fille obéisse à son père. Il ne faut point qu'elle regarde comme un mari est fait, et lorsque la grande raison de *sans dot* s'y rencontre, elle doit être prête à prendre tout ce qu'on lui donne.

HARPAGON. – Bon. Voilà bien parlé cela.

VALÈRE. – Monsieur, je vous demande pardon, si je m'emporte un peu, et prends la hardiesse du lui parler comme je fais.

HARPAGON. – Comment ? j'en suis ravi, et je veux que tu prennes sur elle un pouvoir absolu. *(À Élise)* Oui, tu as beau fuir. Je lui donne l'autorité que le Ciel me donne sur toi, et j'entends que tu fasses tout ce qu'il te dira.

VALÈRE. – Après cela, résistez à mes remontrances. Monsieur, je vais la suivre, pour lui continuer les leçons que je lui faisais. *(860 mots)*

Molière : « Œuvres complètes », Bibliothèque de la Pléiade, Editions Gallimard 1971

Annotations

l. 2/3	de ma fille, ou de moi : qui de nous deux – ma fille ou moi –
l. 6	Mais vous ne sauriez avoir tort, et vous êtes toute raison : il est impossible que vous ayez tort, et vous êtes la raison
l. 13/14	vous ne pouvez pas que vous n'ayez raison : il est impossible que vous n'ayez pas raison
l. 15/16	c'est un gentilhomme qui est noble : c'est-à-dire qu'il ne s'est pas acheté ce titre de noblesse
l. 16	accommodé : se dit d'une personne qui est bien située
l. 22	dot : argent ou biens qu'une femme apporte en se mariant *[Mitgift]*
l. 29	représenter : répondre
l. 39/40	qui diantre peut aller là contre : qui, diable, peut s'y opposer ?
l. 48	ouais : ici, ce mot exprime une surprise *[Nanu!]*
l. 54	qu'en biaisant : indirectement
l. 55	cabrer : se cabrer
l. 77	tu as beau fuir : tu t'enfuis en vain

Aufgabenstellung

1. Exposez brièvement le projet d'Harpagon et les réactions des jeunes gens.
2. Analysez la stratégie de Valère.
3. Comparez l'idée du mariage présentée par Harpagon dans *L'Avare* à celle d'Arnolphe dans *L'Ecole des femmes*.
4. Discutez si les attitudes envers le mariage présentées dans cette scène sont toujours d'actualité.

Lösungsvorschläge

1. La scène présentée est tirée de « l'Avare », comédie de Molière. La situation est la suivante : Harpagon, un riche bourgeois connu pour son avarice, a l'intention de marier sa fille Elise à Anselme, un homme certes beaucoup plus âgé qu'elle, mais très riche. Etant prêt à renoncer à la dot, Anselme représente pour Harpagon le mari idéal.
   Seulement voilà, Elise refuse d'épouser cet homme et n'a pas hésité à le dire clairement à son père. Celui-ci fait alors appel à Valère, un de ses valets, pour faire céder sa fille et la ramener à la raison. Ce qu'il ne sait pas, c'est que Valère n'est autre que l'amant d'Elise, qui s'est déguisé en valet afin d'être près de son amante. A première vue, Valère semble prendre le parti d'Harpagon pour gagner sa confiance, mais dès que celui-ci a le dos tourné, il prépare avec Elise un plan pour ne pas faire aboutir ce mariage.

2. Valère, l'amant d'Elise, veut empêcher le mariage prévu par Harpagon. Pour cela, il s'est introduit dans la maison d'Harpagon en se déguisant en valet. De cette façon, il est près de son amante et travaille en même temps pour Harpagon dont il espère pouvoir empêcher le projet de marier Elise à Anselme.
   La ruse de Valère est facile à comprendre. Il feint d'assurer Harpagon de son consentement pour le mariage (« ... dans le fond je suis de votre sentiment », l. 13). Ainsi, il jouit de la confiance d'Harpagon. A part cela, il le flatte en lui disant, par exemple, qu'il est impossible qu'il n'ait pas raison (l. 6).
   Pendant le dialogue, Valère est alors, à première vue, complètement d'accord avec ce qu'Harpagon dit. Mais, en même temps, il lui propose des arguments qui sont, en général, acceptés comme arguments contre ce genre de mariage. Premièrement, Valère argumente en disant qu'il faut un peu de temps pour voir si Elise pourrait consentir au projet de son père (voir l. 19). Deuxièmement, un engagement pour toute la vie doit se faire « avec de grandes précautions » (l. 31/32). Troisièmement, Valère fait allusion à l'âge différent ainsi qu'au caractère et aux sentiments qui pourraient diverger également. De telles différences pourraient être à l'origine de dissensions qui dureraient jusqu'à la mort. Quatrièmement, le jeune homme reproche à Harpagon, sans que celui-ci s'en rende compte, de sacrifier l'honneur, la tranquillité et la joie aux avantages financiers, car, en cas de mariage avec Anselme, Harpagon n'aurait pas à payer de dot. La dot ne devrait pas être considérée comme un élément décisif. Pendant tout le dialogue, Harpagon ne contredit pas les arguments de Valère parce qu'il n'a que la dot en tête.
   Au milieu du dialogue, Valère profite d'une courte absence d'Harpagon pour expliquer son plan à son amante. De plus, il lui donne des conseils pour gagner du temps ou même éviter le mariage. Il lui propose de faire semblant d'être malade pour remettre la discussion à plus tard. Comme cela, les deux amants pourraient s'enfuir.

Harpagon de retour, Valère profite de la situation pour faire une leçon de morale à Elise (« Oui, il faut qu'une fille obéisse à son père… et lorsque la grande raison de sans dot s'y rencontre, elle doit être prête à prendre tout ce qu'on lui donne » (l. 70–72).
Valère a bien choisi sa stratégie. Harpagon est ravi et a confiance en lui. Il veut que son prétendu valet prenne sur sa fille « un pouvoir absolu » (l. 76/77) et qu'Elise fasse tout ce que Valère lui dit. Celui-ci, content de son stratagème, promet à Harpagon de « continuer les leçons » (l. 80). Les leçons, c'est pour Harpagon de convaincre sa fille qu'elle se marie avec Anselme. Valère, par contre, pourra ainsi arriver à ses fins et épouser lui-même Elise.

3. Harpagon et Arnolphe ont, en fin de compte, les mêmes idées sur le mariage et les femmes. Elles sont marquées par l'intolérance à l'égard des femmes et leur soumission à l'homme.
Harpagon a une fille qu'il veut marier au vieux et riche seigneur Anselme pour des raisons financières et égoïstes. Anselme lui a dit de renoncer à la dot qui était en usage à l'époque. Bien qu'Harpagon soit riche, il veut profiter personnellement de ce mariage. Il ne se soucie pas de ce qu'Elise en pense. C'est lui, le père, qui décide de tout ce qui concerne la fille, et il prend son parti du malheur d'Elise qui aime Valère, un jeune homme qu' elle veut épouser.
La situation d'Arnolphe dans « L'Ecole des femmes » est un peu différente. Il a l'intention d'épouser une jeune fille innocente, qui s'appelle Agnès. Celle-ci a grandi sous sa tutelle et il en a fait une jeune femme selon ses désirs. Il veut une femme ignorante faisant exactement ce que son mari demande sans poser de questions. C'est la raison pour laquelle il l'a élevée dans l'ignorance et la solitude. Ce qui compte en plus, c'est qu'il espère que sa femme obéissante ne le trompe pas, comme c'est le cas dans d'autres mariages. La femme idéale pour Arnolphe, c'est une femme qui reste à la maison et qui s'occupe de tout ce qui est à faire dans le ménage comme coudre et filer ou faire la cuisine. Elle doit aimer son mari sans réserve et lui être soumise.
En ce qui concerne le mariage, Arnolphe, bon exemple du père-époux, a formulé onze maximes selon lesquelles la femme doit se comporter. Voici quelques-uns des devoirs de la femme mariée. D'abord, elle ne doit pas se faire belle pour les autres, qui doivent la trouver laide. Elle ne doit plaire qu'à son époux. Puis, elle doit rester à la maison pour ne pas conspirer contre son mari avec d'autres femmes. Enfin, c'est l'homme qui règle tout ce qui concerne la famille. La femme n'a pas le droit d'écrire des lettres, par exemple. Les autres maximes ressemblent aux trois que j'ai présentées. Elles expriment toutes une autorité absolue du mari sur la femme. Le mari doit être autoritaire et dominer son épouse.
A l'époque de Molière, Harpagon et Arnolphe représentaient les idées traditionnelles de la société. L'auteur de comédies ridiculise le comportement des maris qui étaient misogynes et provoquaient par leur conduite des infidélités.

4. ***Hinweis:*** *Es ist offensichtlich, dass die im Textauszug vorgestellten Gedanken über die Ehe nicht zeitgemäß sind. Dennoch sollten Sie erwähnen (« discutez »), dass es noch heute Ehen gibt, die aus materiellen Gründen geschlossen werden (wie die « mariages blancs » zur Erlangung der Einbürgerung). Außerdem gibt es nach wie vor Kulturen, in denen junge Frauen ohne ihre Zustimmung verheiratet werden.*

En général, les idées d'Harpagon et d'Arnolphe concernant le mariage ne sont plus d'actualité. La situation de la femme a beaucoup changé. Aujourd'hui, nous, c'est-à-dire les Allemands et les Français, vivons dans une démocratie dont les principes sont la liberté et l'égalité, devises de la Révolution française. C'est elle qui a mis fin à l'Ancien Régime en France pendant lequel Molière vivait. Egalité, cela veut dire que l'homme et la femme ont les mêmes droits. Ils sont égaux et chaque individu peut prendre lui-même les décisions qui le concernent (il ne faut pas nuire à autrui). Quant au mariage, c'est pareil. Les enfants ne sont pas soumis au père (autrefois, c'était lui qui décidait) et le mariage est conclu d'après la volonté entière et libre des deux partenaires. Dans notre société moderne, toutes sortes de mariages sont possibles. Les riches peuvent épouser les pauvres, les vieux les jeunes et même l'union entre deux personnes du même sexe est possible. Et tout cela selon la volonté des partenaires qui décident sans demander à personne.

Malgré notre monde moderne, dans lequel la liberté et l'égalité jouent un rôle primordial, il faut admettre qu'il y a quelquefois des différences entre la théorie et la réalité. J'en présente quelques exemples.

D'abord, on trouve toujours des cultures dans lesquelles les filles/les femmes ne sont pas libres. Dans l'islam traditionnel, par exemple, il y a encore des cas où le père choisit le futur mari de sa fille sans lui demander son avis. Ces mariages forcés n'existent pas seulement dans les pays islamiques, mais également dans quelques familles musulmanes vivant en France ou en Allemagne.

Puis, il existe toujours des familles dans lesquelles les partenaires sont choisis pour des raisons financières. On entend parler régulièrement de ce qu'on appelle les « mariages blancs ». Une personne de nationalité française, par exemple, se marie à une autre personne qui a alors la possibilité d'immigrer en France pour y gagner sa vie. Très souvent, ces mariages ne sont pas consommés. C'est pourquoi on dit « mariage blanc ».

Je voudrais résumer en constatant que de nos jours les idées d'Harpagon ne sont plus d'actualité. Nous vivons dans une société où chaque individu est libre de s'épanouir et de faire ce qu'il veut. Malgré cela, il existe des sociétés traditionnelles dans lesquelles l'égalité de la femme n'est pas encore à l'ordre du jour. Il faut espérer qu'un jour, les principes de la liberté et de l'égalité seront valables pour tous.

Eric-Emmanuel Schmitt : *L'enfant de Noé*

Bruxelles, 1942. Le garçon juif Joseph, 7 ans, fils d'un tailleur, habite dans la maison du comte de Sully, où ses parents l'ont mis à l'abri avant de disparaître pour se cacher.

Chaque fois que je demandais au comte et à la minuscule comtesse où mes parents se trouvaient, la réponse tombait, invariable : « À l'abri. »

Je m'en contentais, car mon énergie était absorbée par la découverte de ma nouvelle vie : ma vie de noble.

Lorsque je n'explorais pas seul les coins et recoins de cette habitation, lorsque je n'assistais pas à la danse des bonnes attelées à raviver l'argenterie, battre les tapis ou regonfler les coussins, je passais des heures au salon avec la comtesse qui perfectionnait mon français et m'interdisait la moindre expression en yiddish. Je me comportais d'autant plus docilement qu'elle me gavait de gâteaux et de valses au piano. Surtout, j'étais persuadé que l'acquisition définitive de mon statut de noble nécessitait la maîtrise de cette langue, certes terne, difficile à prononcer, bien moins cocasse et colorée que la mienne, mais douce, mesurée, distinguée.

Devant les visiteurs, je devais appeler le comte et la comtesse mon « oncle » et ma « tante » car ils me faisaient passer pour un de leurs neveux hollandais.

J'en étais venu à croire que c'était vrai lorsqu'un matin la police entoura la maison.

– Police ! Ouvrez ! Police !

Des hommes frappaient à la porte principale d'une façon violente, la sonnette ne leur suffisant pas.

– Police ! Ouvrez ! Police !

En déshabillé de soie, la comtesse fit irruption dans ma chambre, me saisit entre ses bras et m'emporta jusqu'à son lit.

– Ne crains rien, Joseph, réponds en français, toujours comme moi.

Alors que les policiers grimpaient l'escalier, elle entama la lecture d'une histoire, elle et moi adossés aux oreillers, comme si de rien n'était.

Lorsqu'ils pénétrèrent, ils nous jetèrent un œil furibond.

– Vous cachez une famille juive !

– Fouillez tout ce que vous voulez, dit-elle en les traitant de haut, auscultez les murs, fracturez les malles, soulevez les lits : de toute façon, vous ne trouverez rien. En revanche, dès demain, je peux vous garantir que vous entendrez parler de moi.

– Il y a eu une dénonciation, madame.

Sans se démonter, la comtesse s'indigna qu'on crût n'importe qui, prévint que l'affaire ne s'arrêterait pas là mais remonterait jusqu'au palais puisqu'elle était intime avec la reine Elisabeth, puis annonça aux fonctionnaires que cette boulette allait leur coûter leur carrière, ça, ils pouvaient lui faire confiance ! – Maintenant, fouillez ! Fouillez vite !

Devant tant d'assurance et d'indignation, le chef des policiers ébauchait presque un recul.

– Puis-je vous demander, madame, qui est cet enfant ?

– Mon neveu. Le fils du général von Grebels. Dois-je vous présenter notre arbre généalogique ? Vous cherchez à vous suicider, mon garçon !

Après une fouille infructeuse, les policiers partirent en bafouillant des excuses, pataudes, honteux.

La comtesse jaillit du lit. À bout de nerfs, elle se mit à pleurer et à rire en même temps.

– Tu as surpris un de mes secrets, Joseph, un de mes tours de femme.

– Lequel ?

– Accuser au lieu de se justifier. Attaquer lorsqu'on est soupçonné. Mordre plutôt que se défendre.

– C'est réservé aux femmes ?

– Non. Tu peux t'en servir.

Le lendemain, les Sully m'annoncèrent que je ne pourrais plus rester chez eux car leur mensonge ne résisterait pas à une enquête. *(526 mots)*

Éric-Emmanuel Schmitt : L'enfant de Noé, p. 31–35

Annotations

l. 6	bonnes	employées de maison
l. 21	déshabillé	vêtement léger, robe de chambre
l. 24	entama	commença
l. 32	crût	infinitif : croire
l. 32	prévint	infinitif : prévenir, *ici : warnen*
l. 34	la reine Elisabeth	la reine Elisabeth de Belgique (1876–1965)
l. 34	boulette	*ici :* erreur commise par ignorance
l. 37	ébauchait	*ici :* commençait

Aufgabenstellung

1. Présentez les sentiments et l'attitude de Joseph vis-à-vis de sa « nouvelle vie » (l. 4) avant l'apparition de la police.
2. Expliquez les « tours de femme » (l. 46) de la comtesse en analysant son comportement envers les policiers.
3. Comparez la comtesse à Marion Steiner, protagoniste du film *Le dernier métro.*
4. Qu'est-ce que Joseph va devenir dans les semaines à suivre ? Rédigez une suite possible de la perspective de Joseph en vous basant sur vos connaissances de l'époque.

Lösungsvorschläge

1. Joseph est le protagoniste de l'œuvre « L'enfant de Noé », écrit par Eric-Emmanuel Schmitt et publié en 2004 aux éditions Albin Michel.
   C'est un garçon juif qui habite dans la famille du comte de Sully en Belgique. Ses parents l'ont mis à l'abri dans cette famille noble avant de partir se cacher des Allemands qui occupent le pays. Joseph ne sait pas où ses parents se trouvent. La seule information qu'il a, c'est qu'ils se sont abrités pour ne pas tomber aux mains de l'occupant.
   Pour le garçon, fils d'un tailleur, la vie change complètement. Chez le comte, c'est le personnel qui fait le travail, et la comtesse tient beaucoup à perfectionner le français de Joseph (elle lui interdit de parler en yiddish) et à le faire vivre comme la famille noble pour laquelle la culture est de grande importance : « ... elle me gavait de gâteaux et de valses au piano » (l. 9/10). Joseph, lui, décrit sa nouvelle vie quelquefois de manière ironique. D'un côté, il sait que pour lui, c'est important qu'il parle français et qu'il vive à la façon des de Sully pour qu'on n'ait pas de soupçon concernant son origine. S'y ajoute le fait qu'il doit appeler les de Sully « oncle » et « tante » (l. 13/14). De l'autre côté, il trouve qu'on exagère et il préférerait parler le yiddish au lieu du français « difficile à prononcer » (l. 11) et vivre sa vie habituelle. Après un certain temps, il croit presque qu'il est vraiment le neveu hollandais des de Sully (l. 14/15).
   En fin de compte, il accepte sa nouvelle vie sans toutefois oublier celle d'avant dont il a la nostalgie.

2. Il faut d'abord constater que ce ne sont pas seulement les femmes qui emploient les « tours de femme » (l. 46). Tout le monde pourrait s'en servir (voir les lignes 50/51).
   Quand la police arrive chez les de Sully, la comtesse est très courageuse et reste calme en apparence, tout en sachant que la police qui est à la recherche d'une famille juive à la suite d'une dénonciation a toutes les possibilités de fouiller la demeure. Les agents sont présentés comme violents : Ils ne se contentent pas de sonner. Ils crient pour que les de Sully ouvrent. La comtesse, légèrement vêtue, s'allonge sur le lit avec Joseph pour feindre une situation très familiale. Au lieu d'être intimidée, elle commence aussitôt son attaque. Elle propose aux agents de fouiller tout : « Fouillez tout ce que vous voulez… auscultez les murs, fracturez les malles, soulevez les lits… » (l. 28/29) en leur annonçant qu'ils ne trouveront rien. Puis, elle continue « en les traitant de haut » (l. 28). Par son comportement, elle change tout à fait la situation. La coupable (la comtesse) menace les forces de l'ordre qui ont toutes les possibilités d'exiger d'elle des explications. Pendant la conversation, elle annonce d'abord aux agents de police qu'ils vont entendre parler d'elle (l. 30). Elle montre son indignation en leur disant qu'elle est « intime avec la reine Elisabeth » (l. 33/34) et que l'affaire coûterait la carrière des policiers. Pour souligner qu'elle est dans son droit, elle leur demande de continuer leur recherche. Quant à l'identité de Joseph, elle pousse les choses à l'extrême et

le fait passer pour le fils d'un général de la famille (l. 40). Puis elle propose à un agent de montrer son arbre généalogique en ajoutant de haut : « Vous cherchez à vous suicider, mon garçon ! » (l. 41). Les hommes, n'ayant rien trouvé, commencent à être vraiment intimidés et partent enfin « en bafouillant des excuses, pataudes, honteux » (l. 42/43).
En résumé, il faut reconnaître que la comtesse de Sully joue bien son rôle. Etant d'abord soupçonnée, elle finit par faire croire aux agents de police que ce sont eux qui sont dans leur tort. Ainsi elle sauve la vie à Joseph par son « tour de femme » (l. 46). La police partie, elle se met « à pleurer et à rire en même temps » (l. 44/45) : Cela montre son soulagement aussi bien que la peur qu'elle a eue pendant le présence de la police.

3. ***Hinweis:*** *Zeigen Sie, dass Sie Kenntnisse des Films «Le dernier métro» haben, indem Sie beim Aufzählen der Gemeinsamkeiten und Unterschiede ein paar passende Einzelheiten nennen.*

Pour comparer la comtesse de Sully à Marion Steiner du film « Le dernier métro », j'aimerais d'abord présenter ce que les deux femmes ont en commun.
C'est surtout leur lutte clandestine contre les occupants allemands pendant la Deuxième Guerre mondiale. La comtesse cache Joseph, qui est Juif, chez elle. Le garçon vit dans la famille de Sully où on le fait passer pour un neveu hollandais, fils d'un général de la famille. Ainsi, cette famille noble sauve la vie à Joseph dont les parents se sont cachés autre part.
Marion Steiner est la femme de Lucas Steiner. Celui-ci est israélite d'origine allemande. Pendant l'avènement du nazisme, il a quitté l'Allemagne pour vivre à Paris où il dirige le fameux théâtre Montmartre. A la suite des lois du gouvernement de Vichy contre les Juifs en France (Pétain collaborait avec Hitler), il est interdit aux Juifs d'exercer leur métier dans des théâtres, par exemple. Lucas Steiner fait semblant de s'être exilé en Amérique du Sud, mais en réalité, il dirige toujours son théâtre à partir d'une cave. Officiellement, c'est Marion qui est chef, mais c'est Lucas qui lui dit ce qu'elle doit faire.
Ce sont donc deux femmes qui cachent Joseph et Lucas (dans « L'enfant de Noé », le comte de Sully semble jouer un rôle secondaire). Les deux risquent d'être découvertes et arrêtées par la police ou la Gestapo. Malgré ce danger, Marion cache son mari (ce qui est plutôt normal entre mari et femme) et la famille de Sully s'occupe du petit Joseph bien qu'ils ne soient pas parents !
Il y a aussi des différences entre les deux femmes dont voici quelques-unes.
L'action du film « Le dernier métro » se passe à Paris (les Steiner y vivent). Ce qui se déroule dans « L'enfant de Noé » a lieu en Belgique (dans la région de Bruxelles). Comme je l'ai déjà dit, Marion Steiner cache son mari dans la cave du théâtre où il vit clandestinement. Joseph, par contre, vit plus ou moins « officiellement » dans la famille de Sully en tant que neveu.
Marion et la comtesse vivent des moments dangereux. Lucas est en danger à cause du journaliste collaborateur Daxiat qui est souvent au théâtre et qui pourrait

dénoncer les Steiner s'il avait connaissance de Lucas dans la cave. Joseph et sa famille d'accueil, eux, sont dans une situation difficile quand la police arrive pour chercher une famille juive à cause d'une dénonciation (voir la question n° 2).

4. ***Hinweis:*** *Beachten Sie die Aufgabenstellung genau. Schreiben Sie den Text aus der Perspektive von Joseph (1. Person Singular) und benutzen Sie das passé composé/imparfait. Lassen Sie sich nicht von der Aufgabenstellung (« Qu'est-ce que Joseph va devenir… ») verleiten, Ihren Text im futur zu verfassen! Bauen Sie ein paar passende historische Details ein.*

Comme mon séjour dans la famille du comte de Sully était devenu trop dangereux, mon « oncle » a cherché un autre endroit pour moi. Il a enfin trouvé un fermier qui avait travaillé pour lui autrefois. La ferme était située loin de toute ville, en pleine campagne. Là, il était peu vraisemblable que la police arrive pour me chercher.
Alors, un matin, je suis parti, accompagné par le comte. Vers midi, nous sommes arrivés dans ma nouvelle famille d'accueil. M. Rouget, le fermier, et sa femme avaient plusieurs enfants qui étaient tous très gentils. Avant de partir, le comte a donné des faux papiers pour moi à M. Rouget (il se les était procurés à Bruxelles). Je m'appelais maintenant Martin. Après le départ de M. de Sully, j'étais un peu triste. Pendant les semaines qui ont suivi, je travaillais avec les autres aux champs et on me traîtait comme un fils de la famille. Lors du séjour chez les Rouget, la police n'est jamais venue pour me chercher. Quelques semaines plus tard, j'ai appris que mes parents étaient cachés tout près de moi, dans un village à dix kilomètres de la ferme des Rouget. Ainsi, je pouvais les revoir de temps en temps et nous étions tous heureux de nous être retrouvés pendant cette époque difficile. Après la libération de la Belgique, nous sommes restés dans la région et avons régulièrement revu les de Sully (qui étaient toujours comme une « tante » et un « oncle » pour moi) et les Rouget, sachant que les deux familles avaient sauvé notre vie en risquant la leur.

Pierpoljak : ***Né dans les rues de Paris***

Né dans les rues de Paris
Désolé si j'ai grandi
En pétant vos vitrines
En volant vos bijoux
Je sais pas si c'était bien
Je sais pas si c'était mal
J'ai jamais regardé ça
J'ai toujours voulu voir au loin

Né dans les rues de Paris
A l'ombre de vos lumières
Pour moi jamais elles ne s'éclairent
Pour moi c'est pas passé très loin des fois
Je me demande comment je suis là
Derrière la vitre du taxi je vous vois
Né dans les rues de Paris
Désolé si j'ai grandi
Autour du périphérique
On a la vue et la fumée

Né dans les rues de Paris
Désolé si j'ai grandi
A l'ombre de vos lumières
Pour moi jamais elles ne s'éclairent

Né dans les rues de Paris
Désolé si j'ai grandi
En pétant vos vitrines
En volant vos bijoux aussi
Je sais pas si c'était bien
Je sais pas si c'était mal
J'ai jamais regardé ça
J'ai toujours voulu voir au loin

Né dans les rues de Paris
Désolé si j'ai grandi
En guerre avec la reuteupeu
En guerre avec la seuneuceufeu
Né dans les rues de Paris

Désolé si j'ai grandi
A l'ombre de vos lumières
Pour moi jamais elles ne s'éclairent

Né dans les rues de Paris
Désolé si j'ai grandi
Sans pères et sans repères
Maman m'a tout appris

Né dans les rues de Paris
Désolé si j'ai grandi
En volant vos appartements
Je m'en repens maintenant

Né dans les rues de Paris
Désolé si j'ai grandi
A la dure comme on dit
Né dans les rues de Paris

Pierpoljak : Né dans les rues de Paris.
Album : Je fais c'que je veux, 2002

Annotations

l. 3	en pétant	*ici :* en cassant
l. 33	reuteupeu	la RATP : Régie autonome des transports parisiens
l. 34	seuneuceufeu	la SNCF : Société nationale des chemins de fer français
l. 49	à la dure	de manière dure

Aufgabenstellung

1. Présentez le protagoniste.
2. Examinez de plus près l'image que le protagoniste peint de Paris.
3. Comparez les expériences du protagoniste à celles d'Odile ou de Louis dans le roman *Une Jeunesse.*
4. « Je m'en repens maintentant » (l. 46). C'est déjà bien de se repentir, mais le protagoniste va-t-il pouvoir commencer une autre vie ? Imaginez un incident ou une rencontre dans un endroit parisien qui pourrait changer sa vie. Racontez cette histoire.

Lösungsvorschläge

1. Le texte donné est une chanson de Pierpoljak qui a pour titre « Né dans les rues de Paris » et qui fait partie de l'album « Je fais c'que je veux » (sorti en 2002).
   Le protagoniste est un homme qui grandit à Paris, près du boulevard périphérique. Il est défavorisé par le milieu dans lequel il vit. Il grandit dans une famille monoparentale : il n'a pas de père, et c'est sa mère qui l'élève seule. Le garçon n'est pas seulement sans père, mais également sans repères. Cela veut dire qu'il n'a pas de possibiltés de s'orienter. Il vit plutôt dans la rue que dans son appartement, il rôde alors souvent dans les rues au lieu de vivre au sein de sa petite famille. Sa mère et lui habitent dans un quartier périphérique, dans la fumée des voitures (qui passent par le boulevard périphérique) ou de l'industrie.
   On n'apprend rien de ce que le jeune homme fait comme métier ni à quelle école il va. Ce qu'on apprend, c'est qu'il est criminel. Il casse des vitres, vole des bijoux sans se demander si ce qu'il fait est bien. De surcroît, il prend les moyens de transport public sans avoir de billet.
   En somme, on peut constater que le protagoniste de la chanson vit dans de mauvaises conditions et dans un milieu défavorisé. Il voit les richesses de Paris sans pouvoir en profiter légalement, alors il devient criminel. Rétrospectivement il regrette ce qu'il a fait pendant son adolescence.

2. ***Hinweis:*** *Hier können Sie Kenntnisse aus dem Unterricht einbringen, z. B. Umwelt- oder Verkehrsprobleme sowie die Lebensbedingungen in den Vororten der Hauptstadt.*

   Pour présenter l'image que le protagoniste peint, il faut tenir compte de deux perspectives.
   Pour commencer, on doit remarquer que le jeune homme voit quelques aspects positifs de Paris, même si lui-même ne peut pas en profiter sans être criminel. On y trouve beaucoup de richesses qui sont d'abord représentées dans la chanson par les vitrines et les bijoux (l. 3/4). Ce sont ceux qui ont de l'argent qui s'en servent. Ils achètent ce dont ils ont besoin et ce qui est superflu sans se demander comment payer tout cela. Ils profitent du bon côté de la vie. Les pauvres n'ayant pas d'argent, ils deviennent quelquefois criminels et volent ce qu'ils veulent avoir. D'après le protagoniste, ils vivent « à l'ombre » des lumières (l. 10) qui ne s'éclairent jamais ni pour lui ni pour ceux qui se trouvent dans la même situation. Et puis, il y a les moyens de transport publics comme la RATP et la SNCF (l. 33/34) dont profitent tous ceux qui ont besoin de se déplacer (pour aller au travail, par exemple) et qui ont les moyens de payer les billets. Les défavorisés, eux, prennent le métro et les autres moyens sans acheter de billet et en profitent de façon illégale.
   Dans la chanson, on présente aussi « la fumée » (l. 18) qu'il y a dans la ville de Paris et en Ile-de-France. Dans cette région, le nombre des habitants a dépassé les 11 millions. Par conséquent, la pollution est énorme. Elle résulte d'abord des voitures. Vivant près du boulevard périphérique (c'est l'autoroute qui contourne la

ville de Paris et sur laquelle il y a une circulation extrêmement dense), le protagoniste en souffre beaucoup. Cela résulte aussi du fait que les responsables de Paris favorisent moins les transports publics que les responsables en Allemagne, par exemple.
S'y ajoute la pollution des industries qui est aussi importante en région parisienne que celle des voitures. Voilà une raison pour laquelle pas mal de Parisiens (ceux qui ont les moyens) préfèrent vivre dans ce qu'on appelle la zone périurbaine. C'est l'espace situé à la limite de la ville et de la campagne (on y profite des avantages des deux sans en avoir les inconvénients). Les pauvres comme le protagoniste de la chanson ne peuvent pas en profiter et restent en région parisienne (souvent dans des immeubles de la banlieue où ils traînent dans les rues, sans travail, sans perspective et où ils deviennent parfois criminels.

3. ***Hinweis:*** *Zeigen Sie, dass Sie gute Kenntnisse von « Une Jeunesse » haben, indem Sie ein paar passende Details nennen (z. B. Autor, Namen von Personen, Ereignisse usw.). Entsprechend der Aufgabenstellung genügt es, wenn Sie entweder Odile oder Louis als Vergleichsperson heranziehen.*

Pour bien comprendre la situation des trois personnes, il faut dire que Pierpoljak décrit la situation actuelle des jeunes dans la banlieue parisienne (la chanson a été publiée en 2002), alors que Patrick Modiano présente la vie de Louis et d'Odile dans les années 60 et 70 du dernier siècle où beaucoup de provinciaux allaient à Paris pour trouver du travail.
Avant de comparer les expériences, j'aimerais remarquer que le protagoniste de la chanson a grandi à Paris dans un milieu défavorisé qui le rend criminel. En ce qui concerne Odile et Louis du roman « Une jeunesse » de Patrick Modiano, nous n'apprenons rien de leur vie d'adolescents. Après avoir fait son service militaire, Louis fait la connaissance de Brossier. Les deux vont à Paris où Louis rencontre Odile qui essaie de travailler dans la musique. Les deux font connaissance dans un buffet de la gare Saint-Lazare où Odile ne se sent pas bien. Louis l'accompagne dans sa chambre et y reste.
Le protagoniste de Pierpoljak se repent de son passé et rêve d'un avenir sans criminalité. Nous n'apprenons pas s'il y réussit. Dans « Une jeunesse », par contre, nous participons à la vie privée et professionnelle d'Odile et de Louis en lisant le roman.
Odile et Louis ainsi que le jeune homme de la chanson savent ce que le mot « criminalité » signifie. L'homme de Pierpoljak commet des crimes assez typiques pour les jeunes de la banlieue parisienne. Ceux-ci cassent des vitrines et des voitures pour voler ou ils cassent par ennui ou frustration.
Odile et Louis vont à Paris pour travailler. C'est là qu'on trouve toute sorte de travail et quelquefois, on y fait carrière. Odile veut être chanteuse. Pour y arriver, elle prend même le parti de se prostituer (elle couche avec Vietti, qui travaille dans la musique, pour pouvoir chanter dans un cabaret et, plus tard, pour avoir 2000 Francs de lui). Malgré cela, son rêve de chanteuse est bientôt détruit. Louis,

par contre, remplit de petites missions pour Bejardy, un homme riche qui tient un garage. Celui-ci est criminel et fait transporter son argent à l'étranger par Odile et Louis. C'est de la criminalité organisée. Nous apprenons que Bejardy a été accusé d'avoir assassiné un Américain et qu'il a finalement été acquitté. A la fin du roman, Odile et Louis volent une valise pleine d'argent à Bejardy pour commencer une nouvelle vie dans les Alpes où ils achètent un chalet à la montagne qu'ils paient de l'argent volé. Ils réussissent enfin à mener une meilleure vie en volant une somme importante à un autre criminel. On se demande alors qui est plus criminel : Bejardy ou Louis et Odile. Quant au protagoniste de la chanson, nous ne savons pas s'il va arriver à échapper à sa vie criminelle bien qu'il en ait l'intention. Dans la chanson, la fin est ouverte, c'est au public de se l'imaginer.

4. ***Hinweis:*** *Verfassen Sie Ihren Text in der 3. Person Singular. Ihre Geschichte sollte nachvollziehbar sein und zu der Textvorlage passen.*

Comme Amar s'ennuyait beaucoup dans sa banlieue, il traînait régulièrement dans les rues de Paris. Il prenait le métro sans acheter de billet et préférait aller là où il y avait beaucoup de touristes. Les gens comme lui espéraient pouvoir y gagner un peu d'argent.

Un jour, Amar se promenait près de la cathédrale Notre-Dame où il a remarqué que des touristes, qui étaient assis sur la terrasse d'un café, jetaient leurs ordures par terre.

Il a pris son courage à deux mains et s'est adressé au patron pour lui demander s'il pouvait travailler pour lui en faisant de petits travaux comme ramasser ce que les clients jetaient. Celui-ci était d'accord, et à partir de ce jour-là, Amar allait régulièrement gagner un peu d'argent dans « son » café. Ainsi il était heureux d'avoir de l'argent et a décidé de rompre le cercle vicieux. Quelques mois plus tard, après que le patron s'était rendu compte qu'Amar travaillait bien, il a proposé de lui donner un contrat de travail. Amar a accepté aussitôt et a déménagé pour vivre dans une petite chambre près du café. Il en était très heureux, d'autant plus que sa mère avait fait la connaissance d'un homme avec qui lui ne s'entendait pas très bien.

Aujourd'hui, Amar travaille toujours dans le café près de la cathédrale. Il a fondé une famille et habite, avec sa femme, son fils et sa fille, dans un bel appartement. Pour lui, l'essentiel est que ses enfants aient une meilleure jeunesse que leur père. Il veut qu'ils grandissent dans une famille « traditionnelle » et qu'ils apprennent un bon métier pour ne pas finir dans la criminalité.

Brigitte Aubert : *L'ascenseur*

Si Gaëlle avait pris l'ascenseur de droite, le lycée aurait sans doute explosé.

Gaëlle, dix-huit ans, va récupérer sa voiture dans le parking souterrain d'un centre commercial. Des deux ascenseurs, elle choisit spontanément celui de gauche. En entrant, elle tombe sur un type bizarre qui bégaie et semble porter quelque chose sous sa chemise. Pendant que l'ascenseur descend, elle se demande pourquoi ce type porterait une ceinture-bouée aquagym dans un centre commercial.

A ce moment-là, ce fichu ascenseur s'arrêta.

D'un coup. Comme ça. Sans prévenir. Sans même une secousse annonciatrice. Non, un arrêt net et franc. Entre deux étages.

Gaëlle se tourna impulsivement vers l'autre passager pour lui demander ce qui se passait à son avis.

Ce qui se passait, c'était qu'il avait le doigt appuyé sur le bouton stop. Et qu'il lui souriait bêtement. « Bêtement » n'était peut-être pas le mot juste, à bien y regarder. « Méchamment » aurait été plus exact. Et même « cruellement ».

Un type à l'air cinglé lui souriait cruellement dans un ascenseur qu'il avait immobilisé entre deux étages.

Ça sentait le fait divers atroce et le film d'horreur à plein nez.

– Qu'est-ce que vous faites ? aboya Gaëlle. Pourquoi vous avez appuyé sur stop ?

– Déésooléé, répondit le cinglé en secouant la tête.

Gaëlle en eut froid dans le dos. Elle songea à sa bombe anti-agression. Celle qui était dans la boîte à gants de sa bien-aimée Hyaris.

Ne restait que la lime à ongles dans son sac à main. Et ses clés. Elle savait que des clés glissées entre les doigts formaient un coup-de-poing américain très acceptable. Ce cher Mark lui en avait fait un jour la démonstration. Assez fort pour qu'elle ait un bleu sur le bras pendant une semaine. Sans quitter le cinglé des yeux, elle plongea la main dans son sac.

– Ne faiites pas çaaa ! dit-il en écartant sa chemise.

Finalement, ce n'était pas une ceinture-bouée, non, c'était une ceinture porte-grenades. Comme dans les films de guerre que sa mère adorait. D'ailleurs le type avait tout à fait la tête d'un rescapé du Viêt-nam multi-traumatisé et prêt à se faire sauter.

A nous faire sauter, rectifia-t-elle, la main toujours dans son sac.

– Si vouus me touuchez, j'aaappuie suur le dééétonateur ! reprit-il en lui désignant un petit bouton rouge sur le côté de sa ceinture de bombes.

Embêtant : le cinglé avait vu les mêmes films qu'elle.

On pouvait toujours essayer l'approche psychologique :

– Qu'est-ce que vous voulez faire avec ça ? lui demanda-t-elle en pointant le menton vers les grenades.

– Brelaage de poitriiine Pionniier M23, aaarméee ruusse ! annonça-t-il d'un air triomphant. Aaachetéé suur Interneet.

– Qu'est-ce que vous voulez faire avec ces grenades !? cria Gaëlle en raffermissant sa prise sur la lime pointue.

– Faiire sauuter le lycéée ! répondit-il en se léchant les lèvres d'un air gourmand.

– Le lycée ? Mais oui, le parking communiquait avec celui du lycée. Il allait se faufiler dans la cour par le local à ordures, c'était par là que passaient les jeunes qui allaient taguer les bâtiments la nuit, lui avait dit Manu en agitant son aérosol de peinture fluo.

– Touus les tuuuer ! ajouta le cinglé, très satisfait.

– Mais pourquoi ?

– M'oont faiit raater le baac. Se moquaiient de moii.

Il avait assez de munitions pour tuer des dizaines d'élèves. Une sacrée vengeance ! Et pas le moment de lui dire que le bac n'était pas forcément indispensable.

– Le rapport avec cet ascenseur et moi ? voulut-elle savoir.

– Voous m'aaveez vuu. Vouus deveez mouurir ! laissa-t-il tomber en sortant un couteau de sa poche.

Une lame très effilée et brillante.

Pointée vers Gaëlle.

– L'alerte a sûrement été donnée, fit-elle en avalant sa salive. Les réparateurs vont intervenir.

– Il leur fauut auu moiins siix miinuutes, dit-il, j'auuraai remiis en route et je seraii soorti.

En laissant le cadavre de Gaëlle ruisselant de sang sur le sol sale. La gorge tranchée entre une canette de Coca vide et des emballages de chips.

Comme tous ces idiots qui encombraient de leurs piaillements et ensuite de leurs cadavres les *Scream Movies* et compagnie.

Il y avait mieux comme programme.

Oui, vraiment mieux, se répéta-t-elle en expirant profondément.

Choisir d'être une héroïne, par exemple. De préférence engagée dans les commandos ou reine des ninjas. Un truc facile, léger et efficace, quoi.

Comme quand, après avoir pleuré pendant des années quand les cousins la bousculaient, elle se dit enfin qu'être une fille ne l'obligeait pas à accepter d'avoir toujours le dessous. Que son sexe ne faisait pas d'elle une victime née. Suite à quoi, elle avait planté ses jolies dents blanches dans la main de Mark qui l'avait lâchée en hurlant. Et là, c'était devenu beaucoup plus intéressant.

Elle se tourna vers le jeune homme en souriant… *(756 mots)*

Scènes de crimes, Brigitte Aubert © Thierry Magnier 2007, p. 91, 94–98

Annotations

intro.	une ceinture-bouée aquagym	*Schwimmgürtel*
l. 16	une Hyaris	voiture japonaise
l. 23/24	une ceinture porte-grenades	*Sprengstoffgürtel*
l. 33	un brelage de poitrine Pionnier M23	marque de ceinture porte-grenades
l. 40	taguer	inscrire des tags, des graffitis
l. 40	Manu	un camarade de classe
l. 59	les *Scream Movies*	films d'horreur
l. 63	les ninjas	membres des unités spéciales antiterroristes

Aufgabenstellung

1. Résumez ce qui se passe dans cet extrait.
2. Caractérisez Gaëlle en analysant ses sentiments, ses réflexions et son comportement.
3. Faites le portrait du « cinglé » et comparez-le à Claude dans le roman *Mauvaise rencontre.*
4. Rédigez la fin de l'histoire. Tenez compte de la ligne 1 du texte !

Lösungsvorschläge

1. ***Hinweis:*** *Vorteilhaft ist es, wenn Sie in einer kurzen Einleitung Angaben zum Text machen (Autorin, Titel, Quelle, Verleger und Erscheinungsjahr). Markieren Sie vor dem Verfassen des résumés die wichtigen Details. Bei dieser Textvorlage ist es wichtig, dass Gaëlle im Fahrstuhl nicht getötet wird (bei oberflächlichem Lesen könnte man den Eindruck haben, dass der Attentäter die junge Frau ersticht).*

   Le texte « L'ascenseur », extrait du livre « Scènes de crimes » de Brigitte Aubert, a été publié en 2007 aux Editions Thierry Magnier. Il parle d'une jeune fille de dix-huit ans, Gaëlle, qui se retrouve coincée avec un criminel dans un ascenseur. Un jour, en allant chercher sa voiture dans le parking souterrain d'un centre commercial, elle tombe sur l'ascenseur dans lequel se trouve le criminel. Celui-ci est un jeune homme bizarre qui bégaie et qui veut se faire sauter avec une ceinture porte-grenades dans son ancien lycée. Il veut se venger pour son bac raté et toutes les moqueries qu'il a dû subir de la part des enseignants et des élèves pendant sa scolarité. Constatant que Gaëlle pourrait le dénoncer à la police, il décide de la tuer avec son couteau. Face à cette situation désespérée, Gaëlle essaie de trouver une solution le plus vite possible pour ne pas mourir. Elle se tourne enfin vers lui en souriant…

2. Afin de caractériser le personnage de Gaëlle, il faut analyser ses sentiments, son comportement et ses réflexions.
   Gaëlle est une jeune femme de dix-huit ans en train de récupérer sa voiture japonaise dans le parking souterrain d'un centre commercial quand elle tombe sur le kamikaze dans l'ascenseur. Lorsqu'elle voit que l'homme porte quelque chose sous sa chemise, elle est d'abord un peu naïve et pense à une ceinture de natation. Il faut que l'ascenseur s'arrête entre deux étages pour qu'elle devienne méfiante. Puis elle sombre un peu dans la panique (à partir de la l. 5). En voyant qu'il a son doigt appuyé sur le bouton stop, elle comprend ce qui se passe et elle a peur (« Gaëlle en eut froid dans le dos », l. 15). Très vite, elle surpasse sa peur et réagit courageusement. Tout en sachant que le « cinglé » pourrait appuyer sur le détonateur, elle pense à se défendre avec sa lime à ongles ou ses clés. Le criminel l'en empêche. Elle reste calme dans cette situation dangereuse, réagit de manière réfléchie et ne se résigne pas. Elle parle avec l'agresseur pour apprendre ce qu'il veut et lui pose des questions pour le calmer. Par ailleurs, Gaëlle parle quelquefois d'une manière sarcastique pour garder son sang-froid. Cela l'aide à ne pas perdre la tête. Même quand l'agresseur lui annonce qu'il va la tuer parce qu'elle l'a vu (l. 48), elle continue sa stratégie en disant que « l'alerte a sûrement été donnée » (l. 52). Elle reste réfléchie en se souvenant d'un triomphe sur ses cousins qui la bousculaient autrefois et elle décide de se défendre et de ne plus être inférieure (« Que son sexe ne faisait pas d'elle une victime née. Suite à quoi, elle avait planté ses jolies dents blanches dans la main de Mark qui l'avait lâchée en hurlant »,

l. 66–68). C'est à ce moment-là qu'elle prend la décision de continuer son « approche psychologique » (l. 30) : elle se tourne vers le criminel en souriant.

3. **Hinweis:** *Machen Sie im zweiten Teil der Aufgabe deutlich, dass Sie gründliche Kenntnisse von « Mauvaise rencontre » (Pflichtlektüre) haben, z. B. durch Nennen von Details.*

Le « cinglé » est un jeune homme qui était élève du lycée où il a raté son bac. Il ne parle qu'en phrases courtes et incomplètes, il bégaie et en a visiblement beaucoup souffert pendant sa scolarité. D'après lui, son bac raté n'est pas de sa faute, mais du lycée et des enseignants. Ses problèmes psychiques résultent, selon lui, du comportement des camarades de lycée qui se sont moqués de lui à cause de son problème de prononciation. Voilà deux raisons importantes pour lesquelles il veut se venger en faisant sauter le lycée. Pour y réussir, il risque même le suicide et se réjouit d'avance de l'attentat qu'il va commettre pour tuer des dizaines de personnes. Il a bien planifié son crime et est très fier de la ceinture porte-grenades qu'il a achetée sur Internet : « Brelaage de poitriiine Pionniier M23, aaarméee ruusse ! annonça-t-il d'un air triomphant. Aaachetéé suur Interneet » (l. 33/34). Quant à Gaëlle, il est sans égards pour elle. Il lui sourit « méchamment » et « cruellement » (l. 9). Dans l'ascenseur, il veut la tuer sans scrupules à l'aide de son couteau parce qu'elle est un témoin.
En comparant le « cinglé » à Claude dans « Mauvaise rencontre », on remarque que les deux criminels ont plusieurs points en commun.
Les deux sont handicapés. L'homme souffre d'un problème de prononciation et Claude est sourde-muette, laide et en plus diabétique. Ils n'ont pas réussi dans la vie et se sentent méconnus par la société. Remplis de haine, ils pensent plus à la vengeance qu'à leur propre avenir. Le « cinglé » risque de se suicider et Claude au moins d'être arrêtée. En ce qui concerne la femme, son handicap semble avoir évoqué son fanatisme pour les cochons d'Inde auprès desquels elle cherche l'amour et l'affection qu'elle n'a jamais su trouver chez les hommes, ainsi que son plaisir de tuer, ce qui est sa façon de se venger envers la vie. L'amour de Francis est pour Claude la seule relation humaine et amoureuse qu'elle a dans sa vie. Claude déteste Anna qui devient une rivale et qu'elle veut tuer pour s'en débarrasser. C'est aussi une sorte de vengeance, car Anna est attirante, sûre d'elle et Claude l'envie pour tout cela.
Le « cinglé » ainsi que Claude sont obsédés par l'envie de se venger et ils savourent leurs plans de tuer ceux qui ont gâché leur vie après avoir tout précisément planifié. Les deux sont des personnages mentalement dérangés et instables ou labiles. C'est ce qui les rend tellement dangereux pour la société.

4. **Hinweis:** *Beachten Sie den zweiten Satz der Aufgabenstellung! Entscheidend für das Verhindern des Attentats ist die Tatsache, dass Gaëlle den linken Fahstuhl nimmt (in dem sich auch der « cinglé » befindet). Folglich gelingt es ihr, die Tat zu verhindern, z. B. durch ihre Gesprächsführung oder einen Angriff auf den At-*

tentäter. Da die Textvorlage im passé simple/imparfait verfasst wurde, bietet sich die Fortsetzung auch im passé simple/imparfait an. Sollten Sie diese Zeitform nicht beherrschen, benutzen Sie das passé composé/imparfait. Wichtig ist, dass Sie die Zeiten konsequent anwenden. Mit Verwendung von viel direkter Rede (Dialog) können Sie dieses Problem geschickt umgehen. Auch können Sie so umgangssprachliche Elemente einbauen.

Elle se tourna vers le jeune homme en souriant. Celui-ci avait visiblement l'air perturbé par ce changement d'attitude. Gaëlle sortit sa main de son sac et se mit contre le mur de l'ascenseur, l'air très décontracté.

– Tu sais, dit-elle, moi à ta place, je crois que j'aurais fait pareil après tout ce qu'ils ont fait.

Là, le cinglé était baba, il ne savait pas quoi répondre.

– Faire sauter ce sale lycée avec tous les profs qui t'ont privé du bac, ça doit faire du bien !

Gaëlle avait décidé de tenter l'approche psychologique et de sympathiser ainsi avec le criminel pour gagner du temps.

– Toii auussi, on se moque de toii ? demanda l'homme, étonné de cette révélation.

– Tu rigoles ? Pour moi, c'est l'horreur au lycée et je déteste y aller.

En réalité, elle adorait son lycée et était très bonne élève.

– Et pourquoii ? voulut-il savoir.

– Les profs sont méprisants, il n'y en a pas un mieux que l'autre. Tous pareil ! lança-t-elle d'un air furieux. Ils font tout pour nous gâcher la vie.

– Comme pour moii ! bégaya le jeune homme en accordant sa confiance à Gaëlle.

– Ça marche ! Il me croit ! constata Gaëlle à elle-même.

Il commença à être moins attentif à ses gestes.

– M. Delors, tu le connais ? Celui-là c'est un vrai bâtard, ajouta-t-elle.

Elle avait choisi le nom d'un prof qui, en effet, avait une très mauvaise réputation. En entendant le nom du prof, le cinglé se perdit dans ses souvenirs de lycéen et eut un moment d'imprudence.

– Vas-y ! C'est ta chance ! se dit-elle en pensant à tous les films policiers qu'elle avait vus.

Elle lui arracha le couteau d'une main tout en le mordant dans le bras. Puis elle lui donna un coup de genou entre les jambes ce qui le mit hors de combat. L'homme fut si surpris qu'il ne dit plus rien. Ensuite, elle fit marcher l'ascenseur qui s'arrêta au pemier étage où les réparateurs entrèrent. Ensemble, ils s'occupèrent du criminel et l'un des réparateurs prit son portable pour appeler la police qui arriva quelques minutes plus tard pour arrêter l'homme.

Enfin en sécurité, elle se mit à trembler en réalisant qu'elle avait sauvé des dizaines de personnes.

Gilles Rozier : *Un amour sans résistance*

Sous l'Occupation, le narrateur, professeur d'allemand en France, est convoqué par la Gestapo pendant qu'il donne un cours d'allemand au lycée. Il ignore les raisons de cette convocation. Quand il est emmené aux Barres, ancienne maison de banque, il réfléchit à ce qui pourrait se passer. Il craint ne jamais ressortir par la grande porte d'entrée…

J'avais très peur de ce qui m'attendait à la Gestapo, mais je ressentais une certaine fierté en m'emparant de cette indentité qui m'était tombée dessus, ma personne suscitait des regards d'effroi et d'admiration. J'imaginais les justifications que j'aurais à donner pour arguer d'une conduite irréprochable, mais allais-je devoir prouver ma docilité ? N'avoir rien dit ni fait contre l'occupant, avoir laissé le vélo au garage et les autres partir pour le maquis était une chose, s'en glorifier face à l'ennemi pour sauver sa peau en était une autre. « Je n'ai pas bougé, monsieur le chef de la Gestapo, j'ai laissé sans sourciller votre armée occuper le moindre centimètre carré de notre pays, je vous le jure. » En serais-je capable ?

Nous avons passé la grille du bâtiment, j'ai monté l'escalier monumental qui menait au premier étage. Je me souvenais l'avoir grimpé en compagnie de mon père et mes sœurs le jour où nous étions venus retirer le capital que ma grand-mère avait laissé à son décès, une somme rondelette. C'était du temps de la banque. On me fit asseoir sur une chaise devant la porte à double battant du bureau directorial, une magnifique menuiserie aux moulures dorées qui remontaient à Louis XIV. J'attendis une éternité. On ne songea pas à me faire déjeuner. Alors que le soir venait, c'était l'hiver, la nuit tombait tôt, mais j'avais quand même attendu l'après-midi entier (ou entière, les deux sont dans le dictionnaire), on me fit entrer dans le bureau. J'avais affaire au commandant local de la Gestapo, un homme courtois et décidé. Mes aptitudes professionnelles me rattrapaient. J'avais l'ordre de me mettre à la disposition de l'occupant pour divers travaux de traduction et d'interprétariat, peu de chose, à peine quelques heures par semaine. Une minuscule collaboration, en somme, rien à voir avec mon beau-frère LVF. Pourquoi faire appel à mes services si tard, alors que les Alliés avaient déjà débarqué en Afrique du Nord ? Avais-je le choix de refuser ? Je n'ai pas osé poser la question, il serait temps d'en décider de retour à la maison.

Le commandant m'a parlé en allemand. J'avais un peu envie de lui répondre en français, pour me persuader et lui signifier que je n'oubliais pas mon pays, mais je n'ai pas osé. Pudeur, timidité, peur ? J'ai craint de repartir par la porte arrière, au fond d'un camion bâché. Ce fut un réflexe aussi, répondre en allemand, comme une seconde nature, j'aimais tant parler cette langue. Comme le fumeur recherche la sensation de la fumée labourant son larynx, j'aimais sentir ses sons passer dans ma gorge comme une horde de chevaux sauvages, surtout ceux qui n'existent pas en français,

Ich habe das nie getan, ich möchte doch etwas machen, que je savais prononcer à la perfection.

Ainsi, j'ai franchi la grille dans l'autre sens, sans un regard pour les passants. Quelques heures plus tard, la rumeur dirait que je faisais partie des rares qui avaient pu sortir indemnes d'une convocation. On se demanderait comment j'avais pu passer entre les mailles du filet. On ferait un parallèle avec les rafles de résistances qui interviendraient le lendemain à l'aube ou avec l'arrestation d'une de mes collègues du lycée, et on se dirait que j'avais dû lâcher quelques noms de-ci de-là sinon comment sortir des Barres par la grande porte ?

Pour faire taire la rumeur, je dus distiller quelques bribes de vérité que j'aurais préféré garder pour moi, car je n'avais pas refusé mes services au commandant de la Gestapo, ni lors de ma convocation, ni un autre jour. Je dis que je n'avais pas eu le choix, c'était ça ou le camion bâché, voire : le commandant avait menacé de cravater ma mère et ma soeur, malgré son statut de veuve de, et de les envoyer on ne sait où, dans un bordel pour légionnaires vichystes à Sidi Bel Abbès, ou ailleurs puisque les Alliés avaient repris l'Algérie.

C'était faux, le commandant n'avait brandi aucune menace. Il m'avait parlé avec prévenance. J'avais senti de sa part une certaine considération à mon égard. Il n'en avait rien dit, mais il avait semblé admiratif de ma maîtrise de sa langue. Les égards s'étaient arrêtés là.

Je n'avais pas droit, comme du temps de l'Armée française, à un coursier à domicile. Je venais chercher ma lecture une fois par semaine. *(720 mots)*

Gilles Rozier : Un amour sans résistance. © Editions Denoël 2003

Annotations

l. 2	cette identité	Il imagine être un héros de la guerre s'il est arrêté pour s'être élevé contre les Allemands
l. 4	arguer	prétexter qc
l. 15	aux moulures dorées qui remontaient à Louis XIV	ornements datant du 17e siècle
l. 21	interprétariat	Dolmetschertätigkeit
l. 23	LVF	Légion des volontaires français contre le bolchevisme (bataillon français qui combattait avec les troupes allemandes en Pologne et en Russie)
l. 31	le larynx	Kehlkopf
l. 45	cravater qn	jdn. in den Würgegriff nehmen
l. 46	veuve de	veuve d'un homme important
l. 50	la prévenance	Zuvorkommenheit

Aufgabenstellung

1. Résumez l'action de cet extrait.
2. Analysez la situation du narrateur et son comportement vis-à-vis des Allemands.
3. Comparez le comportement du protagoniste à celui des amis Gaston et André dans *Effroyables jardins*.
4. De retour au lycée, le professeur d'allemand est reçu par le proviseur qui est étonné de le revoir. Rédigez leur conversation.

Lösungsvorschläge

1. « Un amour sans résistance », dont le texte donné est un extrait, a été écrit par Gilles Rozier et publié à Stuttgart en 2006. Il traite d'un professeur d'allemand français qui collabore avec les Allemands pendant la Deuxième Guerre mondiale. Sous l'Occupation, l'enseignant d'un lycée est convoqué par la Gestapo. Pendant qu'il est mené à la Kommandatur, il se demande ce qu'on pourrait lui reprocher. Après qu'on l'a fait passer par la grande porte principale, il doit attendre longtemps avant que le commandant le fasse entrer dans son bureau. Celui-ci parle en allemand au professeur et lui demande de faire quelques travaux de traduction et d'interprétariat pour les Allemands. Après avoir hésité un peu, il est enfin d'accord. Il ressort du bâtiment en homme libre, ce qu'il n'a pas attendu. En route, il réfléchit à la réaction de ses compatriotes (d'habitude, on ne ressort pas indemne d'une convocation à la Gestapo). Pour dissiper leurs craintes, il fait savoir que le commandant de la Gestapo l'a menacé d'envoyer sa mère et sa sœur travailler dans un bordel.
   Depuis ce jour-là, le professeur y va une fois par semaine pour chercher ses textes de traduction.

2. Pour pouvoir comprendre le comportement du narrateur, il faut analyser la situation.
   La scène se passe pendant la Seconde Guerre mondiale, sous l'Occupation. Le narrateur, un Français, est professeur d'allemand dans un lycée. Il ne s'est jamais engagé politiquement et ne fait pas partie de la Résistance. Il aime la langue qu'il enseigne, pour lui, c'est « comme une seconde nature… » (l. 29/30).
   Pendant un cours d'allemand, il est convoqué par la Gestapo. Il s'imagine alors que sa personne « suscitait des regards d'effroi et d'admiration » (l. 2/3). Il s'attend alors à ce que les Allemands lui reprochent d'être résistant. Pendant qu'il pense qu'il ne va jamais ressortir du bâtiment de la Gestapo, il se sent déjà comme un héros avec « une certaine fierté » (l. 1/2) d'être vu comme martyr par ses compatriotes.
   En entrant dans le bâtiment, il se rappelle sa jeunesse quand c'était encore une banque. Le narrateur doit attendre « une éternité » (l. 16) jusqu'à ce qu'on s'occupe de lui. Le commandant le la Gestapo, un homme « courtois et décidé » (l. 19), lui explique en allemand ce qu'il doit faire pour les Allemands : c'est un travail « de traduction et d'interprétariat » (l. 21). Le professeur aurait bien aimé répondre en français pour montrer qu'il n'avait pas oublié son pays (l. 26/27), mais il n'ose pas. De plus, il aime tellement la langue allemande qu'il l'utilise spontanément (l. 29/30). En même temps, il se demande ce qu'il aurait pu faire pour résister. Il est alors déchiré par un conflit intérieur.
   Après avoir accepté la « minuscule collaboration » (l. 22) avec les Allemands, il a un autre problème. Qu'est-ce que ses compatriotes vont dire ? Ils vont demander comment il a réussi à quitter le bâtiment de la Gestapo, et ils vont le prendre pour un traître. Pour éviter cela, il fait savoir que le commandant l'a menacé, lui et sa

famille : « Je dis que je n'avais pas eu le choix, c'était ça ou le camion bâché, voire : le commandant avait menacé de cravater ma mère et ma sœur… » (l. 44–46).
En conclusion, on peut constater que le narrateur veut résister aux Allemands, mais il ne le fait pas. Peut-être qu'il se comporte ainsi par lâcheté, vu que la situation dans le bâtiment de la Gestapo est très dangereuse pour lui.

3. ***Hinweis:*** *Zeigen Sie beim Vergleich, dass Sie gute Kenntnisse von « Effroyables jardins » haben. Dieses Buch war Pflichtlektüre im Schulhalbjahr 12/1 mit dem Schwerpunkt « La France et l'Allemagne… ». Wenn Sie den Film zum Buch kennen, können Sie sich auch darauf beziehen.*

Ce que le texte donné et « Effroyables jardins » ont en commun, c'est la confrontation des Français avec le régime de l'Occupation pendant la Deuxième Guerre mondiale.
Le rôle du professeur d'un côté et celui de Gaston et André de l'autre sont très différents. Le professeur n'est pas engagé politiquement et ne s'intéresse guère à la Résistance. Mais quand il est convoqué par la Gestapo, il réfléchit beaucoup à ce qu'il fait et dit à la Kommandantur et aux conséquences de ses actes. Gaston et André, par contre, font partie de la Résistance qu'on appelle aussi « le maquis ». C'est une organisation clandestine qui lutte contre l'occupant allemand pendant la Deuxième Guerre mondiale. Ils refusent toute collaboration avec les Allemands et font même un acte de sabotage. Après l'avoir fait, les deux amis sont très heureux. Au fond, ils ne semblent pas lutter contre les Allemands par conviction, mais plutôt parce qu'ils s'ennuient et pour s'amuser.
Après que les Allemands les ont arrêtés, Gaston et André apprécient les gestes humains d'un simple soldat allemand qui les garde. Après un certain temps, il y a même une relation pleine de confiance entre les saboteurs et leur garde. L'enseignant aussi apprend qu'il y a des occupants humains. Pour lui, le commandant de la Gestapo est « courtois » (l. 19) sans le menacer.
En comparant les deux comportements, il faut dire aussi que le protagoniste d'« Un amour sans résistance » se trouve directement confronté avec les Allemands de la Gestapo. Il doit parler avec eux et les regarder directement dans les yeux. Peut-être qu'il aurait réagi différemment s'il avait eu la possibilité de dire anonymement non à une collaboration. Gaston et André, par contre, sont seuls quand ils font leur acte de sabotage. Il fait nuit et personne ne les voit. Ils agissent alors dans l'anonymat, ce qui est beaucoup plus facile : on ne risque (presque) rien.

4. ***Hinweis:*** *Beachten Sie die historischen Tatsachen und verfassen Sie einen realistischen Dialog.*

Quand le proviseur (M. Chapdelaine) voit son professeur d'allemand (M. Girard), il est étonné de le revoir.

– Bonjour, M. Girard. Quelle surprise de vous voir !
– Bonjour, monsieur le proviseur. Je suis heureux d'être ici ! Pour être honnête, je ne m'y attendais pas.
– Mais comment pouviez-vous échapper aux Allemands ? Qu'est-ce qu'ils voulaient de vous ? Il y a des rumeurs…
– Après avoir été convoqué, je suis allé au bâtiment de la Gestapo. C'était terrible. Vraiment terrible ! Le commandant est un monstre. Il voulait que je travaille pour lui comme traducteur et interprète. J'ai refusé net. J'ai pensé à tout ce que les Allemands ont fait dans notre patrie. A tous ceux qu'ils ont déportés et tués dans leurs camps.
– Et comment a-t-il réagi ?
– Il m'a menacé de me déporter en Allemagne. Et puis, ce qui est encore pire, il a annoncé d'envoyer ma mère et ma sœur travailler pour les Boches dans un bordel. Et là, j'ai enfin accepté une petite collaboration avec eux.
– Mais M. Girard, j'en suis très indigné. Dans cette époque difficile, notre patrie devrait être plus importante que les individus. Je dois vous reprocher un manque de patriotisme. Moi, à votre place…
– Mais, M. le proviseur, qu'est-ce que vous auriez fait ? Vous vivez seul et n'avez plus ni mère ni sœur. Vous ne pouvez pas juger de ce qu'ils voulaient faire avec elles. Et en plus, j'ai sauvé quelques-uns de nos compatriotes.
– Comment ça ?
– Ce sale Boche voulait savoir qui faisait partie du maquis de la région. Je lui ai répondu d'une façon convaincante que je n'ai rien à voir avec la Résistance. Et puis, je lui ai dit que j'aime la langue et la culture allemandes. Et pour cela, j'ai pu sortir de l'enfer. A condition que je travaille pour eux comme traducteur et interprète.
– Bon, M. Girard. J'accepte votre collaboration à condition que vous me donniez les informations que vous avez en travaillant pour les Boches. Vous êtes d'accord ?
– Mais bien sûr, M. Chapdelaine. J'aime ma patrie et je ferais tout pour la sauver. Mais maintenant, il faut que j'aille en classe. A tout à l'heure et merci beaucoup !
– De rien, cher collègue. Et pensez toujours à notre accord !

Faïza Guène : *Kiffe kiffe demain*

La narratrice Doria, une beurette de 15 ans, raconte sa vie quotidienne et ses expériences dans la cité de Livry-Gargan, en banlieue parisienne où elle habite avec sa mère.

Dans mon immeuble, il y a une fille qui est détenue au onzième étage. Elle s'appelle Samra et elle a dix-neuf ans. Son frère la suit partout. Il l'empêche de sortir et quand elle rentre un petit peu plus tard que d'habitude des cours, il la ramène par les cheveux, et le père finit le travail. Une fois, j'ai même entendu Samra crier parce qu'ils l'avaient enfermée dans l'appartement. Dans leur famille, les hommes, c'est les rois. Ils font de la haute surveillance avec Samra et la mère ne peut rien dire, rien faire. A croire que c'est vraiment la poisse d'être une fille.

Sauf qu'il y a quelques jours, des voisines ont dit à Maman que Samra s'était sauvée. Depuis trois semaines, tout le monde la cherche. Son père a même déposé une main courante pour la retrouver. Ils ont collé des affiches dans les environs, les magasins, la poste, les halles des tours, les écoles… La photo date de quand Samra était en sixième. L'appareil dentaire, ça rend pas très bien à la photocopieuse.

Ça me fait penser à cette émission avec Jacques Pradel où ils retrouvaient des gens : « Perdu de vue ». Y avait même des mecs qu'avaient pas revu des membres de leur famille depuis plus de vingt ans. Cette émission, c'était trop fort, ils réussissaient à les retrouver même s'ils avaient changé de gueule, de nom et tout. A part quand ils étaient morts, ça marchait carrément à tous les coups. Après, quand ils faisaient les retrouvailles, les gens chialaient, s'évanouissaient. Ça donnait un côté spectaculaire à l'émission. Une fois, ils ont retrouvé un cousin à Sydney, en Australie. Ils ont filmé sa baraque, sa nouvelle famille, son nouveau boulot et tout ça. J'ai trouvé que c'était pas cool pour le mec qui souffre de la disparition depuis des années, qui s'est cassé la tête pour le retrouver et qui se rend compte qu'en fait l'autre cousin, il en avait rien à foutre et qu'il a une nouvelle vie géniale.

Bref, en tout cas, en ce moment dans le quartier, tout le monde ne parle que de la disparition de Samra. On dit même que les gens l'ont vue à Paris avec du ventre. Genre elle est déjà enceinte… La rumeur circule de l'épicerie à la sortie des écoles en passant par le pressing. Quand Samra était enfermée chez elle, dans sa cage en béton, personne n'en parlait, comme si les gens trouvaient ça normal. Et maintenant qu'elle a réussi à se libérer de son dictateur de frère et de son tortionnaire de père, les gens l'accusent. J'y comprends rien. *(461 mots)*

Faïza Guène : Kiffe Kiffe demain, © Hachette, Paris 2004, p. 91–93

Annotations

l. 7	la poisse	malchance
l. 9/10	une main courante	*ici : Vermisstenanzeige*
l. 12	l'appareil dentaire	*Zahnspange*
l. 14	qu'avaient	qui n'avaient
l. 17	à tous les coups	chaque fois
l. 22/23	il en avait rien à foutre	cela lui était égal
l. 27	le pressing	*Reinigung*

Aufgabenstellung

1. Décrivez la situation de Samra avant sa fuite.
2. Dégagez du texte le comportement du père après la fuite de sa fille et expliquez pourquoi Doria voit des parallèles avec l'émission « Perdu de vue ».
3. Comparez la vie de Samra à celle de Djelila.
4. Un jour, les parents de Samra reçoivent une lettre de leur fille dans laquelle elle leur explique pourquoi elle est partie et comment elle vit maintenant. Rédigez cette lettre.

Lösungsvorschläge

1. Le texte est un extrait du livre « Kiffe kiffe demain », écrit par Faïza Guène et publié en 2004. Doria, la narratrice, y parle de la vie de Samra qui vit dans le même immeuble qu'elle.
   Samra est une jeune fille d'origine maghrébine. Elle a dix-neuf ans et vit avec sa famille dans la cité de Livry-Gargan en banlieue parisienne. Elle va encore à l'école et son frère la suit le plus souvent possible pour la surveiller. Quand Samra rentre un peu tard des cours, son frère la ramène de force. Arrivée à la maison, Samra est punie par son père. Quelquefois, elle est enfermée dans l'appartement familial sans que personne ne l'aide.
   La mère n'ose rien faire parce que chez eux, ce sont les hommes qui décident. Et les voisins dans l'immeuble acceptent ce qui se passe dans cette famille d'immigrés. Pour eux, c'est plutôt normal.

2. Samra a disparu pour échapper à la violence de son frère et son père et ce dernier s'inquiète beaucoup pour sa fille. Il veut la retrouver à tout prix. Il a même déclaré sa disparition et distribué partout des affiches sur lesquelles figure une vieille photo de Samra avec un appareil dentaire. Il est évident que cette photo prise quand Samra était en sixième ne ressemble plus beaucoup à la fille qu'elle est actuellement.
   La fuite de Samra rappelle à Doria une émission télé qui a pour titre « Perdu de vue ». Elle y voit des parallèles avec ce qui se passe dans la famille de Samra. Le principe de l'émission est de retrouver une personne de la famille qu'on n'a pas vue depuis un certain temps. Quelquefois, la recherche dure depuis longtemps et on se sert d'une vieille photo, un peu comme dans la famille de Samra. Même avec une vieille photo on réussit souvent à retrouver la personne disparue.
   Dans ce texte, Doria parle d'un homme qui a recommencé une nouvelle vie en Australie et qu'on retrouve grâce à l'émission. Il n'avait aucune envie d'être retrouvé. Pour Doria, c'est comme chez Samra. Elle non plus ne veut pas être retrouvée par sa famille. La narratrice est sûre qu'elle est contente d'avoir échappé à son « dictateur » et son « tortionnaire » (l. 29).
   Il est à craindre que Samra ne subisse le même sort que l'homme en Australie : elle risque d'être retrouvée par sa famille.

3. J'aimerais d'abord présenter ce que Samra et Djelila ont en commun avant de montrer leurs différences.
   Les deux filles sont des élèves d'origine maghrébine, leurs parents ont immigré en France pour y travailler et vivre. Ce sont des beurettes (une beurette est une fille née en France de parents maghrébins) dont les familles viennent d'une autre sphère culturelle, celle de l'Afrique du Nord. Elles doivent donc faire « le grand écart » entre deux cultures (maghrébine et française). Chez les musulmans, d'un côté, les femmes jouent souvent un rôle moins important que les hommes (pour ne

pas dire qu'elles sont opprimées), chez les Français, en revanche, les valeurs comme la liberté ou l'égalité jouent un rôle primordial.
En comparant la vie de Samra à celle de Djelila, on remarque une grande différence.
Samra est majeure et selon la loi française, elle pourrait décider toute seule de sa vie. Djelila est mineure et devrait donc obéir à ses parents. En réalité, tout est différent. Samra est contrôlée en permanence par sa famille (les hommes de la famille), son père et son frère la maltraitent et réagissent de manière violente dès qu'elle fait ce qu'ils ne veulent pas. Voilà le rôle traditionnel de la femme et de la fille dans la vie musulmane. C'est à cause de cette oppression que Samra quitte les siens pour vivre dans la liberté, mais aussi dans la clandestinité.
Djelila, par contre, vit dans une famille qui a confiance en elle et ne la contrôle guère et qui lui laisse beaucoup de liberté. Ainsi, elle a le droit de porter des vêtements à la mode, de faire du sport (jouer au basket), ce qui n'est pas du tout la norme pour une beurette. Et puis, elle sort avec ses copines. De plus, le père de Djelila est très fier de sa fille, surtout parce qu'elle est très belle. Elle ne doit pas cacher sa beauté comme beaucoup de femmes musulmanes qui portent le voile.
Djelila n'est donc pas menacée par sa propre famille qui l'aime et lui fait confiance. Pour elle, ce sont les garçons de la cité qui la surveillent et l'insultent. Ils ne supportent pas qu'une fille ne vive pas selon les règles des musulmans traditionnels. Ces garçons ne font pas partie de sa famille, et malgré cela, ils lui reprochent de ne pas respecter la culture et la religion musulmanes. Comme Djelila ne se laisse pas intimider, elle sera finalement tuée par un garçon qui ne tolère pas sa manière de vivre française.

4. ***Hinweis:*** *Bei dieser Aufgabenstellung sollten Sie die Formulierungen an die Situation anpassen. Benutzen Sie umgangssprachliche Ausdrücke und schreiben Sie einen familiären Brief.*

Ma chère maman,

C'est à toi que j'écris cette lettre parce que tu es celle qui comprend le mieux ma situation. Malgré tout le mal que papa et mon frère m'ont fait, dis-leur un grand bonjour de ma part.
Je vis maintenant à Paris. J'ai fait la connaissance d'un garçon quand j'étais encore chez vous. Il m'aime beaucoup et je lui ai parlé des problèmes dans notre famille. Nous avons alors décidé de louer un petit appartement à Paris où on ne nous connaît pas et où nous sommes très heureux. Je ne supportais plus d'être opprimée et je voulais vivre comme mes copines françaises à l'école : faire du sport, sortir avec les copains et porter des vêtements à la mode. C'était impossible avec un père qui ne voulait pas s'adapter à la façon de vivre des Français.
Me voilà donc à Paris où j'ai commencé une nouvelle vie. Je fais une formation professionnelle (pour être coiffeuse) et je profite d'une indépendance que je n'avais pas chez vous. Pour moi, c'est un épanouissement total et je ne veux plus jamais vivre comme avant.

Sylvain (mon copain) et moi, nous voulons nous marier bientôt et avoir des enfants. Nous voulons vivre en paix et profiter de notre nouvelle vie.
Mais j'ai un problème, ma chère maman. Tu me manques. D'un côté, j'aimerais te revoir, de l'autre, j'ai peur que papa apprenne où nous habitons. Comment réagirait-il ? Je crois qu'il me tuerait. Tu sais bien que ce genre de choses arrive dans une société où les hommes décident de tout, même de la vie de leurs filles.
J'espère te revoir un jour (il faut attendre, papa va se calmer et puis nous pourrons nous rencontrer). Je te tiens au courant et je te prie de ne pas essayer de me retrouver.

Grosses bises
Samra

Brigitte Smadja : *Il faut sauver Saïd*

Le narrateur Saïd, enfant d'immigrés algériens, a onze ans et vit en banlieue parisienne. Dans l'extrait suivant, il parle d'une sortie scolaire à Paris.

Ils nous ont emmenés jusqu'au musée d'Orsay. Avant d'y arriver, j'observais les immeubles très vieux et j'ai été le seul à avoir vu, gravés dans la pierre, deux noms d'architecte.

Qui a construit la tour pourrie où j'habite ? Je n'ai pas la réponse. L'architecte n'a pas signé, il n'a pas voulu que la postérité retienne son nom.

Postérité : c'est trop long de recopier la définition, mais ça veut dire aussi avenir.

La tour où j'habite n'a aucun avenir et ceux qui y habitent non plus, voilà ce que j'ai compris.

Au musée, M. Théophile n'a pas pu s'empêcher de commencer un cours sur ce musée qui était autrefois une gare, sur cette architecture de fer et de verre, « une architecture spécifique », il a dit. Mme Beaulieu l'a interrompu. Elle voulait seulement qu'on regarde et qu'on note. De salle en salle, nous nous sommes promenés et nous écrivions comme des fous tous les noms des sculpteurs et des peintres. Bogdan caressait les fesses des statues et les profs le laissaient faire. Les filles aimaient les tableaux de Puvis de Chavannes et elles lui ont décerné la note de vingt sur vingt.

Dans une salle, un petit tableau représentait des fleurs blanches sur un fond noir. Combien de temps je suis resté devant ses fleurs ? Je ne me souviens pas, mais plus je les regardais, plus j'étais heureux dans un monde sans mots, sans sons, comme Mounir quand il fait ses puzzles, qu'il rassemble un à un tous les morceaux pour construire ses paysages.

C'est M. Théophile qui m'a retrouvé, planté devant le tableau.

– Ça te plaît, Saïd ?

– C'est super.

– Viens, les autres nous attendent.

Nous avons pique-niqué dans un jardin entouré de maisons identiques avec des fenêtres composées de dizaines de carreaux.

– Ça doit être dur de faire les vitres, a dit Mélissa.

Nous nous sommes promenés sous les arcades et nous avons entendu une voix. La voix était celle d'un homme, et pourtant c'était une voix de femme. Elle ne chantait pas du rap, pas de la musique qu'on entend dans la cité. C'est du Schumann, a dit M. Théophile. Je n'avais jamais entendu le nom de ce type-là.

Plus personne n'écrivait sur son carnet. Mme Beaulieu avait l'air très contente.

Pas loin des arcades, nous sommes allés jusqu'à un lycée de Paris. Le lycée Charlemagne, a expliqué M. Théophile, et il a voulu nous parler de Charlemagne, mais Mme Beaulieu lui a dit stop.

On n'a pas pu entrer dans le lycée, pas tous. M. Théophile a choisi deux élèves, Antoine et moi, les premiers de la rangée A.

Il y avait des fresques sur les plafonds, pas un bruit dans les couloirs et un escalier immense, en marbre.

– Je pourrai y aller moi, dans un lycée, comme ça ?

M. Théophile a caressé mes boucles noires.

– Pas avant des années, Saïd, et j'en suis désolé. Mais si tu travailles beaucoup, après ton bac, tu pourras.

Il avait l'air vraiment triste, M. Théophile et il essayait de me donner de l'espoir, mais il parlait d'un temps tellement lointain ! J'ai vu des années grises et bruyantes défiler devant moi, des siècles.

– Pourquoi je pourrai pas y aller, avant, même si je travaille bien ?

– Parce que ce n'est pas ton secteur, a-t-il répondu avant d'ajouter : quelle stupidité !

Il n'était plus triste, il était furieux. Je préfère quand il est furieux. Ça me donne plus de courage. *(599 mots)*

Brigitte Smadja : Il faut sauver Saïd, © L'Ecole des Loisirs 2003

Annotations

l. 5	postérité	*Nachwelt*
l. 15	Puvis de Chavannes	peintre français du symbolisme (1824–1898)
l. 19	Mounir	le frère qui est sourd
l. 30	Schumann	compositeur allemand de musique romantique (1810–1856)
l. 33/34	le lycée Charlemagne	C'est un lycée dans le 4e arrondissement. On y accueille également les très bons élèves après leur bac pour les préparer au concours d'admission aux grandes écoles où ils peuvent faire leurs études.
l. 34	Charlemagne	*Karl der Große (747–814)*
l. 48/49	quelle stupidité	il est mécontent du système qui exclut les jeunes des banlieues

Aufgabenstellung

1. Résumez les pensées et les sentiments de Saïd pendant sa sortie à Paris.
2. Faites le portrait de M. Théophile.
3. Comparez la manière dont Saïd voit Paris à l'image de la capitale décrite dans le poème *Pariscope*.
4. Dix ans plus tard, Saïd rencontre par hasard son professeur du collège devant le musée d'Orsay et lui adresse la parole. M. Théophile est curieux de savoir ce qu'est devenu son ancien élève qui n'a jamais oublié cette excursion scolaire. Rédigez leur conversation.

Lösungsvorschläge

1. Le texte présenté est un extrait du livre « Il faut sauver Saïd » de Brigitte Smadja qui a été publié en 2008 à Stuttgart.
   Le narrateur est Saïd, un élève de onze ans dont les parents sont d'origine algérienne. La famille habite dans un immeuble de la banlieue parisienne.
   Saïd et ses camarades de classe font une sortie scolaire à Paris avec deux enseignants, M. Théophile et Mme Beaulieu.
   En route pour le musée d'Orsay, Saïd observe attentivement les vieux immeubles qu'il admire beaucoup. Il voit même les noms des architectes gravés sur les murs. Il s'étonne qu'ils aient signé leur travail parce qu'il n'a pas vu de nom gravé dans l'immeuble où il habite. Il en conclut une différence importante : les bâtiments à Paris ont un avenir, les immeubles de la banlieue, par contre, n'ont pas d'avenir.
   Dans le musée, Saïd contemple un tableau avec des fleurs blanches qui le rend très heureux. Il en savoure l'atmosphère : c'est un monde sans bruit. Il reste si longtemps devant le tableau que M. Théophile doit le chercher pour lui dire que la classe l'attend déjà.
   Après avoir quitté le musée, le groupe pique-nique dans un jardin entouré de maisons toutes pareilles que Saïd regarde de près, ainsi que les arcades qui s'y trouvent. On y entend de la musique très différente du rap de la banlieue. Il s'agit d'une musique de Schumann, qu'il ne connaissait pas encore.
   A la fin de la promenade, deux élèves, dont Saïd, ont le droit d'entrer dans le lycée Charlemagne. L'atmosphère le frappe : il n'y a pas de bruit, on voit des fresques sur le plafond et un grand escalier. Saïd est très fier d'avoir la possibilité de voir tout cela et il aimerait bien aller dans un tel lycée. Selon M. Théophile, cela lui serait très difficile, ce que Saïd ne comprend pas. Le professeur, qui remarque la déception de Saïd, lui donne enfin un peu d'espoir.

2. M. Théophile est l'un des professeurs qui accompagnent la classe de Saïd à Paris. Contrairement à Mme Beaulieu, il veut tout expliquer à ses élèves : l'architecture du musée d'Orsay, la musique de Schumann et les détails sur Charlemagne (l. 34). C'est Mme Beaulieu qui l'en empêche (« mais Mme Beaulieu lui a dit stop », l. 34/35).
   Les relations entre Saïd et M. Théophile sont très bonnes. Le professeur s'intéresse beaucoup aux sentiments de son élève. Il lui adresse la parole quand il le retrouve devant le tableau avec les fleurs blanches. Il montre qu'il a beaucoup de compréhension pour Saïd au lieu de le gronder parce que celui-ci s'est éloigné du groupe d'élèves.
   M. Théophile aime beaucoup Saïd et il lui montre sa compassion. Il caresse les « boucles noires » de son élève (l. 41) quand Saïd lui parle de son désir d'aller au lycée Charlemagne. D'un côté, il essaie de lui donner l'espoir d'aller un jour dans ce lycée. De l'autre, M. Théophile est réaliste et dit tristement à Saïd qu'il ne pourra peut-être jamais être élève au lycée Charlemagne (« Parce que ce n'est pas ton secteur », l. 48).

Il se fâche enfin contre l'injustice et la discrimination dont les jeunes immigrés de la banlieue souffrent (« quelle stupidité! », l. 48/49). Même ceux qui sont intelligents et travaillent beaucoup pour réussir ont peu de chances. Ils vivent dans un milieu défavorisé et ne sont pas soutenus par la société. C'est pourquoi ils n'arrivent presque jamais à sortir de leur milieu.
Cela, M. Théophile ne le comprend pas, et ça le rend « furieux » (l. 50).

3. Saïd est un enfant d'immigrés qui vit en banlieue et ne connaît guère Paris. Il compare la capitale à sa cité et voit tout de suite le contraste entre la laideur de son quartier et la splendeur parisienne.
Dans sa banlieue, les tours sont « pourries « (l. 4) bien qu'elles soient plus récentes que la plupart des bâtiments à Paris. Elles ne sont pas dignes d'être signées par des architectes. Tout y est gris et bruyant, et ni les bâtiments ni les habitants n'ont d'avenir (l. 7). M. Théophile conforte Saïd dans son opinion au lycée Charlemagne.
Habitué à l'aspect négatif de sa cité, Saïd est fort impressionné par l'architecture des bâtiments de Paris, par le musée d'Orsay (le calme et les beaux tableaux) et par le lycée Charlemagne (le bâtiment et l'atmosphère qui y règne). Tout ce qu'il voit est extraordinaire et merveilleux pour lui.
Dans le poème « Pariscope », l'auteur André Laude parle aussi des bâtiments et monuments parisiens (Gare du Nord, Tour Eiffel etc.). Ce qu'il y a de plus dans le poème, c'est l'impression des gens qui y flânent au bord de la Seine, qui regardent les vitrines éclairées des magasins ou vont acheter quelque chose à la F.N.A.C.
Contrairement à Saïd, Laude parle aussi des aspects négatifs comme la pollution qui tue les légumes des banlieues et la circulation avec ses embouteillages, ce qui est la réalité à Paris.
Pour résumer, je dois constater que Saïd est tellement ébloui par la capitale qu'il ne voit que le beau côté des choses. Ce n'est pas la réalité, parce qu'il existe aussi des côtés moins positifs dont parle André Laude.

4. ***Hinweis:*** *Passen Sie die die Formulierungen an die Gesprächssituation an.*

La scène suivante se passe devant le musée d'Orsay.
SAÏD : Bonjour monsieur Théophile. Vous me reconnaissez ?
M. THÉOPHILE : Bonjour. Laisse-moi réfléchir. Tu es Saïd, n'est-ce pas ? Nous avons visité le musée d'Orsay il y a dix ans environ. C'est curieux de te rencontrer ici. Qu'est-ce que tu deviens ?
SAÏD : Oui, je suis Saïd, votre ancien élève. Je suis étudiant aux Beaux-Arts ici, à Paris. C'est grâce à vous que j'ai décidé de faire des études.
M. THÉOPHILE : A l'époque, tu étais très doué, et puis peut-être l'élève le plus intéressé du collège. Tu te rappelles comme j'étais triste et aussi en colère à cause de l'inégalité des chances pour les jeunes d'origine étrangère ? Bravo d'avoir réussi à passer ton bac pour faire les Beaux-Arts.

SAÏD : Après notre visite de ce musée, j'ai décidé de faire tout pour pouvoir étudier. Ce n'a pas toujours été facile à cause de mes origines. Mais j'ai enfin réussi à passer le bac. Et depuis notre sortie scolaire à Paris, je visite les musées le plus souvent possible.

M. THÉOPHILE : Tu habites toujours en banlieue ?

SAÏD : Non, parce que, dans notre cité, c'est dur de réussir. Je suis allé vivre avec une famille française que mes parents connaissent bien. Elle habite tout près d'ici. Mais parents étaient d'accord que je déménage. Eux aussi pensaient que, pour réussir, il fallait quitter la banlieue parisienne.

M. THÉOPHILE : Et comment est-ce que tu gagnes ta vie ? Tes parents ne sont pas riches, je me rappelle bien. Ton père est toujours au chômage ?

SAÏD : Oui, et il sait qu'il ne trouvera plus de travail. Moi, je travaille presque toute la nuit dans un restaurant du Quartier Latin. En plus, je fais quelquefois le guide pour des groupes d'élèves au musée d'Orsay. Comme ça, je me débrouille…

M. THÉOPHILE : Ça tombe bien. Moi, je vais venir ici avec des élèves de troisième dans trois semaines. Tu as envie de faire le guide pour nous ? Je pourrais te présenter aux élèves et tu pourrais leur montrer le musée et parler de ta vie. Comme ça, ils pourraient apprendre qu'on peut réussir dans la vie même si l'on n'est pas d'origine française.

SAÏD : Avec plaisir, monsieur Théophile. Vous me téléphonez pour la visite guidée quelques jours avant. Voilà mon numéro de téléphone : 01.53.86.90.57. Il faut que je parte maintenant. Il y a un groupe qui m'attend. Au revoir et à bientôt, monsieur Théophile.

M. THÉOPHILE : Au revoir et à dans trois semaines, Saïd.

Französisch (Niedersachsen) – Abiturprüfung 2009
Erhöhtes Anforderungsniveau: Aufgabe I

Gérard Davet : *Mohamed Tadjer – Héros abandonné de la République*

C'était à l'automne 2005, quand la France des banlieues s'embrasait, et qu'il en était devenu, un temps, le héros méconnu. Mohamed Tadjer est ce conducteur de bus qui, le 2 novembre 2005, à Sevran, arracha des flammes Joëlle M., une handicapée de 56 ans. A l'époque, il avait un appartement, une petite amie, un CDI. Aujourd'hui, il n'a plus rien que ses souvenirs, qui emplissent sa mallette et lui tiennent compagnie, le soir, lorsqu'il tente de trouver le sommeil, sur un parking de l'autoroute A1, à demi allongé sur un siège de sa vieille Clio. « *Franchement, aujourd'hui, ce serait à refaire, je sortirais Joëlle M. du bus, c'est sûr. Mais après, je retournerais dans les flammes. Pour mourir dans mon bus.* »

Mohamed Tadjer a toujours vécu en banlieue. Franco-algérien, fils d'un ancien combattant du FLN, venu en France en 1963, pour s'installer à Montfermeil (Seine-Saint-Denis), dans un F5. « *Mon père m'a appris à vivre, c'est mon meilleur professeur* », dit-il. Il a sept frères et deux sœurs. Passe un bac scientifique, s'inscrit en fac, à Jussieu, puis rêve de devenir géologue. Il sera conducteur de bus. « *Parce que je m'appelle Mohamed* », croit-il. Il se marie, divorce, connaît quelques ennuis dont il ne veut pas parler.

En 2005, il travaille pour les Courriers d'Ile-de-France (CIF). On lui donne la ligne 15, Aulnay SNCF-Tremblay Jean-Jaurès. Il conduit un 22-mètres articulé. Il adore ça. Le 2 novembre 2005, le voilà à 21 h 59 à l'arrêt Sevran-Beaudottes. Il ouvre ses portes. Une dame s'approche. Agée, handicapée, Joëlle M. veut rentrer chez elle, aux Pavillons-sous-Bois (Seine-Saint-Denis). Mohamed Tadjer la fait s'installer à l'avant.

Il redémarre, parcourt 30 mètres, quand une poubelle en flammes le bloque. Un chiffon imbibé d'essence est jeté par sa fenêtre. « *J'ai ouvert toutes les portes et dit à tout le monde de descendre. Deux types sont montés par l'avant, ils ont vidé un bidon d'essence sur la handicapée. Un autre gars était derrière, avec son briquet. Elle a pris feu. Elle criait : « Je vais mourir ». Je l'ai tirée dehors, j'ai enlevé sa veste, j'ai utilisé mes mains pour éteindre les flammes qui la brûlaient. Et puis je suis remonté dans le bus pour récupérer son sac à main.* » Le véhicule n'est plus qu'un brasier.

Il est blessé, légèrement brûlé. Rentre chez lui. Les images tournent en boucle sur les chaînes de télévision. Il refuse TF1, M6, écarte toutes les propositions financières. Part se réfugier en Algérie.

C'est là-bas qu'il apprend la volonté de Jacques Chirac de le nommer, « *à titre exceptionnel* », au grade de chevalier de l'ordre national du Mérite. Le décret est signé du 8 novembre 2005. Revenu en France, Mohamed Tadjer découvre les fastes du pouvoir. « *J'avoue, la République m'en a mis plein la gueule, ça m'a fait plaisir. J'ai parlé à Sarko, Chirac, Copé, Villepin.* » Le retour à Montfermeil est plus compliqué. L'enquête de police se poursuit, trois jeunes suspectés d'avoir incendié le bus sont incarcérés en mars 2006.

Un matin, sa copine découvre un petit mot sur le pare-brise de sa voiture. *« Dis à ton petit chéri de fermer sa gueule »*, a écrit une main malhabile. Un soir, à la gare de Sevran, des jeunes le fixent, puis lui disent, en arabe : *« On va t'égorger. »* Ou : *« On sait où tu habites. »* Mohamed Tadjer prend peur, dépose des mains courantes au commissariat de Villepinte. *« Je n'ai jamais balancé personne,* assure le chauffeur de bus, *je ne les ai pas reconnus sur les photos que la police m'a montrées. Mais je ne pouvais plus rester dans le secteur. »*

On lui propose une affectation dans les Alpes-Maritimes, on lui trouve même un appartement au Cannet. Mais l'amie de Mohamed Tadjer ne veut pas le suivre. Il repart à zéro. Il avait donné sa démission aux CIF, ses anciens employeurs acceptent de le reprendre en intérim. *« Puis ma copine a perdu notre enfant, elle m'a quitté, et j'ai dû rendre mon appartement de Montfermeil, je ne pouvais plus vivre là-bas. »* Il fonctionne aux antidépresseurs et utilise le SAMU social pour se laver. *« J'ai honte du monde dans lequel je vis, je voudrais un boulot, une femme, des enfants. Mes parents, je ne les vois plus, je ne veux pas qu'ils me voient comme ça »*, lâche-t-il. Ses médailles, à quoi lui servent-elles, dans leur écrin aux armes de la République ? *« Je voulais les bazarder, mais un collègue m'en a empêché. „N'oublie pas que tu es arabe, mon frère", il m'a dit. Et puis ces médailles, elles vengent nos pères. »*

Il aurait aimé être soutenu. Et même compris. Alors il écrit. Pour lui-même, mais aussi aux élites. François Hollande lui répond *« qu'il partage son analyse de la citoyenneté »*. Ses employeurs se démènent pour lui dénicher un appartement. *« Il est en pleine détresse,* explique son chef de centre, Mohamed Ghobdane. *Déjà qu'il était fragile. Cette affaire de Sevran a tout changé. On lui avait proposé un soutien psychologique, il nous a dit qu'il n'était pas prêt. C'est un type bien, on veut qu'il se stabilise, on va le réintégrer à temps complet, on tente de lui trouver un appartement avec le conseil général du 93. »*

Dimanche 22 octobre, un bus a été brûlé dans l'Essonne. Mohamed Tadjer, lui, était à Paris ; il s'était débrouillé pour se faire inviter à la cité de la Réussite, à la Sorbonne. Il a demandé à être reçu par Dominique de Villepin. *« Je ne veux pas faire de politique, mais, aux jeunes, je leur dis que brûler ne sert à rien. Il faut voter, mais pas pour Sarkozy, qui est une bombe à retardement. On doit tous s'asseoir à une table et parler. De toute façon, l'Etat a toujours raison. »* Il se lève, empoigne sa mallette. Il s'en va, vers sa Clio, et chantonne doucement le vieux tube de Balavoine : *« Je ne suis pas un héros… »* *(973 mots)*

Gérard Davet : Mohamed Tadjer – Héros abandonné de la République, dans : Le Monde, 25.10.2006

Annotations

l. 1	s'embrasait	se mettait en feu
l. 4	CDI	contrat (de travail) à durée indéterminée
l. 7	Clio	voiture de Renault
l. 10/11	ancien combattant du FLN	*Veteran der algerischen Befreiungsbewegung FLN, die 1954–1962 für die Unabhängigkeit Algeriens kämpfte*
l. 12	F5	appartement à cinq pièces
l. 13	fac	faculté → université
l. 17	Courriers d'Ile-de-France (CIF)	*Busgesellschaft*
l. 18	un 22-mètres articulé	*Gelenkbus*
l. 31	TF1, M6	*ici :* de donner des interviews à des chaînes de télévision
l. 33	Jacques Chirac	Président de la République française à cette époque
l. 36	m'en a mis plein la gueule	m'a beaucoup gâté
l. 37	Sarko, Chirac, Copé, Villepin	ministres et hommes politiques français
l. 43	dépose des mains courantes	*ici : meldet den Vorfall*
l. 44	balancé	dénoncé
l. 47	une affectation	un poste
l. 52	SAMU social	*Obdachlosenheim*
l. 59	François Hollande	homme politique français
l. 60	se démènent	font de grands efforts
l. 65	93	département 93 dans l'Ile-de-France
l. 66	l'Essonne	département 91 dans l'Ile-de-France
l. 67	Réussite	grand forum de discussion à la Sorbonne
l. 68	Dominique de Villepin	Premier ministre français
l. 72	Balavoine	auteur-compositeur-interprète français

Aufgabenstellung

1. Résumez les étapes importantes dans la vie de Mohamed Tadjer.
2. Analysez ses états d'âme après l'attentat.
3. Comparez Mohamed à Nadia, protagoniste du roman *Les Raisins de la galère*.
4. A la fin de l'article, Mohamed Tadjer chantonne : « Je ne suis pas un héros. » D'après vous, Tadjer est-il un héros ? Justifiez votre avis.

Lösungsvorschläge

1. L'article « Mohamed Tadjer – Héros abandonné de la République » de Gérard Davet a paru en 2006 dans le journal « Le Monde » (www.lemonde.fr).
   Tadjer est franco-algérien : son père est un ancien combattant algérien venu en France en 1963. Mohamed, l'un des dix enfants de la famille, est né dans la banlieue parisienne.
   Pour un beur, il a d'abord une carrière scolaire remarquable. Après le baccalauréat, il s'inscrit à l'université pour faire la géologie. Mais son rêve d'être géologue ne se réalise pas : il devient chauffeur de bus. Selon Mohamed, c'est parce qu'il est d'origine étrangère.
   Dans la vie privée, il y a aussi des problèmes. D'abord le mariage, puis le divorce. Il a encore d'autres problèmes dont il ne parle pas. Il trouve enfin une nouvelle copine.
   Le 2 novembre 2005, Mohamed sauve une vieille femme handicapée dans son bus. Un groupe de jeunes a arrêté le bus, versé de l'essence sur la femme et mis le feu. Le conducteur réussit toutefois à la sauver.
   Après l'attentat, Mohamed se rend en Algérie où il apprend que le Président Jacques Chirac veut le nommer au grade de chevalier de l'ordre national du Mérite. Il retourne alors en France où il est décoré.
   En mars 2006, la police arrête trois jeunes suspectés d'avoir incendié le bus. Mohamed Tadjer ne les reconnaît pas. Malgré cela, lui et sa copine sont menacés d'être tués et ils doivent quitter le quartier. On lui propose une mutation ce qu'il refuse et il quitte enfin son entreprise. Depuis, il mène une vie lamentable : sa copine l'a quitté, il n'a plus de travail et il est sans domicile fixe. Il passe beaucoup de temps dans sa Renault Clio et n'a plus que ses souvenirs.
   Un peu plus tard, Mohamed se fait inviter à la Sorbonne où il essaie de parler avec des hommes politiques. Pour lui, la violence des jeunes ne sert à rien et il fait appel au dialogue pour résoudre ensemble les problèmes.

2. Après l'attentat sur son bus, Mohamed, qui a été blessé, rentre chez lui. Il ne comprend pas vraiment ce qui s'est passé et l'événement l'occupe beaucoup. A la télévision, il voit les images de l'attentat (« Les images tournent en boucle sur les chaînes de télévision », l. 30/31). Quand TF1 et M6 lui demandent des interviews, il les refuse ainsi que les propositions financières qu'on lui fait (l. 31). Mohamed est tellement énervé par le tourbillon, par ce qui se passe qu'il prend la fuite pour vivre dans le pays de ses parents (« Part se réfugier en Algérie », l. 32).
   Quand il apprend que le Président français de l'époque, Jacques Chirac, veut le nommer au grade de chevalier de l'ordre nationel du Mérite (l. 33/34), il retourne dans son pays d'accueil. La France le gâte, et cela lui « fait plaisir » (l. 36).
   Puis, c'est l'arrestation des suspects. Lui et son amie sont menacés : « On va t'égorger », « On sait où tu habites » (l. 42/43). Mohamed Tadjer recommence à avoir peur et informe la police de la tentative d'intimidation. Elle ne peut rien

faire. De nouveau, il ne comprend pas ce qui se passe parce qu'il n'a pas dénoncé les jeunes arrêtés.

Pour Mohamed, c'est la catastrophe. Il perd son travail et son amie qui a perdu leur enfant le quitte (« Il repart à zéro », l. 48/49). Il a alors tout perdu et a honte de sa situation dont il n'est pas responsable : « Mes parents, je ne les vois plus, je ne veux pas qu'ils me voient comme ça » (l. 53/54). Il devient de plus en plus dépressif, vit sans domicile fixe et refuse toute aide. Il lui reste seulement sa Renault Clio. Sa frustration est tellement grande qu'il aimerait rendre sa médaille, mais un collègue l'en empêche : « …ces médailles, elles vengent nos pères », (l. 57).

Mohamed surmonte enfin un peu sa crise et commence à s'engager contre la violence. Il appelle les jeunes à renoncer à la violence : « …aux jeunes, je leur dis que brûler ne sert à rien » (l. 69). Au lieu d'être violents, on doit s'occuper de politique (« Il faut voter », l. 69) et parler l'un avec l'autre : « On doit toujours s'asseoir à une table et parler » (l. 70/71).

3. J'aimerais d'abord présenter ce que Mohamed et Nadia, protagoniste du roman « Les Raisins de la galère » de Tahar Ben Jelloun, ont en commun.

   D'abord, ce sont leurs racines. Les deux sont d'origine maghrébine, leurs parents ont immigré d'Algérie. Eux-mêmes, par contre, sont nés dans la banlieue parisienne, ils sont alors des beurs.

   Quant à la famille, Mohamed a « sept frères et deux sœurs » (l. 13). Nadia aussi vient d'une famille nombreuse : sa mère a huit enfants. Les deux protagonistes traitent leur père avec beaucoup de respect et d'amour. Mohamed souligne que c'est son père qui lui a « appris à vivre » et qu'il était son « meilleur professeur » (l. 12/13). Nadia est très fière du sien qui a construit une maison pour sa famille.

   Puis, la carrière scolaire des deux protagonistes se déroule bien : ils ont tous les deux passé le baccalauréat et fait des études universitaires.

   Bien que les deux soient nés en France, ils ont fait l'expérience qu'on ne les traite pas de la même manière que les vrais Français, les Français de souche. Mohamed Tadjer n'est pas géologue mais conducteur de bus à cause de son origine (« Parce que je m'appelle Mohamed », l. 14/15) et Nadia a l'impression que le fait que sa famille vit dans une grande maison particulière est une provocation pour les Français.

   En raison de leur problème d'être acceptés dans la société française, ils montrent de l'engagement pour les faibles. Mohamed sauve une vieille femme handicapée et Nadia va dans la politique pour défendre les droits des défavorisés souffrant d'injustice et d'intolérance.

   En résumé de cette première partie, on peut dire que Nadia et Mohamed se sentent déchirés entre les cultures arabe et française. Nés en France et ne connaissant guère le pays de leurs parents, ils ne sont pas des « vrais » Français à cause de leurs parents algériens.

   Mais il y a aussi des différences. Après avoir fait ses études, Mohamed devient conducteur de bus, il exerce alors un métier qui ne correspond pas du tout à son

éducation. Après ses études, il doit enfin accepter le poste de conducteur parce qu'il est arabe. Nadia fait des petits travaux différents et s'engage enfin dans la politique pour aider les faibles. Elle prend position par exemple pour ses parents qui veulent garder leur maison (l'administration communale veut la détruire) ou pour les femmes (surtout d'origine maghrébine) qui sont opprimées et auxquelles elle appelle à agir librement, ce qui est la cause de menaces par des groupes musulmans qui luttent pour le rôle traditionnel de la femme.
Pour essayer de résoudre les problèmes, elle passe à l'action et se présente comme candidate des Verts aux élections. Après un certain temps, elle a cependant l'impression d'être exploitée en ce qui concerne son rôle politique.

4. ***Hinweis:*** *Beziehen Sie klar Stellung und begründen Sie Ihre Meinung. Ihre Argumente sollten nachvollziehbar sein.*

En ce qui concerne la question posée, il y a pour moi une seule réponse possible. Bien sûr que Mohamed Tadjer est un héros. Lui-même ne veut pas l'être, ce qui est à comprendre. Mais il faut se rendre compte de ce qu'il a fait.
D'abord, Mohamed a sauvé la vie à une femme qu'il ne connaissait pas. Il a couru le risque de mourir lui-même en la tirant du bus qui brûlait. Au lieu de risquer sa propre vie, il aurait pu s'en éloigner. S'il avait fait cela, personne ne lui aurait fait des reproches. Et cela d'autant plus qu'il avait déjà quitté le bus avant d'y retourner pour sauver la dame. Il est normal (ou presque) qu'on sauve d'abord sa propre vie et pas celle des autres.
Puis, il a été nommé au grade de chevalier de l'ordre national du Mérite. Ceux qui sont décorés ainsi doivent être des héros pour avoir mérité cette décoration. C'est comme ça, même si cela est plutôt un acte administratif et en même temps un symbole.
Ce qui est pour moi aussi important que le sauvetage, c'est que Mohamed ne se vante pas de son acte et qu'il trouve normal ce qu'il a fait. Au surplus, il incite au dialogue sans faire de reproches à aucun groupe social. Il dit clairement qu'il ne faut pas être violent pour arriver à un but : « Je ne veux pas faire de politique, mais, aux jeunes, je leur dis que brûler ne sert à rien » (l. 68/69). En même temps il appelle à voter pour ceux qui n'ont pas tendance à polariser, pour ceux étant pour le dialogue entre les groupes de la société : « Il faut voter, mais pas pour Sarkozy, qui est une bombe à retardement. On doit tous s'asseoir à une table et parler » (l. 69–71).
Ceux qui ne voient pas Mohamed Tadjer comme héros pourraient lui reprocher d'être faible : il se laisse intimider par des menaces, il s'enfuit en Algérie ou préférerait être mort dans les flammes. Moi, je n'accepte pas cet argument-là. Il faut bien se rendre compte de la situation de Mohamed. Vivre dans un pays où l'on n'est pas accepté et où l'on a des ennuis après avoir sauvé la vie à une vieille dame handicapée provoque de telles réactions de la part de Tadjer. Pour moi, il est un héro sans réserve et donne le bon exemple à beaucoup de Français, aussi à beaucoup de Français de souche.

Léo Lamarche : *Il ne faut pas couper les cornes aux escargots*

Didou voulait juste essayer de couper les cornes d'un escargot avec ses ciseaux. Surpris par son père, il compte les minutes qui le séparent de sa punition.

Papa va rentrer déjeuner. Didou pense que, s'il est sage comme une image, s'il mange de tout et même la salade, peut-être que ça adoucira papa. Il sait pourtant, là, tout au fond, que ça ne peut pas se passer ainsi. Papa n'oubliera pas et la ceinture claquera, entamera son derrière à travers le petit pyjama. Son cœur, aussi, se brisera en éclats. C'est pas juste. C'est comme ça.

Derrière lui, sur la vitre, le bonhomme embué s'efface déjà et Didou reste seul, si petit face à papa et à sa colère blanche, celle qu'il gardera jusqu'au soir avant de la défouler sur ses fesses de cinq ans.

Voilà papa qui rentre et qui mange en silence. Et l'enfant quête en vain, dans son regard fermé, l'indice qu'il lui a pardonné…

Puis il lève les yeux sur sa mère.

Maman ne dit rien, elle ne dit jamais rien aux colères légitimes du père. D'ailleurs, elle a les yeux gonflés, maman, et l'air d'une qui n'est vraiment pas dans son assiette. Peut-être qu'elle a peur, comme Didou pour ce soir, quand papa viendra transformer son rêve en cauchemar.

Didou se dit qu'un jour papa finira par le tuer et que maman le sait, que c'est pour ça qu'elle ne dit rien : crainte de la ceinture sur les fesses et les reins de Didou, plus fort, encore plus fort, toujours plus fort. Pour lui apprendre à vivre.

Il y a le repas en silence. Papa a gardé son grand tablier tout taché, prêt à se précipiter au magasin au moindre coup de sonnette. Mais c'est le téléphone qui sonne et apprend à maman que mémé est malade, qu'elle doit partir tout de suite, prendre le train pour l'hôpital.

Alors Didou grelotte de peur, pas pour mémé Simone mais pour lui, sans maman, face au grand désespoir du soir, dans sa chambre, au grincement des pas de papa, dans l'escalier de bois, au petit cliquetis de la ceinture qui se déboucle. Si maman n'est pas là, ce sera pire… A moins que papa ait déjà oublié, à cause de la maladie de mémé qui vient à point nommé.

Maman prépare son sac, appelle un taxi, embrasse le petit et murmure dans l'oreille de papa :

– Tu ne le frapperas pas trop fort, hein, Robert ?

– T'inquiète pas, répond la grosse voix, il aura ce qu'il mérite.

Didou se sent trahi par maman, qui a rappelé sa fessée à papa, qui n'a rien oublié. « Une bonne fessée, ça n'a jamais fait de mal à personne. » Mais si, que ça fait mal. Partout.

« Il ne faut pas couper les cornes aux escargots », maintenant, Didou le sait, il n'a pas besoin d'une rouste, pas besoin de cette peur qui lui dévore le ventre de ses petites canines. Il n'a pas besoin de cette solitude, une fois la portière du taxi refermée et un signe de main, par la lunette arrière.

– Maintenant, on est seuls, toi et moi ! dit papa. Tu t'assieds là et tu te tiens tranquille.

Didou s'assied derrière la caisse à la place de maman, il regarde papa vider les volailles, plonger son grand couteau dans les quartiers de viande. « Emballé, c'est pesé ! Ça fera sept euros cinquante… »

Les traces rouges, sur le tablier blanc. Son crayon de bois coincé derrière son oreille.

« Monique ? Elle est partie une paire de jours veiller sa mère, paraît qu'elle est mourante, mais vous savez, moi j'y crois pas, ça fait trois fois que la vieille nous fait le coup… » Didou ne retient qu'une chose : on est vendredi, maman ne reviendra pas avant lundi…

Et si papa ne le tue pas ce soir, et si Didou fait d'autres bêtises, d'ici là ? Papa est si fort qu'il porte sur son épaule des bêtes à moitié découpées. Si fort que la ceinture laisse sur la peau de l'enfant des sillons qui se couvrent de rosée rouge, si fort qu'il pourrait l'assommer, d'une grande baffe sur la tête… Si fort… Et si colère… Didou ne coupera plus jamais les cornes aux escargots… promis, juré, craché. Mais ça ne changera rien, ce soir, ce sera la rouste.

Les heures s'égrènent et Didou voit avec terreur approcher le soir et le lit, l'escalier et les coups de ceinture. Il regarde son père s'affairer à ranger la boutique, serrer les jambons, emballer les saucisses. Derrière la vitrine, les ombres s'étirent lentement. Les escargots sont tous recroquevillés au fond de leur coquille et Didou voudrait faire pareil. Sous sa carapace invisible, l'enfant prie que papa ait oublié, tout oublié… Mais l'homme le regarde et tripote sa ceinture, sous son grand tablier ensanglanté. L'air de dire « Tu ne perds rien pour attendre ! »

L'homme part rapporter à la chambre froide une tête de veau aux narines frémissantes de persil. L'enfant se lève et suit son père. S'arrête au seuil de la pièce. Tire à lui de toutes ses forces la porte d'acier. Vlam. Il tourne à deux mains la poignée tandis que papa commence à frapper de l'autre côté, à crier de sa voix étouffée, à jurer, à le menacer.

Terrorisé, Didou réfugie ses oreilles derrière ses mains et se sauve au jardin pour ne plus rien entendre. *(882 mots)*

Léo Lamarche, Sale temps pour vivre, Haute tension, Les Editions les 400 coups, 2008

Annotations

l. 6	le bonhomme embué	sur la vitre sale, Didou a dessiné un géant qui le protège
l. 13/14	n'est vraiment pas dans son assiette	se sent mal
l. 36	d'une rouste	de coups brutaux
l. 36/37	qui lui dévore le ventre de ses petites canines	qui le ronge
l. 62	tu ne perds rien pour attendre !	tu vas voir, je ne t'oublierai pas
l. 63	chambre froide	*Kühlraum*

Aufgabenstellung

1. Résumez ce qui se passe dans cet extrait.
2. Faites le portrait du père.
3. Comparez la relation de Jean Rezeau et sa mère dans *Vipère au poing* à celle de Didou et son père.
4. Rédigez la fin de l'histoire.

Lösungsvorschläge

1. Didou est le protagoniste du texte « Il ne faut pas couper les cornes aux escargots », paru dans le recueil « Sale temps de vivre », écrit par Léo Lamarche. Le livre a été publié en 2008.
   Didou est un garçon qui a essayé de couper les cornes à un escargot. Son père l'a surpris et en est très fâché. Ainsi, le petit attend sa punition. Pendant le déjeuner avec ses parents, il fait tout pour être sage et adoucir son papa. La mère de Didou est beaucoup plus compréhensive que son mari ce qui laisse espérer Didou qu'elle va l'aider à éviter les coups du père. Pendant le repas, c'est le silence, on ne parle pas du problème.
   Le téléphone sonne et on apprend que la grand-mère de Didou est malade. C'est la raison pour laquelle la mère doit lui rendre visite à l'hôpital le plus vite possible. Didou doit alors rester seul avec son père pendant un week-end.
   La mère partie, Didou regarde son père travaillant à la boucherie et coupant de la viande. Les vêtements de celui-ci sont couverts de sang, ce qui fait augmenter la peur du petit qui pense qu'il pourrait être tué par son père.
   Le soir, Didou est pris de panique. Il enferme son père dans la chambre froide pendant que celui-ci y porte des morceaux de viande. Puis il s'enfuit au jardin sans tenir compte des cris qui viennent de l'intérieur de la chambre froide.

2. Le père de Didou s'appelle Robert et est boucher, il tient sa propre boucherie. D'habitude il porte un tablier couvert de sang (« Les traces rouges, sur le tablier blanc », l. 44). C'est le tablier ainsi que son apparence qui intimident sa famille. Robert est très fort, « si fort qu'il pourrait l'assommer d'une grande baffe sur la tête… » (l. 52/53). Il travaille beaucoup, et même pendant les repas, il est prêt à « se précipiter au magasin au moindre coup de sonnette » (l. 19/20) pour répondre au besoin de ses clients.
   Quand quelque chose ne marche pas comme il veut, il se met en colère. C'est un colérique. Puis il est sans pitié et devient brutal. Il punit régulièrement son fils qui le mérite selon lui en lui donnant des fessées, ce qui est, d'après lui, nécessaire pour l'éducation : « ça n'a jamais fait de mal à personne » (l. 33). Il le bat avec une ceinture sur le derrière et les reins « pour lui apprendre à vivre » (l. 18).
   Robert est tellement violent que Didou craint que son père puisse le tuer : « Didou se dit qu'un jour papa finira par le tuer » (l. 16). Au surplus, ce n'est pas seulement le corps qu'il puisse tuer, c'est aussi le cœur qu'il brise : « Son cœur, aussi, se brisera en éclats » (l. 4/5).
   Didou sait que ce n'est pas juste, mais il sait aussi qu'il ne peut rien faire (« C'est pas juste. C'est comme ça », l. 5). Le garçon est tellement horrifié qu'il enferme son père qui transporte de la viande dans la chambre froide pour éviter que celui-ci le punisse. Même dans cette situation, Robert continue à « crier de sa voix étouffée, à jurer, à le menacer » (l. 66/67). Si Robert avait réagi de façon plus raisonnable, Didou aurait peut-être ouvert la porte, mais comme ça, le garçon

« réfugie ses oreilles derrière ses mains et se sauve au jardin pour ne plus rien entendre » (l. 68/69).

3. ***Hinweis:*** *Geben Sie ein paar Hinweise, die belegen, dass Sie „Vipère au poing" gelesen haben.*

Jean Rezeau dans « Vipère au poing » ainsi que Didou s'opposent à leurs parents : Jean à sa mère et Didou à son père. Les deux ne se résignent pas à être soumis à la violence et l'injustice maternelle et paternelle.
Quant à Jean Rezeau, sa mère, surnommée Folcoche par son fils, ressent un sentiment de haine contre son fils et vice versa. Elle est extrêmement dure et sévère et cela est la raison pour laquelle Jean la compare à une vipère, symbole du mal (tout comme dans la Bible). La relation entre les deux est tellement mauvaise qu'il essaie de la tuer plusieurs fois de façons différentes. Il veut, par exemple, la noyer et l'empoisonner sans y réussir : elle se sauve toujours. Dans « Vipère au poing », tous les deux sont violents : Folcoche donne à son fils régulièrement des fessées alors que Jean donne à sa mère des coups de coude dans les reins. Jean Rezeau et sa mère se valent alors : les deux ont beaucoup d'énergie en montrant leur force et en exprimant leur haine mutuelle.
En ce qui concerne la relation entre Didou et son père Robert, c'est tout différent. Il n'y a pas d'égalité. Didou qui a cinq ans est faible, il n'ose pas contredire son père fort et cruel et est terrorisé par celui-ci. Contrairement à Jean, Didou n'est pas rusé et n'emploie pas de stratagèmes, il est trop jeune pour faire cela.
Didou a une grande peur d'être battu par son père, ce qui se passe souvent. Il craint que Robert puisse le tuer un jour. L'absence de sa mère est pour l'enfant la catastrophe, là il est complètement à la merci de son père. Pour éviter la punition, il l'enferme dans la chambre froide sans se rendre compte des conséquences. C'est plutôt une action irréfléchie, causée par l'angoisse extrême. C'est pourquoi on ne peut pas dire qu'il est vraiment responsable de son acte qui est, malgré cela, criminel. C'est le père qui l'a provoqué par sa brutalité.
Il reste à répéter que Didou n'est pas du tout agressif envers son père alors que Jean se révolte vraiment et hait sa mère.

4. ***Hinweis:*** *Verfassen Sie den Schluss der Geschichte in der 3. Person. Beachten Sie die Vorgaben des Textes und schreiben Sie einen Text, der nicht nur inhaltlich, sondern auch sprachlich (z. B. présent) zur Textvorlage passt.*

Il s'accroupit sous un arbuste sans bouger pendant deux heures. De temps en temps, il entend les cris du père qui deviennent de moins en moins forts. La nuit tombée, c'est le silence total. Didou entre dans la maison et va dans sa chambre. D'un côté soulagé qu'il ne peut plus être battu (c'est ce qu'il espère), de l'autre confus parce qu'il ne sait pas si son père est vraiment mort. Il s'endort enfin.
Le lendemain, il se réveille en se demandant ce qu'il a fait la veille. Puis, il va dans la cuisine et prend le petit déjeuner.

C'est samedi matin, et les premiers clients arrivent vers huit heures. Comme la boucherie n'est pas encore ouverte, ils frappent à la porte. Didou ouvre et dit qu'il ne sait pas où son père est. D'autres clients arrivent et cherchent Robert qui n'est toujours pas là. Comme Didou ne sait rien, ils continuent à chercher et le retrouvent enfin dans la chambre froide, raide mort. On appelle la police qui demande au garçon quand il a vu son père la dernière fois. Il dit la vérité et répond : « Hier soir, je l'ai vu porter de la viande dans la chambre froide. »
La police fait une enquête et le résultat en est que c'était un accident épouvantable. Personne ne soupçonne le petit Didou.
Le soir, la mère rentre à la maison. Elle est triste et pleure. Elle a des mauvaises nouvelles : sa mère est morte à l'hôpital. Quand elle apprend que son mari est mort à la suite d'un terrible accident, elle est très choquée. Mais peu à peu elle réalise que c'est aussi une chance pour elle et son fils. Ils commencent une nouvelle vie, une vie sans angoisse et sans brutalité.

Material 1 : Denis Cheynet : L'utopie ?

mardi 16 octobre 2007

Avons-nous le droit de penser que le bonheur passe par l'acquisition toujours croissante de biens matériels alors qu'une grande partie de la population mondiale meurt de faim ? Pouvons-nous penser que notre civilisation occidentale est raisonnable alors que nous ne sommes que 20 % de la population mondiale à consommer 80 % des ressources de la planète ?

Il faut avoir une bonne part de bon sens et de raison pour mesurer l'importance des dégâts qu'engendre de manière croissante notre boulimie de consommation. Il faut avoir du courage pour accepter le monde tel qu'il est. Cela n'est pas facile de sortir de la masse et de soulever des idées qui bouleversent nos habitudes, notre désir d'individualité et notre confort matériel. Il n'y a qu'une seule terre. Autant faire en sorte de ne pas la détruire et de ne pas la laisser en trop mauvais état aux suivants. Nous devons nous inscrire dans la durée et la globalité du monde. Cela n'est pas chose aisée lorsque notre modèle économique nous pousse à vouloir toujours plus et nous masque les conséquences de nos modes de vie à long terme.

Il faut être complètement aveugle et immature pour penser que la terre va supporter encore longtemps la folie humaine. Il faut être complètement déraisonnable pour penser que la croissance peut être infinie, que nous pouvons posséder toujours plus de biens matériels alors que les ressources de la planète sont limitées. La publicité, les médias, notre éducation, tout tend à nous conforter dans cette douce innocence. Consommez, consommez, vous serez heureux et tout ira bien ! Nous sommes rendus aveugles et sourds par le matraquage publicitaire et l'idéologie consommatrice qui ne laisse aucune place aux messages non rentables économiquement. Quelle chaîne de télévision aurait le courage de parler des méfaits de l'automobile entre deux spots publicitaires vantant les mérites du nouveau V6 à injection ?

Alors sortons de cette utopie qui berce notre monde. Ayons le courage d'ouvrir les yeux et de regarder les choses en face. Cela ne signifie pas que nous « reviendrons en arrière », que nous serons malheureux et ternes. Au contraire, cela nous donnera le courage d'aller de l'avant, de donner un sens à nos vies et nos désirs. Vivons pleinement, vivons heureux, mais pas n'importe comment. *(380 mots)*

Denis Cheynet

Annotations

l. 8	boulimie de consommation	désir intense de consommer
l. 11/12	Autant faire en sorte de ne pas	Cela veut dire qu'il ne faut pas
l. 14	chose aisée	facile
l. 22	le matraquage publicitaire	*Dauerberieselung durch Werbung*
l. 25	V6 à injection	*6-Zylinder Einspritzmotor*
l. 29	d'aller de l'avant	avancer

Material 2 : Publicité : Fairtrade

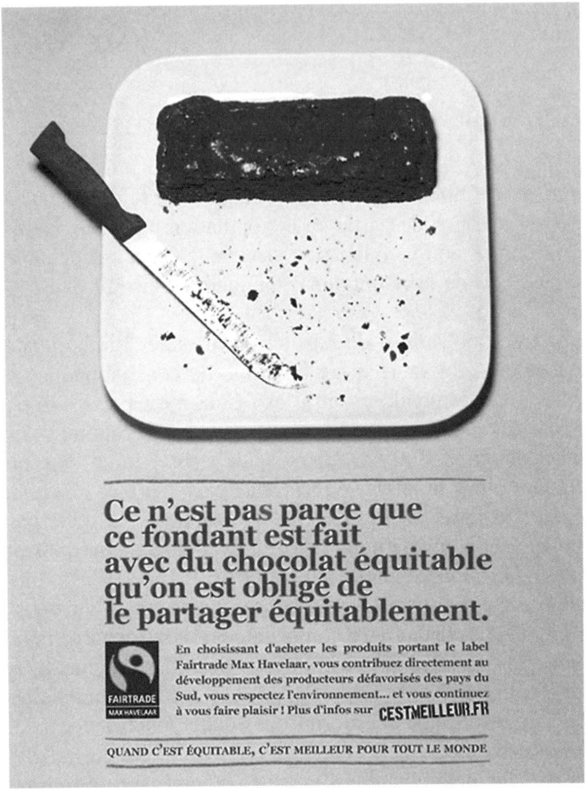

© *Max Havelaar France, http://www.cestmeilleur.fr/#*

Annotation
un fondant est un gâteau, riche en chocolat

Aufgabenstellung

1. Exposez brièvement le problème dont il est question dans ce texte.
2. Dégagez du texte ce qu'on doit faire pour avoir un meilleur avenir.
3. Etablissez un rapport entre ce texte et *La débauche* ou *Les choses*.
4. Denis Cheynet apprécierait certainement la page de publicité *Fairtrade* (Material 2). Justifiez pourquoi.

Lösungsvorschläge

1. ***Hinweis:** Der Einleitungssatz sollte das Kernproblem umreißen, das im Folgenden dann genauer ausgeführt wird.*

   Dans le texte « L'Utopie ? » de Denis Cheynet, publié sur Internet en juillet 2009, il s'agit d'une critique des habitudes de consommation de notre société et des conséquences pour les générations suivantes et notre planète.
   Le problème essentiel réside dans le fait que les sociétés occidentales consomment toujours plus, en croyant que, pour être heureux, il faut posséder des biens matériels.
   Le désir irréfléchi de consommation entraîne une réduction inquiétante des ressources de la planète. Tandis qu'une grande partie de la population mondiale meurt de faim, nous, les occidentaux, consommons les ressources de la terre sans penser ni aux pays défavorisés ni aux générations suivantes auxquelles nous laisserons une planète dévastée.
   Il est difficile de s'opposer à ce mode de vie prôné par les médias et la publicité qui suggèrent aux gens que le bonheur consiste en une consommation croissante. En même temps, la publicité omniprésente empêche les consommateurs de réfléchir aux conséquences de leur comportement.
   En plus, les chaînes de télévision, ayant besoin de la publicité payée par les entreprises, n'osent pas diffuser des informations qui éclairent le public sur l'impact néfaste des produits sur l'environnement puisque ces informations nuisent à l'économie.
   Le problème est délicat, parce que, pour changer la situation, il faut changer nos habitudes de consommation. Et cela revient à attaquer tout le système économique établi.

2. Après avoir décrit l'« utopie qui berce notre monde » (l. 26) et selon laquelle il faut consommer et tout ira bien parce que la croissance économique peut être infinie (l. 18), Cheynet nous explique ce qu'il faut faire pour avoir un meilleur avenir qui, pour lui, n'est pas forcément utopique.
   Selon Cheynet, il est nécessaire de ne plus fermer les yeux sur les conséquences de notre manière de vivre et de prendre conscience des dégâts que cause notre mode de vie. La civilisation occidentale, qui consomme 80 % des ressources mondiales, n'a pas le droit de continuer à vivre comme si les ressources étaient inépuisables. Pour assurer l'avenir, il est indispensable d'accepter que les matières premières de la terre sont limitées.
   Il est donc vital d'arrêter de consommer à tout prix et de gaspiller les ressources de la terre.
   Selon Cheynet, il nous revient d'assumer la responsabilité et de « nous inscrire dans la durée et la globalité du monde » (l. 13) ce qui veut dire qu'il faut penser aux générations suivantes et aux pays du tiers-monde. Nous devons être prêts à accepter de nouvelles idées même si elles « bouleversent nos habitudes » (l. 10).

Cheynet invite le consommateur à faire preuve de courage et à nager à contre-courant. C'est à chacun de nous de « sortir de la masse » (l. 10) et de remettre en question les valeurs jusqu'alors incontestées de la société (l'individualité, la consommation, le confort).
Cependant, les médias, la publicité et l'éducation nous poussent à consommer toujours plus. Il faut donc adopter une attitude critique envers les médias pour avoir la force de ne pas se laisser influencer par « le matraquage publicitaire » (l. 18).

3. ***Hinweis:*** *Um Ihnen für beide in der Aufgabenstellung genannten Alternativen ein Beispiel zu geben, geht die folgende Lösung sowohl auf „La débauche" als auch auf „Les choses" ein. Sie selbst brauchen sich aber nur auf eines der beiden Materialien beziehen (wählen Sie bitte auch in der Prüfung unbedingt nur eine Alternative aus und behandeln Sie keineswegs alle Alternativen, da Ihnen das nur Nachteile und keine Vorteile bringt).*

Dans la BD *La débauche*, l'histoire du meurtre d'un PDG sans scrupules, il est question des stratégies de la publicité et des mécanismes d'un système économique où seul le profit compte. Déguisé en SDF, M. Lahache, le directeur de Katy Dog, une entreprise produisant de la nourriture pour chiens, s'expose dans une cage au Jardin des Plantes, entouré de boîtes de la marque Katy Dog. Les chaînes de télévision font des reportages et les spectateurs sont matraqués par des images montrant les boîtes de Katy Dog. C'est de cette sorte de « matraquage publicitaire » dont parle Cheynet (l. 22).
Lahache abuse de la situation des SDF pour attirer l'attention des consommateurs sur son produit. Mais ceux-ci sont « rendus aveugles et sourds » (l. 21) par la publicité omniprésente. Ils se laissent attendrir et, sauf Lili, ne réfléchissent pas à ce qu'ils voient. Le « chômeur » dans la cage inspire la pitié et la campagne publicitaire est une grande réussite économique pour Katy Dog.
La croissance constante et infinie, qui est critiquée par Denis Cheynet, est l'unique but de Lahache.
Ce système économique corrompt les gens : Lahache licencie sans raison et sans scrupules, M. Hélas, une victime de Lahache et de ses stratégies économiques, est poussé au meurtre. Il se venge sur son ancien patron. Le commissaire, attiré par la vie luxueuse de Mme Lahache, détourne le soupçon sur sa copine Lili pour commencer une relation amoureuse avec la veuve. Devenu directeur des ressources humaines, l'ancien commissaire se comporte comme Lahache.

Dans la chanson *Les choses* de Jean–Jacques Goldman, le moi-lyrique parle de son besoin irrésistible de posséder des biens matériels pour être heureux. Il est l'exemple parfait du consommateur tel que Denis Cheynet le critique. D'une manière ironique, Goldman décrit la « boulimie de consommation » (cf. Cheynet, l. 8) de notre société.
Le moi-lyrique prie les choses qui sont donc comme un Dieu pour lui. Elles donnent un sens à sa vie. Le chanteur a besoin des objets pour avoir la certitude

de vivre (« J'ai donc je suis. »). Il fait partie de ceux dont « le bonheur passe par l'acquisition toujours croissante de biens matériels » comme dit Cheynet (l. 2/3). Son désir de possession est nourri par la publicité. Cheynet parle du « matraquage publicitaire » (l. 22) que connaît aussi le moi-lyrique dans la chanson. Les célébrités dans les publicités lui donnent (l'illusion d')une identité, tellement il s'identifie à elles. Cheynet critique résolument le rôle de la publicité dans notre société. Elle crée des besoins et amène les gens à acheter sans réfléchir. C'est exactement ce que fait le moi-lyrique dans la chanson. Il ne réfléchit pas (C'est plus « je pense ») et il est « confort[é] dans cette douce innocence » (Cheynet, l. 20). Il agit selon la maxime formulée par Denis Cheynet : « Consommez, consommez, vous serez heureux et tout ira bien » (l. 21).
Mais en réalité, rien ne va bien. Cheynet prévoit les dangers qu'entraîne ce mode de vie et qui menacent la terre. Pour Goldman, le désir insatiable de consommation rend la vie superficielle et menace l'individualité de l'homme. Le clip illustre cette menace par l'attaque des ustensiles ménagers qui se transforment en armes et qui sont sur le point de dominer l'homme.

Les textes critiquent tous les deux le fait que dans notre société les gens se croient heureux quand ils possèdent de plus en plus de biens matériels, une attitude qui est développée et renforcée par l'influence de la publicité.

4. ***Hinweis:*** *Zur Bearbeitung dieser Aufgabe gehört, auch wenn dies nicht explizit in der Aufgabenstellung genannt wird, eine kurze Beschreibung der Werbeseite.*

La publicité Fairtrade représente un fondant dont les deux tiers sont mangés. Il n'en reste qu'un tiers. Apparemment, quelqu'un n'a pas partagé équitablement et a pris la plus grande part du gâteau. Le slogan *Ce n'est pas parce que ce fondant est fait avec du chocolat équitable qu'on est obligé de le partager équitablement* joue sur le mot « équitable ». D'un côté, ce mot se réfère au commerce équitable, de l'autre au partage du gâteau.
La publicité a pour but d'amener le consommateur à acheter les produits de la marque Fairtrade Max Havelaar qui soutient les producteurs défavorisés des pays du Sud.
Cheynet apprécierait cette page de publicité parce qu'en achetant ces produits, on respecte l'environnement (cf. le texte de la publicité). L'auteur exige que les consommateurs ne laissent pas la terre « en trop mauvais état aux suivants » (Cheynet, l. 12) et qu'ils protègent les ressources de la planète (l. 19). En choisissant les produits portant le label Fairtrade, on pense aux générations suivantes parce qu'on contribue à protéger l'environnement, ce qui plairait beaucoup à Cheynet.
Celui qui achète les produits de la marque Fairtrade fait ce que Cheynet demande en disant qu'il est nécessaire « de sortir de la masse et de soulever des idées qui bouleversent nos habitudes » (Cheynet, l. 10), car l'achat des produits du commerce équitable ne correspond pas à « l'idéologie consommatrice » (l. 22) ordinaire qui ne respecte ni les producteurs ni l'environnement.

En plus, Cheynet apprécierait la publicité parce qu'elle n'oblige pas le consommateur à renoncer au plaisir. Pour Cheynet, une consommation plus réfléchie « ne signifie pas [...] que nous serons malheureux et ternes » (l. 28). La publicité montre qu'on a droit à un grand morceau du gâteau et la phrase dans le texte « ...et vous continuerez à vous faire plaisir » correspond à la vision de l'avenir de Cheynet : vivre pleinement, vivre heureux, mais pas n'importe comment (cf. l. 30).
En choisissant les produits Fairtrade, le consommateur s'oppose à la « boulimie de consommation » (l. 8) tout en allant de l'avant (cf. Cheynet l. 29). Il s'inscrit « dans la durée et la globalité du monde » (l. 13) parce que « quand c'est équitable, c'est meilleur pour tout le monde » comme dit aussi la publicité.

Mikaël Ollivier : E-den

Mel est tombée dans le coma à la suite d'une overdose d'une drogue nouvelle. Elle se trouve dans un autre monde, l'E-den. Goran, un jeune homme qui est tombé amoureux de la jeune fille, prend aussi cette drogue pour joindre Mel dans ce monde. Quand il rouvre les yeux, il est accueilli par deux superbes créatures qui sont là pour guider ses premiers pas.

– Vous êtes prêt, Goran Poiret ? demandent alors les deux hôtesses.

– Heu… Oui ! répond le garçon sans bien savoir à quoi il est censé être prêt.

Et brusquement, un monde jaillit autour de lui. Sans avoir eu à faire un pas, Goran se retrouve submergé d'images, de sons et d'odeurs. La poitrine gonflée par une sensation de bien-être comme il n'en a encore jamais connu, il contemple la ville qui vient de naître pour lui.

Goran se trouve sur une grande place animée joyeusement par la présence de nombreux hommes et femmes de différents âges, souriant devant la beauté saisissante du lieu. Le centre est composé d'une sorte de vaste guichet circulaire à l'intérieur duquel se tiennent d'autres hôtes et hôtesses. Alentour, il y a des arbres en fleurs de différentes couleurs, certains sont rosés, d'autres blancs ou encore bleu pâle et jaunes, plantés sur des pelouses d'un vert si tendre qu'il donne envie de s'y rouler. Plus loin se dressent les premiers bâtiments, à la fois gigantesques, énormes et légers. Goran lève son regard et est saisi à la gorge tant la pureté du ciel le bouleverse. Jamais il ne l'a vu si bleu, agrémenté de quelques nuages replets, et soudain, le garçon se rend compte qu'il n'a jamais non plus senti un air si pur. Une douce brise soulève une mèche de ses cheveux, et sa caresse est d'une telle délicatesse qu'elle fait naître un petit gloussement d'euphorie dans la gorge du garçon. Goran ferme les yeux et prend une longue inspiration. Il se sent bien, mieux que jamais depuis sa naissance. Il a la sensation grisante de ne faire qu'un avec le monde qui l'entoure.

Enfin, imitant les autres arrivants, il s'avance vers le guichet où une nouvelle hôtesse lui sourit. Ses yeux sont d'un vert de jeune pousse de printemps et ses cheveux de la couleur d'une braise incandescente. Goran est tellement subjugué par sa beauté qu'il lui fait répéter sa question :

– Que cherchez-vous ici, Goran Poiret ?

– Mélanie Gréhant.

Sans se départir de son large sourire, l'hôtesse ferme un instant les yeux puis les rouvre en fronçant joliment ses fins sourcils.

– Mélanie Gréhant ? Je ne trouve rien qui…

– Mel ! C'est plutôt Mel, je pense, précise aussitôt Goran.

Le temps d'un clignement de ses yeux magnifiques, et l'hôtesse retrouve son visage serein.

– Mel, bien sûr…

Et soudain, Goran sait où se trouve Mel. Sans comprendre comment ce miracle s'est produit, son cerveau vient de recevoir les informations qui le guideront jusqu'à Mel. Le garçon a l'impression qu'un instinct nouveau vient de naître en lui.

– A votre service, lui glisse l'hôtesse d'une voix langoureuse.

– Merci, répond Goran, si dérouté qu'il en hésite à faire un seul pas.

– Laissez-vous aller, Goran Poiret, ajoute l'hôtesse. Suivez vos envies…

Et Goran comprend alors qu'il doit cesser de réfléchir à ses actes, mais seulement les accomplir.

Il se met alors à marcher au hasard de ses pas, sachant qu'ils sont en train de le mener là où il veut se rendre.

Ici, personne ne semble pressé. Pas de bruits de pas nerveux sur le sol, aucun coup de Klaxon agressif… Tout le monde marche dans les rues de la ville d'une allure de promeneur, un sourire léger aux lèvres, le regard illuminé par l'harmonie environnante. De somptueuses voitures glissent silencieusement sur la chaussée en un cortège de chrome, d'or et de pastel métallisés.

Goran marche le long d'une large avenue bordée d'arbres en fleurs dont la brise fait tomber des pétales en une pluie de couleurs. Partout, des oiseaux chantent. Certains volent dans le ciel, d'autres sont posés sur les rebords des fenêtres, sur les corniches des toits. Il y en a de très gros, blancs ou bien aussi colorés que des perroquets. Goran s'arrête pour contempler l'un d'eux, posé sur le dossier d'un banc, sa longue queue orangée descendant jusqu'au sol.

Quand il se remet en route, le garçon accroche le regard d'une jeune femme qui lui sourit. Plus loin, une bande d'adolescentes le croise en gloussant. Goran se retourne sur leur passage et constate que les filles en font de même sur le sien. Le phénomène se reproduit plus loin, et Goran en vient naturellement à se dire qu'ici, il plaît aux filles. Lui qu'elles ne remarquent même pas habituellement ! Dans l'E-den, elles se retournent sur son passage. Le cœur léger, il poursuit sa promenade…

E-den, Mikaël Ollivier et Raymond Clarinard © Thierry Magnier, France, 2004 *(738 mots)*

Annotations

l. 22	pousse	partie jeune d'une plante
l. 23	une braise incandescente	*rotglühend*
	subjugué	fasciné
l. 37	langoureuse	séduisante
l. 44	pas	*Schritte*
l. 48	cortège	*ici : Autokorso*

Aufgabenstellung

1. Décrivez l'E-den.
2. Analysez les sentiments et réflexions de Goran.
3. Comparez la situation de Goran à celle de la fille dans le clip *Respire*.
4. Enfin, Goran rencontre Mel. Ecrivez la suite.

Lösungsvorschläge

1. L'E-den est un endroit surnaturel, qui semble paradisiaque. Le nom fait allusion au jardin Eden du paradis de la Bible. Tout y est beau. Les personnes sont d'une beauté inimaginable, le ciel est pur et d'un bleu jamais vu. Le paysage, les arbres, les fleurs, les animaux ont aussi des couleurs éblouissantes. L'air est pur et agréable à respirer. Le vent est comme une caresse. Il y a aussi des bâtiments qui semblent à la fois gigantesques et légers. Il y a des hôtes et des hôtesses qui aident les nouveaux à trouver leur chemin. Tous les gens sont contents, joyeux, tout le monde sourit. Personne n'est pressé, tout le monde semble calme et décontracté. Il n'y a rien de laid, de désagréable dans ce monde. Mais tout est trop beau, de sorte qu'on peut avoir l'impression qu'il s'agit d'un faux paradis.

2. Au début Goran ne sait pas comment se comporter face à tant de beauté jamais vue. Tout lui semble étrange et bizarre. Mais il se sent tout de suite bien dans cet environnement, bien qu'il puisse à peine comprendre toutes les sensations qui l'envahissent. Ce sont des sentiments agréables, comme il ne les a jamais connus dans sa vie. Il est émerveillé par tout ce qu'il découvre : l'extrême beauté de l'environnement, les gens beaux, souriants et serviables. Il constate que tout le monde est heureux. Il se sent en parfaite harmonie avec ce nouveau monde, parce qu'il a toute suite envie de se rouler dans les fleurs sur les pelouses tendres (l. 12). Il se sent léger et il comprend vite qu'il ne faut pas réfléchir, qu'il faut se laisser aller pour vivre dans ce nouveau monde, car il se rend compte qu'il possède un nouvel instinct (l. 36). A la fin, il constate qu'il plaît aux filles, ce qui le rend fier et heureux.

3. ***Hinweis:*** *Zeigen Sie, dass Sie den Clip gut kennen und strukturieren Sie Ihren Text, indem Sie zunächst die Gemeinsamkeiten herausstellen und dann auf die Unterschiede hinweisen.*

   Goran et la jeune fille du clip se trouvent tous les deux dans un monde merveilleux, où ils se sentent très bien. Goran découvre ce nouveau monde et en est émerveillé, la jeune fille court joyeusement à travers les prés et la forêt, elle court après un papillon et joue avec une biche. Dans les deux endroits la nature est splendide. Comme dans l'extrait du roman, le ciel est agréablement bleu dans le clip, il y a des prés avec des fleurs, une petite rivière et une forêt.
   Mais il y a aussi des différences. Dans le monde de Goran, il y a d'autres gens souriants et gentils qui l'aident, tandis que la jeune fille est toute seule. Goran est entré dans ce monde à l'aide d'une drogue, donc on peut supposer qu'il s'agit d'un faux paradis, dans le clip on remarque à la fin des caméras qui surveillent la fille, et après un certain temps elle doit quitter son paradis. Elle ne court plus, mais va tristement vers une sortie, où on voit déjà d'autres jeunes qui font la queue dans un bâtiment gris et attendent à passer à leur tour quelques moments dans la nature.

4. ***Hinweis:*** *Achten Sie darauf, dass Ihre Fortsetzung dem Romanausschnitt nicht widerspricht und berücksichtigen Sie, was Sie dort über Goran erfahren. Ihr Text muss in sich schlüssig sein und sollte zeigen, dass es sich nicht um eine reale Welt handelt.*

Goran poursuit sa promenade. Il continue à marcher sans réfléchir, il se laisse guider par son nouvel instinct sans faire attention à tous ces jeunes d'une beauté extrême qui lui sourient à droite et à gauche. Tout à coup il arrive à un petit château, qui ressemble au château de la Belle au Bois dormant dans les livres qu'il a lus dans son enfance. Il monte l'escalier et la porte de l'entrée s'ouvre sans qu'il l'ait touchée. Dans le grand hall des milliers de bougies répandent une lumière surnaturelle. Goran monte au premier étage et dans une petite salle il aperçoit Mel dans un grand lit à baldaquin. Elle est encore plus belle qu'il se la rappelle, ses cheveux bouclés ressemblent à de l'or, elle lui sourit mais elle ne semble pas le voir. « Mel, Mel ! » s'écrie-t-il en courant vers elle. « Mel, tu me reconnais ? C'est moi, Goran ! » Mais Mel continue à sourire sans répondre. Alors il veut prendre sa main, la caresser. Mais au moment où il la touche, tout ce monde autour de lui s'écroule… Il a soudainement très mal à la tête, tout lui fait mal, il regarde autour de lui et se rend compte qu'il se trouve dans un lit d'hôpital. Il entend une infirmière : « Madame, madame, venez, il s'est réveillé ! » et il voit le visage pâle de sa mère.

Bernard Werber : *Un monde trop bien pour moi*

Luc Verlaine est agressé par une femme blonde qui pénètre dans son appartement et, munie d'un revolver, vole toutes les choses qu'il possède. Avant de partir, elle lui donne un baiser sur la bouche et le remercie. Luc s'évanouit.

Lorsqu'il se réveilla, il sentit sur le haut de son crâne une bosse douloureuse. Il regarda son appartement entièrement dévasté. Les portes étaient arrachées, il n'y avait plus de grille-pain, plus de machine à café, plus de réveil. Plus de bruit. Il était seul. Devait-il éprouver de la reconnaissance à l'égard de cette cambrioleuse qui l'avait débarrassé de ses abominables objets conviviaux ou bien regretter ces appareils qui avaient tenté de l'aider ?

Il fallait qu'il sorte. Finalement, il ne supportait pas ce vide. Ce silence. Il se leva difficilement et attrapa son blouson.

Il descendit au café, juste en bas de chez lui.

L'endroit était rassurant et familier.

Ça n'a pas l'air d'être la forme, mon vieux, remarqua le patron du bar, un gros homme moustachu et imbibé de bière jusqu'aux pupilles.

– Oui, j'ai souhaité quelque chose. Cela s'est produit et je le regrette.

– Tu as souhaité quoi, mon gars ?

– Ne plus dépendre des gadgets.

La chaise sur laquelle il était assis se mit à pouffer, rapidement suivie par tous les objets du bar et les autres clients.

– Tu n'as plus de gadgets chez toi ?

– On m'a tout volé.

– Dans ce cas, tu dois être bien seul. Je comprends ta détresse, allez, je t'offre une portion, dit le distributeur automatique de cacahuètes qui, s'étant attribué une pièce d'un euro, tendit généreusement une coupelle pleine d'arachides.

– Certains prétendent qu'aucun objet ne peut rendre complètement heureux, murmura le sucrier-verseur. Moi, je ne suis pas d'accord.

– Moi non plus, affirma le cendrier.

Déprimé, Luc Verlaine ne dit rien. Il dédaigna les cacahuètes et se traîna vers une grande pendule qu'il prit entre quat'z-yeux.

– Objets inanimés, avez-vous donc une âme ? A sa grande surprise, la pendule sembla se réveiller. Elle émit un claquement et lui répondit d'une suave voix féminine :

– Non, je ne crois pas. Nous ne sommes que peu de chose, monsieur. Des babioles conçues par des ingénieurs sans originalité. Nous ne sommes que de l'électronique. Rien de spirituel là-dedans. Rien de spirituel.

– Yes, confirma le juke-box, nous ne sommes que des machines programmées, seulement des machines.

Et le juke-box déclencha un vieil air de jazz New Orleans très triste, qui mit la larme à l'œil à la vieille pendule déglinguée et à la plupart des bouteilles de whisky des étagères. On eût dit que tous les appareils du bar avaient le blues. Mais non, se reprit Luc Verlaine. Ils n'ont pas d'âme. Il sortait du café lorsqu'il aperçut devant lui la blonde qui l'avait cambriolé le matin même. Quel toupet ! Après l'avoir dévalisé, elle osait encore s'attarder dans le quartier. Son sang ne fit qu'un tour. Ses lèvres cependant se souvenaient encore de son baiser. Pris d'un besoin de lui parler, il courut derrière la jeune femme et la saisit par l'épaule. Elle sursauta mais parut rassurée en reconnaissant Luc.

– Vous ne sortiriez tout de même pas votre revolver au beau milieu de la rue ? lui lança-t-il.

– Moi non, mais lui n'en fait qu'à sa tête.

Il ne se passa rien. Le revolver dormait dans sa poche.

Luc s'interrogeait. Devait-il la contraindre à le suivre au commissariat le plus proche ?

– Je ne vous en veux pas pour les objets, vous savez. Je vous en suis presque reconnaissant, dit-il. Votre baiser…

– Quoi, le baiser ? s'impatienta la jeune femme.

Luc hésita. Il n'avait pas coutume d'aborder les femmes dans la rue, mais il fallait bien admettre que là, les circonstances étaient particulières.

Elle éclata de rire et le plaqua contre le mur, le maintenant d'une pression ferme sur les épaules. Luc se demandait si ç'avait été une si bonne idée de la rattraper lorsqu'elle saisit brusquement le col de sa chemise. D'un geste sec, elle tira sur le tissu et lui découvrit la poitrine. Il en fut si surpris qu'il n'osa ni bouger ni parler. Il suivit simplement du regard la main de la femme qui plongea droit en lui.

La peau de Luc se déchira. Il crut qu'il allait mourir mais ne vit aucun sang jaillir de son torse. La jeune femme ouvrit une trappe dans son épiderme à peine recouvert de poils roux et extirpa un cœur artificiel.

– Vous croyez que vous seriez capable d'aimer avec ça ? s'exclama-t-elle en lui posant le cœur artificiel dans la main. Quelle impudence ! J'ai devant moi une machine qui se permet de juger les machines ! Objets inanimés, avez-vous donc une âme ? La vraie question serait : Humains animés, avez-vous donc une âme ?

Elle fixait l'organe rouge palpitant et Luc le contempla qui grésillait dans ses paumes :

– … C'était pas la peine de faire le fier, de se croire différent. C'est du modèle courant. Ce n'est qu'un cœur à horlogerie hydraulique.

Elle le saisit et le replaça dans la trappe de son poitrail qu'elle referma d'un coup sec. Puis, devant la mine décomposée de Luc, elle lui ébouriffa gentiment les cheveux.

– Moi aussi j'en dissimule un, identique, derrière mes seins. Il y a belle lurette qu'il n'existe plus d'organismes vivants sur la Terre, expliqua-t-elle. Nous sommes tous des machines qui nous croyons vivantes parce que nos cervelles sont programmées pour nous en donner l'illusion. La seule différence entre un distributeur de cacahuètes et vous, c'est que vous rêvez. Réveillez-vous. *(882 mots)*

Bernard Werber : Un monde trop bien pour moi, dans : L'arbre des possibles et autres histoires, Paris : Albin Michel 2002, p. 210–214

Annotations

l. 5	conviviaux	*ici : gesellig* (dans ce texte, les objets savent parler)
l. 16	pouffer	rire
l. 21	attribué	*ici:* donné
l. 27	qu'il prit entre guat'z-yeux	avec laquelle il eût une conversation personnelle
l. 32	conçues	inventées, créées
l. 38	avaient le blues	étaient mélancoliques
l. 40	Quel toupet !	Quelle impertinence !
l. 47	lui n'en fait qu'à sa tête	le revolver fait ce qu'il veut
l. 56	maintenant	participe présent du verbe 'maintenir'
l. 62	son épiderme	sa peau
l. 72	son poitrail	sa poitrine
l. 75	Il y a belle lurette	Il y a longtemps

Aufgabenstellung

1. Résumez ce qui arrive à Luc.
2. Caractérisez les choses et les humains.
3. Dégagez les parallèles entre ce texte, la chanson et le clip *Les choses* de Jean-Jacques Goldman.
4. « Nous sommes tous des machines qui nous croyons vivantes parce que nos cervelles sont programmées pour nous en donner l'illusion. La seule différence entre un distributeur de cacahuètes et vous, c'est que vous rêvez. » (l. 69–71) Rédigez la réponse de Luc.

Lösungsvorschläge

1. L'événement raconté dans *Un monde trop bien pour moi* de Bernard Werber, paru en 2002, se déroule à une époque où les objets savent parler et communiquer avec les êtres humains.
   Luc Verlaine, après avoir été assommé par une cambrioleuse, se réveille et constate que la femme lui a volé tous les objets. Son appartement est vide.
   Partagé entre regret et soulagement, Luc sort pour prendre un verre dans son café habituel, ne supportant pas la solitude dans l'appartement. Après avoir écouté le récit de Luc, les objets dans le café le prennent en pitié et entament une discussion sur l'âme des objets et sur l'importance des gadjets pour l'homme.
   En sortant du café, Luc tombe sur la femme qui l'a cambriolé. Pensant au baiser qu'elle lui a donné, il lui adresse la parole. La femme lui rit au nez et, se révélant très forte, saisit Luc par les épaules, lui découvre la poitrine et en extrait un cœur artificiel. Luc le regarde, stupéfait. Après avoir remis le cœur à sa place dans la poitrine de Luc, la femme lui explique que lui, aussi bien que tous les autres humains, n'est rien d'autre qu'une machine programmée qui se croit vivante. Contrairement aux objets, cependant, Luc est toujours en état de rêve. La femme lui dit de se réveiller.

2. Dans le monde décrit dans le texte, les humains sont des machines et les choses se comportent comme des êtres humains.
   Les objets savent parler et ils sont conviviaux (l. 5). C'est pourquoi, après avoir découvert le vol, Luc se sent seul. Il n'y a plus d'objets pour lui tenir compagnie.
   Les choses veulent aider les humains (l. 6) et rendre leur vie plus agréable. Elles éprouvent des sentiments et sont compatissantes. Quand Luc raconte l'incident, le distributeur de cacahuètes a pitié de lui et fait preuve de compréhension. Il veut consoler Luc en lui offrant une portion de cacahuètes (l. 20). Cette machine se révèle généreuse et sympathique.
   La musique que le juke-box choisit déclenche une réaction chez la vieille pendule et les bouteilles de whisky : Elles sont émues et se mettent à pleurer (l. 37). Apparemment, les objets ont une âme tout en étant convaincus qu'ils n'en ont pas (l. 31). Ils se sous-estiment. Aux yeux de la pendule, les choses ne sont que des babioles qui n'ont rien de spirituel (l. 31–33) et le juke-box se croit une machine programmée. Les choses ne sont pas vraiment conscients de leurs qualités, mais elles font toutefois preuve d'intelligence. Les objets réfléchissent sur eux-mêmes et sur leur rapport avec les humains. Ils mènent une discussion philosophique sur le rôle que jouent les gadgets dans la vie des hommes. Certains pensent qu'il est faux de dire que les choses ne peuvent pas rendre l'homme heureux (l. 23/24). Les objets sont conscients de leur valeur pour l'homme, qu'ils ont l'air de bien connaître. Les choses ont une personnalité et une volonté qui leur permettent de jouir d'une certaine autonomie. Le revolver par exemple « n'en fait qu'à sa tête » (l. 47).

L'homme se croit vivant, mais en vérité, il a un cœur artificiel et une cervelle programmée qui lui donne l'illusion d'être vivant (l. 77/78). Les humains sont des machines mais ils n'ont pas encore pris conscience de leur situation, excepté la cambrioleuse qui est convaincue que, doté d'un cœur artificiel, l'homme n'est pas capable d'aimer vraiment. La cambrioleuse met en doute l'existence d'une âme chez les humains (l. 67). D'après cette femme, l'homme se sent, à tort, supérieur aux choses et il n'a pas le droit de juger les objets qui d'ailleurs ont l'air plus humain que les hommes. Ceux-ci ne croient pas que les choses aient une âme. Luc se demande si elles en ont une, certes, mais finalement, il ne veut pas l'accepter (l. 38/39), sachant que les humains ne peuvent pas vivre sans ces « abominables objets conviviaux » (l. 5).

3. La chanson de Jean-Jacques Goldman traite du rôle primordial que jouent les objets dans la vie du moi-lyrique. Les choses font partie intégrante de sa vie. Il en va de même pour Luc dans *Un monde trop bien pour moi*, qui s'est tellement habitué aux choses qu'il ne peut plus s'en passer. Les objets le rendent heureux. Il est devenu dépendant des objets, si bien qu'après le vol il ne supporte pas le vide dans son appartement.
Le moi-lyrique de la chanson considère les choses comme indispensables. Elles sont devenues sa raison d'être et ce n'est pas « en pensant » qu'il s'assure de son existence (comme disait Descartes), mais « en possédant » : « J'ai donc je suis » dit le chanteur. Pour lui, le bonheur, c'est la possession de biens matériels. Les choses donnent une identité au moi-lyrique, mais ce n'est qu'une identité « prêtée » parce qu'il s'identifie aux personnes qu'il voit dans les publicités. Les objets lui donnent l'impression d'être quelqu'un. Sans choses, il ne vaut rien. Cela correspond au texte *Un monde trop bien pour moi* : La cambrioleuse révèle à Luc que les hommes, seuls, ne valent pas grand-chose.
Une autre ressemblance réside dans le fait que les choses ont du pouvoir sur l'homme. Le chanteur est « pris » par les choses qui jouent donc un rôle actif. Cela correspond au texte de Werber où les objets agissent aussi, non seulement au sens figuré, mais réellement. Luc souhaite ne plus dépendre des gadgets. Il veut vivre sans ses objets mais, en même temps, il regrette leur disparition. Il n'arrive apparemment pas non plus à se soustraire à l'influence des choses. Sans objets Luc n'est pas heureux. Il en va de même pour le chanteur qui trouve le bonheur dans la possession. Il s'avère que le sucrier-verseur dans *Un monde trop bien pour moi* a raison en contestant que les choses ne puissent pas rendre heureux.
Dans le clip, il s'agit de l'attaque d'une armée de grille-pain extraterrestres contre la terre. L'arrivée des grille-pain provoque l'animation des objets ménagers qui se retournent contre l'homme. Dans la cuisine, une femme au foyer montre fièrement à ses amies ses nouveaux ustensiles de cuisine, mais tout à coup, le mixer bouge comme s'il était vivant et le grille-pain s'empare de la main de la femme. Dans le jardin, le barbecue prend feu et la tondeuse devient une arme mortelle. Les objets se transforment en monstres qui attaquent l'homme.

Dans le clip et dans le texte de Werber les choses agissent. Contrairement aux objets dans *Un monde trop bien pour moi*, les machines dans le clip ne sont pas conviviales et compatissantes, mais agressives. Les choses qui sont censées rendre la vie de l'homme plus agréable finissent par dominer les humains. Dans le clip, l'homme est en train de perdre le contrôle des objets et dans *Un monde trop bien pour moi*, les objets ont une volonté (cf. le revolver) si bien qu'il n'est pas du tout sûr que l'homme soit maître des choses. Dans le clip, l'homme reprend le dessus en débranchant les machines.
Le clip aussi bien que le texte de Werber illustrent d'une manière ironique l'importance des objets dans notre vie. Nous sommes dépendants des choses et on peut à peine imaginer une vie sans certains objets. Cependant, l'homme serait plus libre sans la tyrannie des choses. De nos jours, on a parfois l'impression que ce sont elles qui dominent notre vie et non pas l'inverse.

4. ***Hinweis:** Überlegen Sie vor dem Verfassen einer Antwort genau, welche Reaktionen Lucs auf der Grundlage des Klausurtextes möglich und plausibel sind. Achten Sie beim Formulieren darauf, dass durch Bezüge zum Text die Figur des Luc, wie sie im Klausurtext erscheint, auch stimmig erkennbar wird.*

Vous vous moquez de moi? Je suis vivant et j'ai des émotions. Peut-être que nos cervelles sont programmées par un ingénieur génial, mais toujours est-il que votre baiser m'a touché profondément. Même si je ne suis qu'une machine, je suis quand même une machine qui est capable d'éprouver des sentiments. Quand je vous ai vue dans la rue, j'ai ressenti le besoin irrésistible de vous aborder, bien que je n'en aie pas l'habitude. Il faut savoir que je suis timide. Vous voyez : je suis même capable de tomber amoureux. Pour une machine, ce n'est pas mal.
J'ai un cœur artificiel, et puis après ! Je ne savais pas et j'admets que cela m'a surpris. Mais, madame, ce cœur connaît le sentiment de solitude, il connaît la peur, l'ennui, la reconnaissance. Peu importe que je sois une machine, je suis pourtant un individu.
Le distributeur de cacahuètes n'est pas comme moi. Il n'a pas de cœur. Certes, il avait pitié de moi et il s'est montré généreux et m'a consolé, mais il ne fait rien d'autre que de distribuer des cacahuètes. Moi, je fais ce que je veux. Je décide d'aller au café ou de me promener. Donc, il y a des différences entre une machine comme le distributeur de cacahuètes et une machine humaine comme vous et moi. En plus, vous avez tort de dire que je ne suis pas capable d'aimer. J'ai beaucoup aimé la convivialité de mes gadgets. Peut-être que je suis programmé ainsi, mais je suis quand même en mesure de changer d'avis. Je ne voulais plus dépendre des choses. Les gadgets abominables me dégoûtent et si vous ne me les aviez pas volés, je m'en serais débarrassé. J'étais bien décidé. J'admets qu'ils me manquent un peu… Mais Monsieur l'ingénieur n'y est pour rien.
A moins que… Vous a-t-il envoyée chez moi parce qu'il savait très bien que je n'arriverais jamais à me séparer des gadgets ? Feriez-vous partie de son programme par hasard ? Quelle horreur !

Französisch (Niedersachsen) – Abiturprüfung 2010
Erhöhtes Anforderungsniveau: Aufgabe II

Material 1 : Jean-Paul Geai : La pub préfère les gros

La grande majorité des spots publicitaires destinés aux enfants concerne des produits alimentaires riches en graisses et en sucres. Quand la télévision favorise l'obésité infantile.

La publicité pour les produits alimentaires fabrique-t-elle des enfants obèses ? A regarder les spots qui entrecoupent les émissions pour la jeunesse à la télévision, force est de constater que la malbouffe a envahi notre petit écran. Les aliments riches en graisses et en sucres se taillent la part du lion. Desserts lactés, céréales pour petit déjeuner, sodas, chips, bonbons au chocolat et autres confiseries sont omniprésents. Et parmi tous ces produits, ce sont les plus sucrés et les plus gras, donc les plus condamnables sur le plan nutritionnel, qui sont prépondérants. Ne cherchez pas les messages vantant les mérites des fruits et légumes dont les nutritionnistes recommandent la consommation, vous ne les trouverez pas. Même allégées en sucre, les compotes ne doivent pas donner le change ; pas plus qu'enrichis aux fruits, certains produits laitiers ne doivent faire illusion. Ce n'est pas la pub qui rend gros, rétorquent les publicitaires, mais les heures inactives passées à regarder la télé. Certes, le manque d'exercices physiques contribue à la prise de poids mais il ne doit pas disculper les industriels de l'agroalimentaire qui disposent de techniques marketing efficaces et rodées. Pour pousser à l'achat, il suffit de déclencher l'émotion chez l'enfant, tout est donc basé sur le plaisir et le jeu. A la télévision, les marques exploitent à fond le créneau du dessin animé pour mieux brouiller les pistes entre la publicité et les programmes pour la jeunesse. L'effet dope non seulement les ventes de la marque qui fait sa promotion mais aussi celles du type d'aliment. En clair, un spot pour un soda augmente la consommation de la marque, mais aussi celle de sodas en général. Pour l'Afssa (Agence française de sécurité sanitaire des aliments), interdire la publicité pour les aliments qui cible les enfants à la télé serait « une mesure cohérente et proportionnée » pour lutter contre l'obésité. Cette interdiction est la règle dans un certain nombre de pays d'Europe. La France n'entend pas suivre la même voie. Au 1er février 2007, les publicités alimentaires devront simplement être accompagnées d'un vague message sanitaire expliquant que l'abus de sucre, de graisses ou de sel est mauvais pour la santé. Pas sûr que les enfants en âge de lire comprennent le message.

Jean-Paul Geai : La pub préfère les gros. Que choisir. Le mensuel no. 441 octobre 2006 (400 mots)

Annotations

l. 6	force est de	*ici :* il faut
l. 7	se taillent la part du lion	prendre la plus grande portion d'un tout, sans rien laisser aux autres
l. 8	sodas	boissons sucrées généralement gazeuse
l. 10	qui sont prépondérants	qui ont plus de poids, plus d'influence
l. 13	donner le change	*ici :* compenser la malnutrition
l. 17	l'agroalimentaire	l'industrie des produits agricoles destinés à l'alimentation
l. 27	au	à partir du

Material 2

http://giddyagency.files.wordpress.com/2008/11/image-obesite-infantile.jpg

Aufgabenstellung

1. Présentez comment la publicité à la télévision fonctionne (Material 1).
2. Expliquez les causes de l'obésité des enfants mentionnées dans ce texte.
3. Décrivez la caricature (Material 2) et mettez-la en rapport avec le texte (Material 1).
4. A votre avis, faut-il interdire la publicité ? Pesez le pour et le contre. Référez-vous aussi au texte, à la caricature et à *La Débauche*.

Lösungsvorschläge

1. Dans ce qui suit, à partir de l'article de Jean-Paul Geai intitulé « La pub préfère les gros » et paru dans *Le Mensuel* d'octobre 2006, je présenterai la façon dont fonctionne la publicité télévisée, en particulier celle pour enfants.
   Tout d'abord, la publicité interrompt les émissions de sorte que le téléspectateur ne peut pas y échapper. Ensuite, quand elle s'adresse aux plus jeunes, elle cherche à toucher l'âme enfantine en se voulant ludique et amusante. C'est la raison pour laquelle elle conçoit par exemple souvent ses spots sous forme de dessins animés. Ainsi, les enfants ne font plus la différence entre la publicité et le programme qu'ils voulaient regarder.
   Enfin, un spot publicitaire ne sert pas seulement à promouvoir un produit d'une certaine marque mais ce type de produits en général conditionnant ainsi nos habitudes de consommation.

2. Examinons maintenant les causes de l'obésité des enfants que le texte mentionne.
   Tout d'abord, on remarque que ce sont les produits alimentaires qui constituent la majorité des spots publicitaires s'adressant aux enfants. En outre, ces produits dont on fait la réclame sont pour la plupart trop gras ou trop sucrés puisqu'il s'agit par exemple de confiseries, de chips ou de sodas. En un mot : « la malbouffe a envahi notre petit écran » (l. 2, 6–8).
   Une autre cause réside dans le fait que la publicité trompe le consommateur sur la nature de certains produits. En effet, les produits dits « light » (par exemple les compotes ou desserts lactés aux fruits) contiennent encore trop de sucre (l. 12–14).
   De plus, il est évident que les jeunes qui manquent d'exercice physique, notamment parce qu'ils restent trop longtemps devant la télévision, auront plus tendance à grossir que ceux qui brûlent des calories en bougeant (l. 15/16).
   En résumé, l'auteur de l'article voit dans la publicité télévisée, qui incite les enfants à manger des produits trop riches, la principale cause de leur obésité.

3. Regardons à présent la caricature et voyons quel est son rapport avec le texte.
   Le dessin représente un enfant assez jeune mais énorme, vautré dans un fauteuil et apparemment seul dans la pièce. A sa droite se trouve un téléviseur duquel sortent deux longs bras, probablement ceux d'un adulte. Une des mains maintient un entonnoir rempli de friandises, hamburgers etc. dans la bouche de l'enfant tandis que l'autre appuie sur la nourriture pour mieux la faire descendre. L'image de l'entonnoir n'est pas sans rappeler le gavage des oies. L'action se fait avec une telle violence que l'enfant est complètement immobilisé, a les joues gonflées et semble sur le point d'étouffer.
   La caricature a un rapport direct avec le texte. Elle dénonce les effets néfastes de la publicité télévisée (personnifiée ici par les bras adultes) qui incite les enfants à manger des produits malsains. De plus, de même que le texte mettait le lecteur en

garde contre les stratégies des publicitaires, la caricature montre qu'il est nécessaire de protéger les enfants contre la publicité pour des produits alimentaires. Elle provoque moins le rire que la pitié et la révolte.

4. ***Hinweis:*** *Für alle Aufgaben – und insbesondere für diese – empfiehlt es sich, eine Gliederung auf Konzeptpapier zu entwerfen, bevor man mit dem Schreiben beginnt.*
Erläutern Sie in der Einleitung die Problematik und versuchen Sie, den Leser dafür zu interessieren. Stellen Sie dann die Pro-Argumente (für das Verbot) dar und illustrieren Sie diese durch Beispiele (Text, Karikatur, La Débauche, eigenes Wissen). Verfassen Sie eine Überleitung, bevor Sie mit den Contra-Argumenten beginnen. Schließen Sie mit Ihrer persönlichen Meinung ab, die sich aus dem Abwägen der Pro- und Contra-Argumente ergeben soll.

Dans la rue, à la télé, sur nos vêtements, la publicité est omniprésente. Si elle nous agace quand elle détériore le paysage ou interrompt notre film au moment le plus palpitant, il arrive aussi qu'elle nous fasse sourire ou flatte notre regard. Ainsi, il semble que nous entretenions un rapport ambigu avec la publicité et la question de savoir s'il faut ou non l'interdire nous place devant un vrai problème.
D'un côté, il faut avouer que ce serait une bonne chose. Aucun de nous ne veut se laisser manipuler, or il est clair que la publicité, utilisant les données de la psychologie, réduit à notre insu notre libre-arbitre. Il n'en faut pour preuve que les spots de publicité pour aliments destinées aux enfants qui les incitent à acheter des produits qui les rendent obèses en ayant recours aux stratégies douteuses dénoncées par Jean-Paul Geai dans l'article étudié plus haut et illustrées de façon très convaincante par la caricature analysée auparavant.
Si les deux auteurs ne s'intéressent ici qu'aux enfants, il faut constater que la publicité nous touche à tout âge. Elle incite les adolescents à désirer certaines marques et crée des besoins chez les adultes en leur faisant croire que la possession de certains produits apporte bonheur, beauté, prestige social, etc.
Dans le domaine des médias, la publicité est à double tranchant. Certes, la presse ou la redevance audiovisuelle seraient beaucoup plus chères sans publicité mais on peut s'interroger sur la liberté de parole de médias dépendants des gros groupes industriels.
De plus, certaines campagnes publicitaires sont d'une moralité douteuse et portent parfois atteinte à la dignité humaine. On se rappelle par exemple certaines affiches de la firme *Benetton* se servant de la misère du monde pour faire connaître la marque. On connaît les publicités sexistes de *Candia*, *Dolce & Gabbana* ou *La City* et on peut se poser la question de savoir jusqu'où les publicitaires iront puisqu'ils sont pris dans l'engrenage de devoir toujours innover, quitte à repousser toujours plus loin les limites du tolérable. A cet égard, la BD de Tardi et Pennac intitulée « La Débauche » semble à peine exagérée. Il serait tout à fait imaginable que des individus dans le besoin acceptent de se faire payer pour faire des choses dégradantes à des fins publicitaires et que ces actions de choc, parce

qu'elles sont colportées par les médias, permettent aux entreprises d'augmenter leurs bénéfices. La seule erreur (fatale !) de M. Lahache a été de se mettre luimême en cage. Il eut été plus malin, pour quelques euros, de confier cette basse tâche à un pauvre diable.

En regard de la façon très critiquable dont évolue la publicité, il y a donc beaucoup de raisons de souhaiter son interdiction. Mais ce souhait est-il vraiment réaliste ?

D'une part, comme aucun groupe de pression ne réclame l'interdiction de la publicité en général, les publicitaires ont de beaux jours devant eux. S'il existe, certes, quelques organisations comme « La meute » ou « Chiennes de gardes » pour veiller aux débordements sexistes, celles-ci ne remettent pas en cause l'existence même de la publicité.

D'autre part, les défenseurs de la publicité ont des arguments sans appel. En effet, il est indéniable que la publicité est un moteur important de l'économie puisqu'elle crée des emplois. De plus, elle renseigne sur les nouveautés du marché, les spécificités des produits. En outre, elle est une forme d'expression artistique et nous touche parfois par ses qualités esthétiques, son humour, son inventivité. Par ailleurs, la publicité permet d'organiser à des prix abordables des manifestations sportives, des concerts et autres spectacles. C'est en échange de la réclame qui leur est faite que les entreprises acceptent de sponsoriser ces événements.

Ces exemples montrent que, dans une économie libérale, il est irréaliste d'envisager la suppression de la publicité. La question de son interdiction débouche sur une remise en cause du principe de concurrence et du capitalisme en général. Comme un changement de système est peu probable, mieux vaut apprendre à vivre avec la publicité sans en devenir la victime. Ainsi, il est important de connaître ses mécanismes pour ne pas tomber dans les pièges qu'elle nous tend et d'écouter notre raison, plutôt que nos envies. L'éducation aux médias pratiquée dans les écoles tend à nous mettre sur cette voie.

Marie-Félicité Ebokéa : *Retour à Douala*

Charlotte, une Camerounaise, a quitté Douala pour faire ses études en France. Quand sa mère lui apprend la mort de sa grand-mère, Charlotte rentre au Cameroun.

L'avion de la CamAir a décollé d'Orly vers onze heures, un 15 mai frisquet et atterrit à l'aéroport de Douala à dix-sept heures. Après une attente de plus d'une heure, son passeport et son carnet de vaccination dûment vérifiés, Charlotte débouche enfin dans la salle de réception des bagages.

– Epéti, ma fille, lance aussitôt Hanna, qui attend avec le reste de la famille.

Sa mère l'étreint longuement. Quand elle la relâche, Charlotte voit les larmes qu'elle tente de cacher sous un grand sourire. Tous parlent en même temps dans un brouhaha confus. Un homme domine le groupe et s'impose :

– Bienvenue à ma nièce préférée, lance-t-il.

– Raymond veut que tu passes la nuit à Bonapriso. Il trouve que notre maison à Bépenda ne te convient plus, dit Hanna en s'essuyant les yeux d'un revers de main.

– Tu connais ta mère, je n'ai même pas insisté, explique Raymond dans un éclat de rire, imité par tous.

Charlotte hoche la tête en souriant. Accrochée à sa grosse valise, elle résiste lorsqu'un garçon s'approche pour l'aider à la porter.

– Jean-François, ta sœur ne te reconnaît plus, dit Hanna au petit frère de Charlotte qui lui pose gauchement deux bises sur chaque joue. Tu as vu comme il est grand ? demande fièrement la mère à sa fille.

– Dis donc, tu me dépasses, dit Charlotte en l'étreignant.

Quelques instants plus tard, ils s'entassent dans un taxi.

– Va doucement, Manu. On tient à arriver à Bépenda vivants, souffle Hanna au chauffeur.

– Comment ? Nul n'ignore que je suis un gars sûr, réplique le conducteur en démarrant sur les chapeaux de roues.

Sur la banquette arrière, coincée entre son frère et sa tante Essie, Charlotte fait connaissance avec Sara, sa petite sœur que sa tante lui a posée d'autorité sur les genoux.

– Elle ne parle que d'Alotte depuis ce matin, rajoute Hanna.

Charlotte est soulagée lorsque le chauffeur qui roule comme un fou les dépose face au grand stade omnisports, devant une bâtisse aussi décrépie que ses voisines. De nombreuses personnes attendent tranquillement dans la cour. Décontenancée, Charlotte ne sait que faire et laisse sa tante lui reprendre Sara.

– Accompagne ta sœur, elle a besoin de se rafraîchir avant de manger. Ne revenez que quand tout ce monde sera parti, murmure Hanna à Jean-François.

– D'accord, s'exclame aussitôt le petit frère de Charlotte, heureux de l'avoir un moment à lui seul.

Dans la cour arrière, Jean-François ouvre plusieurs fois la bouche et la referme sans rien dire. Le petit frère n'ose pas encore bombarder sa sœur de questions, il la regarde avec admiration s'essuyer le visage et trouve chacun de ses gestes élégants et différents de ceux des autres filles. Il rattrape la serviette qu'elle laisse tomber avec négligence et l'étend sur le fil au-dessus de sa tête.

– Alors, c'est comment Paris ? Il paraît que tout le monde habite dans de grandes tours avec l'ascenseur qui peut tomber en panne sans prévenir ?

– Ben, non, parce que moi j'habite dans un immeuble de quatre étages et je ne prends jamais ces machines.

– Tu as beaucoup d'amis là-bas ?

– Je n'ai pas vraiment le temps.

– Je pourrais aller avec toi quand tu repartiras, tu ne seras plus jamais seule.

– Je viens tout juste d'arriver. On verra, on demandera à Mama.

La porte s'ouvre sans bruit dans leur dos, c'est Hanna, qui sourit lorsqu'elle entend la fin de la réplique de sa fille.

– Qu'est-ce que vous voulez savoir ?

– Si je peux aller à Mbenguè, chez Charlotte.

– Hé, je pensais que tu ne tenais qu'à ton bus ! Ça y est, tu as changé d'avis ? Il va falloir choisir, la France ou devenir chauffeur. On passe à table, ça te fera du bien de manger quelque chose, rajoute-t-elle pour Charlotte. Un bon ndolè, au moukanjo, comme tu aimes, avec des plantains. *(649 mots)*

Marie-Félicité Ebokéa : Retour à Douala, Paris : Thierry Magnier 2002, p. 15–18

Annotations

titre	Douala	grande ville au Cameroun
l. 24	sur les chapeaux de roues	très rapidement
l. 28	Alotte	Charlotte
l. 30	décrépie	vieille et en mauvais état
l. 31	décontenancée	intimidée
l. 53	Mbenguè	mot camerounais qui désigne la France
l. 56	ndolè, au moukanjo	un plat typiquement camerounais
l. 57	plantains	légumes

Aufgabenstellung

1. Décrivez les réactions des membres de la famille de Charlotte face à son arrivée.
2. Analysez les sentiments et réactions de Charlotte lors de son arrivée.
3. Comparez l'arrivée de Charlotte à celle de Delphine dans *Fille des crocodiles.*
4. Jean-François veut accompagner sa sœur à Paris. Sa mère se dispute avec lui. Rédigez leur discussion.

Lösungsvorschläge

1. Dans cet extrait du roman « Retour à Douala » de Marie-Félicité Eboukéa, Charlotte, une jeune Camerounaise qui fait ses études en France, revient dans sa ville natale après une très longue absence. Tout le monde est content de la revoir. Sa mère est très heureuse et l'embrasse tendrement en pleurant d'émotion. Son oncle est aussi venu pour l'accueillir, il voulait même l'héberger, croyant que la maison de sa mère n'était pas assez convenable pour elle, mais sa mère avait insisté pour qu'elle loge chez elle. Jean-François, son petit frère, est assez embarrassé face à sa grande sœur qu'il admire. Au début, il n'ose pas lui parler et trouve qu'elle est très différente des jeunes Africaines, puis il prend courage et lui pose beaucoup de questions. Il lui confie aussi qu'il aimerait bien l'accompagner en France pour la protéger. La petite sœur, qui ne sait pas encore parler et qui n'a pas encore vu Charlotte est aussi très excitée de cette visite. Somme toute, on peut dire qu'il s'agit d'un accueil très chaleureux et plein d'émotions.

2. Charlotte n'a pas vu sa famille depuis très longtemps. Elle ne connaît même pas sa petite sœur qui commence déjà à parler (l. 28). En plus, elle ne reconnaît pas son petit frère, elle le prend pour un voleur quand il veut l'aider avec ses bagages (l. 15). Elle est submergée par l'accueil bruyant et plein d'émotions que sa famille lui réserve. Elle semble embarrassée du fait que sa famille s'est même disputé l'honneur de l'héberger (l. 10). Pendant le voyage en taxi, elle a peur parce que le chauffeur roule comme un fou et qu'elle n'est plus habituée à cette façon de conduire. Arrivée à la maison, elle semble mal à l'aise et intimidée par toute cette foule curieuse qui attend son arrivée dans la cour de la maison (l. 31). Elle ne sait pas vraiment comment se comporter. Mais une fois seule avec son petit frère, elle répond patiemment à toutes ses questions. On a l'impression qu'elle a du mal à se réhabituer à la vie africaine.

3. ***Hinweis:*** *Es wird nicht erwartet, dass Sie sich an die Szene in « Fille des crocodiles » in allen Details erinnern. Zeigen Sie aber, dass sie den Roman gut kennen und strukturieren Sie Ihren Text, indem Sie zunächst die Gemeinsamkeiten herausstellen und dann auf die Unterschiede hinweisen.*

   Les deux femmes, Delphine et Charlotte, ont quitté l'Afrique pour aller vivre en France, Charlotte pour y faire des études, Delphine pour y travailler et pour échapper à son mariage malheureux. Elles ont été absentes très longtemps, de sorte qu'elles ont du mal à reconnaître tous les membres de leurs familles. Elles sont accueillies chaleureusement par leurs familles et beaucoup d'autres curieux qui sont accourus pour les voir. Charlotte et Delphine paraissent très élégantes à ceux qui sont restés en Afrique. Pour fêter leur retour, les familles préparent un grand repas typiquement africain.

Mais il y a aussi des différences. La famille de Charlotte savait qu'elle revenait, tandis que Delphine n'avait pas prévenu sa mère et ses filles, bien qu'elle leur ait souvent téléphoné.
La différence la plus importante est l'attitude des deux femmes face à la vie africaine. Tandis que Charlotte semble déconcertée par l'accueil tumultueux et les gens qui l'attendent et ne sait plus trop bien comment se comporter (l. 31), Delphine se comporte de façon souveraine en respectant les hiérarchies (elle va d'abord chez son oncle, puis chez le marabout) et en distribuant de petits cadeaux aux gens de son village.

4. ***Hinweis:*** *Zeigen Sie im Dialog, dass Sie unterschiedliche Sprachebenen beherrschen, indem Sie hier auch umgangssprachlich formulieren. Beziehen Sie sich in Ihrem Dialog auf die Textvorlage und bringen Sie auch Ihr Wissen über die Probleme der Emigration aus Afrika nach Frankreich mit ein.*

JEAN-FRANÇOIS : Maman, maman, je veux accompagner Charlotte à Paris, quand elle rentrera. Moi aussi, j'aimerais voir la France et comme ça, Charlotte ne sera plus toute seule là-bas…

MÈRE : Et ton bus, tu veux le laisser ici ? Tu ne veux donc plus devenir chauffeur ?

JEAN-FRANÇOIS : Si, mais à Paris aussi on a besoin de chauffeurs de bus. Et les bus à Paris sont beaucoup plus jolis que ceux d'ici.

MÈRE : Mais écoute, mon petit, sois raisonnable ! Tu es encore trop jeune pour aller à l'étranger, il faut d'abord que tu finisses l'école et que tu fasses ton bac. Sans le bac, tu n'auras aucune chance ni à Paris, ni ici.

JEAN-FRANÇOIS : Oh, maman, pour devenir chauffeur, on n'a pas besoin du bac. Et puis, je suis déjà assez grand, et en plus, je pourrais protéger Charlotte. Il lui faut un homme qui la protège !

MÈRE : Mais voyons, mon chéri, tu n'es pas encore un homme !

JEAN-FRANÇOIS : Mais si ! Écoute-moi, maman ! J'ai vu beaucoup de films sur Paris et j'ai vu les gens qui habitent dans de grandes tours avec ascenseur et il y a beaucoup d'autres trucs électriques que nous n'avons pas. Les gens sont très élégants et portent des vêtements méga cool, comme Charlotte. Je voudrais tellement voir tout ça et avoir aussi des vêtements comme dans les films.

MÈRE : Mais il faut de l'argent pour payer tout ça. La vie à Paris est très chère et c'est pas tout rose, là-bas. Il y a beaucoup de gens au chômage et, sans argent, tu ne pourras rien faire.

JEAN-FRANÇOIS : Je gagnerai de l'argent.

MÈRE : Et comment ? Pour travailler en France, il faut un visa et un permis de travail et c'est très difficile d'en obtenir pour nous autres Africains.

JEAN-FRANÇOIS : Mais c'est pas juste, Charlotte peut aller en France, et moi…

MÈRE : Écoute, arrêtons cette discussion ! Tu es encore trop jeune ! Tu fais d'abord ton bac ici et si tu y réussis avec de bons résultats, toi aussi, tu pourras faire des études en France et devenir un bon médecin ou un bon ingénieur pour pouvoir plus tard aider ton pays. Et maintenant file et dis à ta sœur que le repas est prêt…

Nathalie Kuperman : ***L'heure bleue***

Il y a trois ans que la mère de la narratrice Mary, 14 ans, et de Tania, sa petite sœur, est morte. Le père a offert à ses filles la bague de sa femme, un onyx. Leur mère avait l'habitude d'y lire l'avenir à Mary. Parfois, Mary croit entendre sa mère morte pleurer dans cette bague. – Le père a fait la connaissance d'une jeune femme, Anne-Sophie.

Depuis Anne-Sophie, le temps s'écoulait différemment. Je m'intéressais davantage à ce qui se passait dehors, au collège, dans la rue. Ma maison semblait désertée, et ma mère se faisait discrète. Je n'entendais plus ses pleurs le soir, juste avant que je m'endorme.

Et puis un jour…

C'était à la fin d'un repas où – est-il encore besoin de le préciser – Anne-Sophie était là. Tania avait raconté sa récré dans les moindres détails et Anne-Sophie était suspendue à ses lèvres comme si les histoires de ma sœur l'intéressaient au plus haut point. J'avais noté au passage que Tania l'appelait « Anne-So », signe d'un rapprochement et d'une intimité qui m'avait serré le cœur.

Comme je n'avais pas dit un mot de tout le repas, Anne-Sophie s'est tournée vers moi et m'a demandé d'une voix mielleuse :

– Est-ce que tu voudrais bien me montrer la fameuse bague qui lit l'avenir ?

Je n'en croyais pas mes oreilles. J'ai vu papa faire une petite grimace comme s'il pressentait que la conversation allait mal tourner.

– Quelle bague ? De quoi tu parles ?

– La bague qui…

Papa l'a interrompue.

– Tu veux parler de la bague qui a appartenu à Louise, la mère des enfants ? a-t-il demandé sèchement.

– Mais enfin, qu'est-ce que j'ai dit de mal ? s'est défendue Anne-Sophie, se rendant compte que quelque chose ne passait pas.

Je n'en revenais pas que mon père se soit adressé à elle sur ce ton. C'était la première fois. Je fixais Tania et elle baissait les yeux, prête à pleurer. Un silence a pesé dans la pièce et, alors que notre table était petite et que l'on était tout près les uns des autres, il semblait que des kilomètres nous séparaient. La présence de maman pesait sur nous, et même Anne-Sophie rentrait les épaules pour se faire toute petite. C'est moi qui ai rompu le silence.

– Pourquoi est-ce que tu t'intéresses à cette bague ?

– Parce que ta sœur m'a expliqué le pouvoir qu'elle exerçait sur toi, m'a simplement répondu Anne-Sophie. Je ne savais pas qu'elle venait de ta mère. Tania ne me l'a pas dit.

Tania a fondu en larmes.

– Moi, a-t-elle expliqué entre deux sanglots, j'ai parlé de l'onyx parce qu'elle me fait peur. Toi, a-t-elle dit en me montrant du doigt, tu crois que maman est dedans, et moi, la nuit, j'imagine que maman sort de la bague et se promène dans la maison, et moi, j'ai peur, je me mets sous les draps pour ne pas la voir, et quelquefois je t'entends lui parler, et…

Elle n'a pas fini sa phrase. Papa s'est levé et l'a prise dans ses bras.

– Là, mon bébé, chut, tout va bien, je suis là.

Et s'adressant à nous :

– Je crois que, pour ce soir, ça suffit.

Oui, pour ce soir, ça suffit. Pour tous les soirs, ça suffit. J'en ai assez de cette vie qui n'a plus de sens pour moi depuis que maman est morte.

Papa emmène Tania dans sa chambre. Anne-Sophie se lève pour débarrasser la table, et moi, je reste assise, les yeux fixés sur le poivrier rose transparent. « Regardez ce que j'ai apporté ! Un poivrier rose bonbon. Le poivre et le rose, je trouve qu'il faut les marier. Pas vous ? Ne faites pas cette tête-là ! Vous savez, le poivre aura toujours le même goût ! Mary, défends-moi ! » Et je défendais maman, je la défendais toujours, surtout contre Grand-mère qui estimait que ma mère avait des goûts bizarres.

– Ne touche pas à ça !

J'ai crié, sans m'en rendre compte, au moment où Anne-Sophie a saisi le poivrier.

– Cesse de me parler sur ce ton-là, a-t-elle dit. J'en ai assez de tes humeurs de sale gamine.

– Je te déteste.

C'était dit.

Et je suis tombée malade le lendemain.

Nathalie Kuperman : L'heure bleue, Paris : L'école de loisirs 2007, p. 71–74 *(620 mots)*

Annotations

l. 6	besoin	nécessaire
l. 12	mielleuse	comme du miel
l. 23	Je n'en revenais pas	J'étais très surprise
l. 27	rentrait	*ici : zusammenziehen*
l. 46	poivrier rose	un poivrier extravagant que sa mère avait acheté

Aufgabenstellung

1. Décrivez ce qui se passe à table.
2. Expliquez le comportement de Mary en analysant ses sentiments et pensées.
3. Comparez la situation et la réaction de Mary avec celles de Claire dans *Je vais bien, ne t'en fais pas.*
4. Le lendemain, Mary parle avec son père. Ils discutent de leur situation et leurs émotions. Écrivez le dialogue.

Lösungsvorschläge

1. **Hinweis:** *Unabhängig vom Operator ist in der ersten Aufgabe ein kurzer einleitender Satz, der das zentrale Thema umreißt, selbstverständlich.*

   Dans l'extrait du texte « L'heure bleue » de Nathalie Kuperman, il s'agit du rapport difficile entre Mary, dont la mère est morte depuis trois ans et la nouvelle amie du père.
   Depuis que le père de Mary et la petite Tania est amoureux d'Anne-Sophie, Mary a l'impression que leur vie a changé. Un soir, l'aversion de l'aînée pour la nouvelle amie de son père se manifeste ouvertement.
   La famille est réunie à table. Comme d'habitude, Anne-Sophie est présente. Elle écoute attentivement ce que Tania raconte et celle-ci l'appelle confidentiellement « Anne-So ». Tout d'un coup, la jeune femme s'adresse à Mary et la prie de lui montrer la bague qui appartenait à la mère des filles et qui est censée prédire l'avenir. La demande d'Anne-Sophie bouleverse Mary qui feint de ne pas comprendre. Le père ressent la tension de la situation et dit d'un ton sec à sa compagne que la bague appartenait à la mère de Mary, lui faisant comprendre qu'il s'agit d'une affaire entre la mère décédée et Mary. Anne-Sophie se rend compte de son faux pas. Tout le monde se tait, embarrassé.
   Comme pour s'excuser, Anne-Sophie explique que Tania lui a parlé du pouvoir que la bague exerce sur Mary et qu'elle ignorait à qui elle appartenait. Tania sent qu'elle a blessé sa sœur en révélant le secret de la bague à Anne-So et, en pleurant, justifie son comportement. Elle avoue que la bague lui fait peur.
   Le père, pour détendre la situation, console sa fille cadette et l'emmène dans sa chambre.
   Pendant qu'Anne-Sophie débarrasse la table, Mary reste assise et contemple un poivrier rose bonbon que sa mère avait acheté et dont la couleur a déplu à toute la famille. Seule Mary a défendu sa mère. Au moment où la nouvelle amie du père s'empare du poivrier, Mary se met hors d'elle. Elle lui interdit en criant de toucher à cet objet. Anne-Sophie réagit agressivement et insulte Mary en la traitant de « sale gamine ». Mary lui dit ouvertement qu'elle la déteste.

2. **Hinweis:** *Die entscheidende Leistung bei der Bearbeitung dieser Aufgabe ist darin zu sehen, sich in die Erzählerin hineinzuversetzen und aus ihrem Verhalten und ihrer Wortwahl die Empfindungen und Gedanken abzuleiten.*

   Mary se trouve dans une situation difficile. Elle souffre de la perte de sa mère qui lui manque à tel point que la maison lui semble « désertée » (l. 2). Mary se sent abandonnée et seule. La nouvelle amie de son père ne remplace pas la défunte. Au contraire, Mary se sent importunée par la présence de cette femme qui est devenue comme un membre de la famille (l. 6). L'intimité entre Tania, qui raconte minutieusement ce qu'elle a vécu à l'école, et « Anne-So » déplaît à Mary. Elle désapprouve le caractère amical de la conversation. Mary est convaincue que l'attention d'Anne-Sophie est feinte pour simuler de l'intérêt. Elle parle d'une

voix « mielleuse » (l. 12) pour plaire aux filles et pour être acceptée. Mary considère cette femme comme une intruse qui n'a pas le droit de savoir des détails sur leur vie.
Quand Anne-Sophie parle de la bague, Mary n'en croit pas ses oreilles (l. 14). Même le père trouve la question de son amie inappropriée et Mary s'étonne du ton dur de son père. L'onyx est le seul lien qui existe encore entre sa mère et elle. La bague est sacrée et contient un secret intime. Mary est choquée qu'Anne-Sophie, une étrangère, s'intéresse à cette bague. De surcroît, elle apprend que sa sœur a dévoilé le secret de l'onyx à l'intruse. Pour Mary, le monde s'écroule. La vie, qui n'a plus de sens pour elle (l. 43/44), la dégoûte. Mary se met à détester cette femme qu'elle n'a jamais acceptée.
Au moment où Anne-Sophie, en débarrassant la table, touche le poivrier rose transparent, la haine de Mary pour cette femme se manifeste ouvertement. Après l'achat du poivrier, toute la famille avait critiqué le goût de la mère. Seule Mary s'était rangée de son côté. Comme toujours, elle a défendu sa mère. Ce poivrier de mauvais goût représente la solidarité de la fille avec sa mère et Mary lui attribue une valeur sacrée. La femme détestée n'a pas le droit d'y toucher. Ce serait un sacrilège. Par conséquent, Mary le lui défend rudement et ne cache plus sa haine pour cette femme.

3. Mary et Claire souffrent toutes les deux de la disparition d'un être aimé : Mary, une fille de 14 ans, regrette sa mère morte et Claire, jeune employée dans un supermarché, supporte mal la vie sans son frère Loïc qu'elle croit cependant toujours vivant. Il a disparu deux ans auparavant, mais il écrit régulièrement des lettres et dit qu'il va bien. Un jour, Claire se met à la recherche de son frère. Elle se rend dans la ville où a été postée la dernière lettre. À sa surprise, elle y reconnaît son père en train de mettre une enveloppe dans la boîte aux lettres. Plus tard, Claire apprend que son frère est mort depuis deux ans et enterré à côté de ses grands-parents.
   Au début, Claire espère toujours retrouver son frère, tandis que Mary sait que sa mère ne reviendra jamais. Loïc est pour Claire aussi important que la mère l'a été pour Mary. La disparition de l'être aimé a un effet bouleversant sur les deux protagonistes. Quoique plus jeune que Claire, Loïc était toujours comme le grand frère pour sa sœur. Avec lui, Claire se sentait en sécurité et il savait toujours trouver des solutions à tous leurs problèmes.
   Après la disparition de Loïc, Claire perd la personne la plus importante dans sa vie. Elle ne s'en remet pas. Elle s'enferme dans sa chambre et parle de moins en moins, ne mange plus et finit par devenir anorexique. En plus, la relation avec ses parents devient de plus en plus tendue. Finalement, Claire n'a plus envie de vivre. Elle pense à mourir.
   Mary, elle aussi, est dégoûtée de la vie qui, pour elle, n'a plus de sens après la mort de sa mère. Elle se sent abandonnée, d'autant plus que le sentiment de la présence de sa mère près d'elle s'atténue (l. 3) et que Mary n'entend plus sa voix

dans la bague. Comme dans le cas de Claire, la situation psychique a des effets néfastes sur sa santé : Mary, elle aussi, tombe malade.
L'onyx, dont sa mère se servait pour y lire l'avenir à Mary, est pour la jeune fille le moyen d'entrer en contact avec elle après sa disparition. Grâce à la bague, la défunte lui est proche et Mary se sent consolée.
Les lettres de Loïc ont une fonction comparable pour Claire. Après la disparition du jeune homme, elles rétablissent un contact entre le frère et la sœur. Avant de connaître la vérité, Claire est rassurée, vivant dans l'illusion que son frère continue à lui parler à travers « ses » lettres. Elles lui redonnent le courage de vivre parce que, grâce aux lettres, Claire est convaincue que son frère est vivant et qu'il va bien. Ce n'est que plus tard qu'elle apprend la vérité. Mais les lettres ont aidé Claire à survivre.
Après avoir découvert l'identité de l'auteur des lettres, Claire se rend compte que son père l'a trompée. Tout en sachant qu'il l'a fait pour elle, Claire comprend que tout ce qu'elle tenait pour vrai était une illusion. Mary, elle aussi, se sent trahie par son père. Il est tombé amoureux d'une autre femme. Aux yeux de Mary, cela signifie que sa mère, la personne qui lui importe le plus, perd de l'importance pour son père et que, par conséquent, son père n'est plus de son côté. Dans les deux cas, la perte d'un être aimé influence donc le rapport entre les membres de la famille et rend plus difficile la relation des filles avec leur père.

4. ***Hinweis:*** *Achten Sie beim Verfassen des Dialoges darauf, dass die im Text erkennbar werdenden Gefühle und Einstellungen der Personen auch im Dialog deutlich werden. Bauen Sie Details, die im Text genannt werden, in das Gespräch ein, um so eine möglichst enge Verknüpfung zwischen Vorlagentext und eigenem Text herzustellen.*

LE PÈRE : Bonjour, ma petite, comment ça va ?

MARY : Ça va, papa. Tu es venu seul ? Anne-Sophie ne voulait pas venir me rendre visite ? Quelle chance !

LE PÈRE : Écoute, Mary. Ne parle pas comme ça. Anne-Sophie est très gentille. Et elle vous aime vraiment, Tania et toi.

MARY : Elle ne nous aime pas vraiment. Elle m'a reproché mes « humeurs de sale gamine ». Maman ne m'aurait jamais dit une chose pareille.

LE PÈRE : Et toi, tu as crié.

MARY : Je ne l'ai pas fait exprès. C'était parce que... maman me manque tellement.

LE PÈRE : Elle me manque aussi, crois-moi, mais la vie continue.

MARY : Anne-Sophie essaie de prendre la place de maman, mais elle ne pourra jamais la remplacer.

LE PÈRE : Je ne veux quand même pas que vous grandissiez sans mère.

MARY : Tania et moi, nous grandirons sans mère. Notre mère est morte. Anne-Sophie n'est pas notre mère et elle ne le sera jamais. Jamais ! Jamais !

LE PÈRE : Mais Mary, tu vas t'habituer à Anne-Sophie. Cela ne t'empêchera pas d'aimer maman.

MARY : Je ne veux pas m'habituer à Anne-Sophie. Tania l'appelle déjà « Anne-So ». C'est incroyable. Cette intimité est insupportable.

LE PÈRE : Mais Mary, tu dois accepter que je veuille vivre ma vie aussi. J'aime Anne-Sophie.

MARY : Mais maman est toujours là. Hier soir, elle était avec nous. Nous avons tous eu l'impression qu'elle était là, dans la pièce. Et moi, je l'entends pleurer dans ma bague. Elle ne veut pas qu'Anne-Sophie détruise notre famille.

LE PÈRE : Mais elle ne détruit pas notre famille. Au contraire, elle veut faire partie de notre famille. Elle va la compléter.

MARY : Non, Anne-Sophie ne fait pas partie de notre famille. Je la déteste. Elle fait semblant de s'intéresser à tout ce que fait Tania à l'école, mais elle n'a pas le droit de tout savoir. Pourquoi est-ce qu'Anne-Sophie voulait voir ma bague ? Elle n'a pas le droit de connaître le secret de l'onyx. Cela ne regarde que maman et moi.

LE PÈRE : Là, tu as raison. Mais Anne-Sophie ne savait pas que cette bague venait de Louise. Et Tania est trop petite pour comprendre qu'il faut garder certains secrets.

MARY : Hier, tu as parlé à Anne-Sophie sur un ton très agressif.

LE PÈRE : Non, pas agressif, mais j'ai compris ta situation et je voulais faire comprendre à Anne-So qu'elle doit respecter certains faits.

MARY : Certains faits ?

LE PÈRE : Oui, par exemple le fait qu'il y a des secrets qui sont réservés à toi et à ta maman et qu'elle n'a pas le droit de connaître. Cette bague, elle est taboue.

MARY : Oui, comme le poivrier rose.

LE PÈRE : Mary, n'exagère pas. Franchement, il est affreux.

MARY : Papa, ne recommence pas. Tu es comme mémé. Maman a acheté ce poivrier et elle l'aimait bien. Moi aussi, je le trouve joli. Te souviens-tu du soir où maman nous a montré ce petit truc rose bonbon ? Elle était tellement fière et toi et grand-mère, vous lui avez reproché son mauvais goût. Ce n'était pas juste. Pour moi, ce poivrier est d'une grande valeur. Il est précieux et Anne-Sophie n'a pas le droit d'y toucher.

LE PÈRE : Elle comprendra si tu le lui expliques. Parle avec elle. Et surtout, essaie de la comprendre. Pour elle, la situation n'est pas du tout facile.

MARY : Pour moi non plus.

LE PÈRE : Bien sûr. Je sais. Maintenant, dors un peu. Anne-Sophie aimerait venir te rendre visite cet après-midi.

MARY : Papa, je veux être seule avec maman.

LE PÈRE : Mary, parle donc avec Anne-Sophie, je t'en prie. Fais-le pour moi.

Französisch (Niedersachsen) – Abiturprüfung 2011
Erhöhtes Anforderungsniveau: Aufgabe I

Material 1 : Bernard Friot : *Mannequin*

Tout ça, c'est de la faute de Marima. C'est ma marraine et, en vrai, elle s'appelle Marie-Madelaine. Il y a trois mois, elle a vu une annonce dans un magazine :

Agence de mannequins cherche enfants de 3 à 13 ans pour publicité journaux TV et défilés de mode. Contacter Anne-Sophie au 01427786.

Elle m'aime, Marima, et elle est persuadée que je suis le plus mignon petit garçon du monde, malgré mes oreilles (un peu) décollées, mes dents (très) écartées et mes pieds plats. Elle a donc téléphoné à l'agence et m'a annoncé un beau soir :

J'ai pris rendez-vous pour toi mercredi matin. Fais-toi beau, mon canard, je passe te prendre à huit heures et demie.

– Tu es sûre que ça va les intéresser, les gens de l'agence ? a demandé maman, réaliste.

– Bien sûr que « ça » va les intéresser, a répondu sèchement Marima ; parce que je te rappelle que « ça », c'est ton fils, et surtout MON filleul !

Le mercredi matin, donc, à huit heures et demie précises, elle sonnait chez nous. Elle a été un peu surprise en me voyant. J'avais fait un cauchemar cette nuit-là : j'avais sauté dans un fossé pour échapper à un camion fou qui me pourchassait et je m'étais réveillé en bas de mon lit, la table de nuit renversée sur moi. Le fossé devait être profond, car j'avais une grosse bosse sur le front et une plaie noirâtre sur la joue.

– Ce n'est pas grave, a dit Marima, avec un peu de fond de teint, ça ne se verra pas.

Nous nous sommes mis en route. Juste quand nous arrivions à l'agence de mannequins, une fille magnifique en sortait, un top model tout droit descendu d'une affiche. Mais au moment où nous la croisions, un de ses hauts talons s'est coincé dans une grille d'égout. Elle a vacillé, perdu l'équilibre et s'est effondrée sur moi. Je n'ai pas encore l'habitude que les filles me tombent dans les bras, alors patatras ! elle m'a entraîné dans sa chute. Elle s'en est tirée sans une égratignure. Pas moi : nez écrasé, un œil touché, une dent cassée, je m'étais sérieusement abîmé le portrait.

– Ne t'en fais pas, m'a consolé Marima en épongeant le sang qui dégoulinait de mon nez, tu montreras ton bon profil, et, avec une lumière tamisée, ça ira très bien.

Quand elle a vu mon visage tuméfié, l'hôtesse d'accueil m'a sèchement prié d'aller me faire soigner ailleurs. Mais Marima s'est fâchée, a menacé, et, de guerre lasse, l'hôtesse a décroché son téléphone pour nous annoncer. Un type en pantalon de cuir et tee-shirt orange est apparu. En m'apercevant, il a d'abord demandé :

– C'est quoi, ce monstre ?

Puis il a brusquement changé d'attitude. Il a murmuré quelque chose à l'oreille de l'hôtesse, et m'a dit de le suivre.

Je me suis retrouvé dans un studio de photo. Marima avait dû rester à la porte. Le type au tee-shirt orange m'a fait asseoir sur un tabouret, a dirigé plusieurs projecteurs en plein sur mon visage et, sans dire un seul mot, m'a mitraillé avec son appareil photo. La lumière me brûlait les yeux et je me sentais terriblement mal à l'aise. Puis le photographe a dit : « C'est bon », et je suis sorti.

Pendant plus de deux mois, je n'ai pas eu de nouvelles de l'agence. J'avais presque oublié la séance de photos. Et puis, lundi dernier, en sortant du cours de boxe, je me suis vu. Sur un immense panneau publicitaire, au beau milieu du carrefour, s'étalait un gros plan de mon visage martyrisé : bosse sur le front, plaie sur la joue, nez écrasé, bouche sanglante, regard affolé. Au-dessus, en lettres noires, cet appel :

Chaque année,
35 000 enfants
sont maltraités.
Si vous n'intervenez pas,
qui leur viendra en aide ?

Et tout en bas de l'affiche, en vert, le numéro de téléphone d'une association, « Aide à l'enfance malheureuse ».

Depuis, je tombe cent fois par jour sur mon portrait : dans les journaux, à la télévision, sur les murs de la ville… Une affiche est même arrivée à l'école. Le pire, c'est qu'avec les coups que je prends à la boxe, ma tête ne s'est pas arrangée, et les gens me reconnaissent dans la rue. Avec moi, ils sont plutôt gentils. Ils disent : « Oh, le pauvre petit », et une vieille dame, hier, m'a offert des caramels. Mais avec mes parents, c'est autre chose. Ils se font traiter de « bourreaux d'enfants » au téléphone, et trois assistantes sociales sont venues chez nous pour faire une enquête.

Marima n'est pas encore au courant. Elle est en vacances au Japon. Elle rentre demain. Mes parents iront la chercher à l'aéroport. Mais ils ne sont pas d'accord entre eux : papa veut la griller morceau par morceau au barbecue ; maman, elle, a juré qu'elle la passerait vivante au hachoir électrique. *(802 mots)*

Bernard Friot : Mannequin, dans : Encore des histoires pressées, p. 103–108

Annotations

l. 18	noirâtre	d'une couleur tirant sur le noir
l. 19	fond de teint	crème colorée
l. 25	patatras	*krach, bum, bauz*
l. 31	d'aller me faire soigner ailleurs	*familier pour :* de m'en aller
l. 31/32	de guerre lasse	fatiguée de discuter

Material 2 : Publicité : Enfants Maltraités

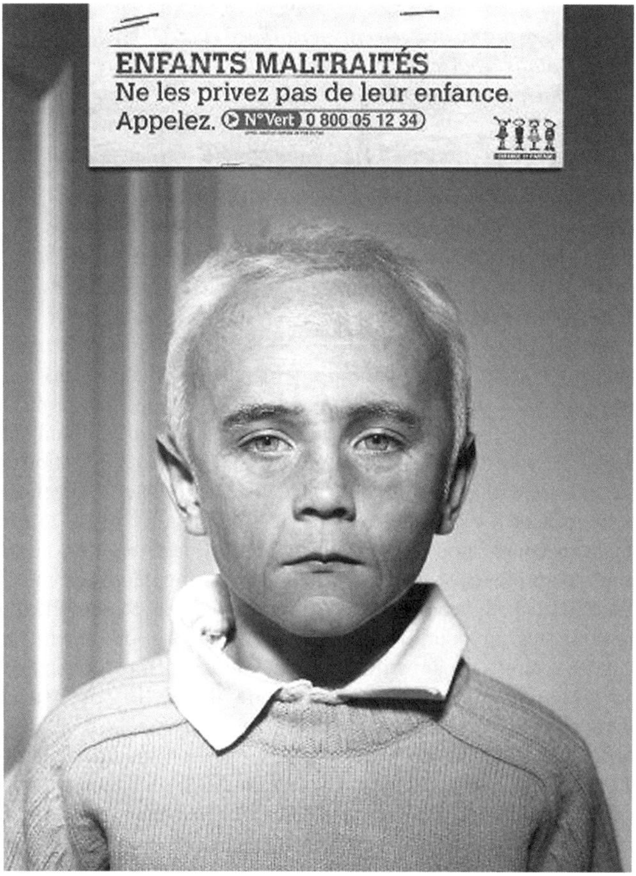

http://www.lepost.fr/article/2008/11/02/1313904_enfants-maltraites-ne-les-privez-pas-de-leur-enfance-appelez-le-0800-05-1234.html, page consultée le 5 novembre 2010

Aufgabenstellung

1. Exposez brièvement la situation et le problème présentés.
2. Examinez de plus près le comportement du « type » envers le garçon.
3. Analysez la stratégie publicitaire se révélant dans ce texte et comparez-la à celle de M. Lahache dans *La débauche*.
4. M 1, l. 44–54 et M 2 : Voilà deux publicités pour attirer l'attention sur les enfants maltraités. Laquelle trouvez-vous la plus réussie ? Justifiez votre avis.

Lösungsvorschläge

1. ***Hinweis:*** *Der Operator „exposez brièvement" erfordert eine Darstellung, die, ohne den Text in allen Details wiederzugeben, alle für die beschriebene Situation und Problematik relevanten Aspekte erfassen muss. Machen Sie sich zunächst klar, welche Elemente für die Pointe der Geschichte bedeutsam und welche Details zweitrangig sind und daher zusammengefasst dargestellt werden können.*

   Dans le texte « Mannequin » de Bernard Friot, paru en 2001 dans le recueil « Encore des histoires pressées », il s'agit d'un garçon qui figure à son insu dans une campagne publicitaire contre la maltraitance envers les enfants. Le texte illustre les mécanismes de la publicité, le comportement des publicitaires et les conséquences qui résultent du fait que les gens tiennent pour vraie l'illusion que crée la publicité.
   Après avoir lu dans un magazine l'annonce d'une agence de mannequins qui cherche des enfants de 3 à 13 ans pour une publicité, Marie-Madeleine, la marraine du narrateur, un petit garçon, est convaincue que son filleul doit absolument participer au casting. Elle adore le petit et, malgré ses petits défauts esthétiques au visage, le trouve tellement charmant qu'elle décide de le présenter à l'agence. La mère est sceptique mais ne s'y oppose pas.
   Après un cauchemar, au cours duquel le garçon se blesse à la tête, et un heurt avec une mannequin devant l'agence, le garçon arrive au casting, le visage enflé, si bien que l'hôtesse d'accueil veut renvoyer Marie-Madelaine et son filleul. Cependant, la marraine insiste pour que son filleul puisse se présenter. Le photographe de l'agence surgit et, après quelques hésitations, semble avoir une idée. Sans rien dire et laissant la marraine devant la porte, il place le garçon sous des projecteurs, fait une série de photos et relâche l'enfant effrayé.
   Deux mois plus tard, après son cours de boxe, le garçon aperçoit son visage défiguré sur un grand panneau publicitaire d'une association qui soutient les enfants maltraités. Dès lors, dans toute la ville, il voit son portrait. À cause de ses blessures de boxeur, les gens dans la rue le reconnaissent facilement et tout le monde le traite avec pitié. Les parents, par contre, qui selon toute apparence maltraitent leur fils, sont insultés et menacés au téléphone et sont l'objet d'une enquête du service d'aide sociale à l'enfance.
   La marraine, qui passe ses vacances à l'étranger, n'est pas encore informée des conséquences de son initiative. Les parents sont furieux contre elle et parlent de la punir de façon appropriée.

2. Le « type » est le photographe de l'agence de mannequins qui prépare une publicité pour un défilé de mode.
   Quand il voit le petit garçon, il est très surpris. Sans le saluer, il le traite comme un objet en disant : « C'est quoi ? » (l. 34). Le garçon ne correspond aucunement aux critères de beauté qu'exige l'agence pour la campagne publicitaire. Le photographe ne cache pas sa surprise et exprime son mépris pour l'enfant en le traitant

rudement de « monstre » (l. 34). Dans la campagne envisagée, ce garçon ne sert à rien.
Mais tout d'un coup le photographe semble avoir une idée. Subrepticement, il dit quelque chose à l'hôtesse et emmène son « modèle » dans son studio. Le publicitaire n'explique rien au garçon et interdit à la marraine de les suivre. L'enfant se sent seul et très mal à l'aise. De surcroît, le « type » dirige des projecteurs sur le visage tuméfié du petit. Le garçon souffre sous la lumière crue des lampes. Le photographe, au lieu d'informer son « mannequin » sur ses intentions, le « mitraille » (l. 39) avec son appareil photo. Il ne fait rien pour affaiblir la souffrance du garçon, car l'état lamentable de l'enfant et son air triste vont bien avec la campagne qu'il a en tête. L'impact publicitaire lui importe plus que les sentiments du garçon.
Certes, le photographe fait preuve d'une grande professionnalité et créativité et la campagne qu'il envisage poursuit un but important et utile, mais elle est menée aux dépens de l'enfant et de ses parents. Le photographe abuse de la misère du garçon en faisant croire à tout le monde qu'il s'agit d'un enfant maltraité. Les conséquences de son geste ne l'intéressent pas. L'enfant voit son portrait défiguré partout dans la ville. Il est reconnu et inspire de la pitié mais sa situation est plutôt embarrassante et il souffre certainement du fait que ses parents soient traités de « bourreaux d'enfants » (l. 60).

3. Toute publicité doit tout d'abord éveiller l'attention de la clientèle ciblée. Le publicitaire doit faire en sorte que le regard du passant soit attiré par une image spectaculaire. En présentant le visage martyrisé d'un enfant, le photographe du texte « Mannequin » atteint son but. L'image est choquante et touche les sentiments les plus profonds de chacun. Dès lors, le passant, même s'il est dégoûté par la violence montrée sur l'affiche, commence à s'intéresser au sujet. La photo et le texte, disant qu'il y a des milliers d'enfants aussi pitoyables que celui de l'affiche, engendrent en lui le désir d'aider cet être malheureux.
La question rhétorique « Si vous n'intervenez pas, qui leur viendra en aide ? » (l. 51/52) me donne, en tant que spectateur, le sentiment d'être responsable. En lisant le texte, j'ai l'impression qu'il ne tient qu'à moi de faire quelque chose. Il suffit de composer le numéro indiqué en bas de l'affiche pour passer à l'action. La stratégie publicitaire du photographe décrite dans le texte « Mannequin » suit donc parfaitement la règle A.I.D.A. (Attention, Intérêt, Désir, Action), qui est la base de la publicité moderne.
M. Lahache, directeur de Katy Dog, une entreprise qui fabrique de la nourriture pour chiens, se déguise en S.D.F. et, sans être reconnu, s'expose dans une cage dans le jardin des Plantes à Paris. Il est entouré de boîtes de Katy Dog et fait semblant de se nourrir de ce produit. En réalité, il s'agit d'une campagne publicitaire avec laquelle il veut faire augmenter le chiffre des ventes de Katy Dog. Non seulement les visiteurs du jardin mais aussi les chaînes de télévision s'intéressent à ce chômeur énigmatique qui mange de la pâtée pour chiens. Lahache et ses boîtes sont sur tous les écrans de télévision. Comme la photo de l'enfant mal-

traité, les boîtes de Katy Dog sont omniprésentes. On les voit partout dans la ville. La stratégie de Lahache est couronnée de succès. Comme le photographe dans le texte « Mannequin », l'entrepreneur réussit à attirer l'attention des gens et à les émouvoir. Les deux campagnes publicitaires ont pour but de faire réagir les gens. Pour atteindre ce but, le photographe aussi bien que Lahache trompent le public. Tous deux créent une fausse réalité. Le « type » dans « Mannequin » fait croire aux gens que l'enfant de la publicité est un enfant maltraité, et le patron de Katy Dog feint d'être un vrai chômeur. Le public croit ce que la publicité lui fait croire. C'est l'effet qui compte. Cependant, Lahache et le photographe ont des intentions différentes : le directeur de Katy Dog n'a d'autre but que d'augmenter son profit tandis que le publicitaire de l'agence de mannequins poursuit, au moins partiellement, un but humanitaire.

4. ***Hinweis:*** *Bei dieser Aufgabe ist es entscheidend, sich zunächst die Wirkung beider Werbungen genau vorzustellen, umso mehr als eines der Bilder lediglich als Beschreibung im Text vorliegt. Die Unterschiede müssen erfasst und das Für und Wider beider Kampagnen gegeneinander abgewogen werden, um dann zu einem abschließenden persönlichen Urteil zu gelangen.*

La publicité « Enfants maltraités » (M 2), aussi bien que celle décrite dans le texte « Mannequin », éveille l'attention en se servant du visage maltraité d'un enfant. Dans les deux cas, les images sont faites pour émouvoir ceux qui les regardent. Cependant, la manière dont elles évoquent des sentiments est différente. Contrairement à la photo que le photographe de l'agence de mannequins fait du garçon, celle de l'affiche M 2 ne montre pas une seule blessure visible. Le photographe de l'agence cherche à toucher les gens en montrant la brutalité évidente qu'a subie l'enfant. La publicité M 2, par contre, représente un garçon qui n'a aucune trace manifeste de violence. Le garçon nous regarde en face. Ses yeux expriment une profonde tristesse et il ne sourit pas. Il a l'air beaucoup plus âgé qu'il ne l'est en réalité. Les cheveux gris, les rides autour de la bouche et les vêtements, un T-shirt un peu trop grand et un pull démodé, soulignent cet effet. Ce garçon au visage de vieil homme donne le frisson. Ses blessures ne sont pas visibles, mais ce garçon est dépourvu de toute joie de vivre et son visage en dit long. Il a dû beaucoup souffrir. Le texte « Enfants maltraités – Ne les privez pas de leur enfance » explique l'apparence choquante de l'enfant : il a été maltraité et en maltraitant un enfant, on lui vole son enfance. La publicité M 2 montre d'une façon subtile que ce n'est pas seulement par la violence physique qu'on maltraite un enfant. Et la maltraitance a des effets beaucoup plus graves qu'une plaie ne le laisse supposer. Elle détruit la psyché et les conséquences n'apparaissent que plus tard.

La photo décrite dans « Mannequin » ne manque pas d'impressionner les gens. Ils prennent l'enfant en pitié et la question rhétorique est un appel à la responsabilité de chacun. La photo de la publicité M 2 demande une approche plus intellectuelle que celle qui est décrite dans « Mannequin » et qu'on comprend à première vue.

La photo du garçon vieilli, par contre, exige d'être interprétée. Et cela amène le spectateur à réfléchir plus profondément sur le problème de la maltraitance. Même si, au premier abord, la publicité M 2 semble être moins directe que la campagne décrite dans « Mannequin », elle n'en est pas moins efficace parce que la photo touche aussi les sentiments. Le regard du garçon est un appel au secours. En conclusion, je préfère la publicité M 2 que je trouve plus réussie. Elle est plus subtile. En plus, contrairement à la photo décrite dans « Mannequin », celle de la publicité M 2 ne met pas seulement l'accent sur la violence physique. Elle fait allusion à la diversité des mauvais traitements et illustre d'une manière ingénieuse les séquelles de la maltraitance des enfants.

Marie-Félicité Ebokéa : *Retour à Douala*

Charlotte, une Camerounaise, a quitté Douala pour faire ses études de médecine en France. Une nuit, elle fait un mauvais rêve dans lequel elle reçoit un message mystérieux de sa grand-mère bien-aimée, Mé'Essangi, ayant des pouvoirs magiques. Au réveil, elle est surprise de porter le collier de sa grand-mère. C'est le même qu'elle a vu dans son rêve. Le téléphone sonne et sa mère Hanna lui apprend la mort de sa grand-mère. Charlotte rentre au Cameroun. Le corps de sa grand-mère a disparu.

Dans la cour de la maison du marabout, deux dames et un monsieur attendent en silence. Ils sont intrigués par la présence de Charlotte et l'observent sans cacher leur curiosité. Avec son short, ses grosses baskets mal lacées et sa coupe rasta, elle n'a pas l'air à sa place et lève les jambes lorsque des poules, accompagnées de leurs poussins, viennent picorer des vers de terre jusque sous ses chaussures. Hanna les chasse d'une main tout en continuant à lui parler.

– Aladji est beaucoup demandé. Les gens viennent de tout le pays pour le consulter. Chez nous, le médecin passe encore après le marabout, celui qui guide et qui voit dans l'avenir.

– C'est pour me dire cela que tu m'as emmenée ici ?

– Ne te cabre pas, supplie Hanna à voix basse. J'ai peur de ce qui pourrait t'arriver maintenant que ta grand-mère n'est plus là. Le collier que tu as reçu en rêve signifie quelque chose. Si Mé'Essangi te l'a apporté jusqu'à Paris, c'est bien parce qu'il est important.

Une jeune femme vêtue de plusieurs pagnes superposés sort silencieusement de la maison pour accrocher des lampes aux poteaux qui soutiennent le toit en raphia. Elle serre longuement la main de Charlotte en souriant, révélant deux dents en or qui luisent dans sa bouche.

– Je vais dire à Aladji que vous êtes là, madame Hanna. Il termine ses prières du soir, leur dit-elle en se pressant vers le rideau de perles en plastique de toutes les couleurs.

– Mériem a vingt ans et, pour le moment, elle est la sixième et dernière épouse du marabout. Elle vient du Nord, elle ne se sent pas encore bien ici et rêve de donner un enfant à Aladji pour ne pas voir une nouvelle lui prendre sa place, confie Hanna.

Mériem revient les avertir que son mari les recevra les premières et s'excuse auprès des autres. Elle sourit encore quand Charlotte passe près d'elle, derrière sa mère.

Dans la grande pièce claire, au sol en terre battue recouvert de nombreux tapis, sa mère lui fait signe de s'asseoir face au vieil homme chauve vêtu d'une gandoura brodée qui dresse ses yeux aveugles vers elles en souriant.

– *Salam alékoum* Hanna, que Dieu vous garde, toi et ta grande fille.

– *Alékoum salam.* Charlotte, dis bonjour à Aladji.

Charlotte tend une main réticente et regarde, avec mauvaise conscience, les yeux voilés d'une membrane blanchâtre.

– Ta mère doit cesser de se faire du souci pour toi, tu as beaucoup de force, dit-il en sortant une poignée de coquillages blancs et lisses de l'immense poche de son boubou.

Il lance les cauris sur le tapis, pose ses deux mains sur les arabesques.

– L'âme de la morte n'est pas en paix, elle rôde autour de sa petite-fille. N'aie pas peur, Hanna, ta fille est courageuse, psalmodie-t-il tout en posant son regard aveugle sur Charlotte. Ta grand-mère a toujours su que toi seule peux voir dans la nuit les mauvais esprits qui t'entourent, toi seule décideras de ton chemin, toi sa petite-fille.

Il reprend ses cauris et les relance dans un ample mouvement.

– Près de l'eau, des personnes que je distingue mal complotent contre vous. Je vois un danger proche, dans un endroit sombre, et ton cœur de jeune femme battre trop vite.

Charlotte n'y croit pas un instant, elle a du mal à cacher le gloussement nerveux qui lui monte à la gorge et tousse pour détourner le fou rire qui menace d'exploser à tout instant. En fait, elle ne veut pas se l'avouer, mais le vieillard lui fiche la frousse. Sa mère indique le sac à dos de sa fille d'un geste du menton.

– Montre le collier à Aladji.

Charlotte glisse l'objet vers le marabout, qui refuse de le prendre en secouant la tête.

– Un talisman que ta grand-mère a chargé pour toi, c'est une arme qui détruira quiconque tentera de s'en approprier. Aide-la à se déshabiller, Hanna. On va lui préparer un bain pour la nettoyer. Je lui donnerai aussi des sachets d'herbes pour se laver à la maison et une huile à se passer sur le corps tous les matins après la douche.

– Je refuse et si tu me forces, je rentre à Paris, dit Charlotte à sa mère.

Le marabout rigole doucement, mais Hanna n'est pas du tout contente de sa fille.

– Si j'avais su que tu te perdrais ainsi un jour, je n'aurais jamais accepté de t'envoyer en France.

– Hanna, Hanna, calme-toi. Elle a raison, on ne peut pas vivre dans la passé. Donne-lui le temps d'avancer à sa manière. Le jour viendra où elle frappera seule à cette porte, sans toi. Jeune femme, ta mère ne veut que ton bien, dit le marabout en tendant un bras devant lui, à la recherche d'un contact avec Charlotte qui s'approche malgré elle, intimidée par l'allure du vieil homme.

– Ça va, je le fais pour Mé'Essangi.

– Ne pense pas que ta science explique tout, réplique vivement Hanna.

– Cette querelle dure depuis que l'homme pense qu'il est capable de se substituer à Dieu, intervient Aladji.

Il entraîne Charlotte vers un coin où bassines, sachets d'herbes, de poudre et bouteilles de filtres attendent sur une table. Elle se déshabille sous le regard de sa mère tandis que le marabout verse différentes poudres dans l'eau.

Quelques minutes plus tard, encore mouillée et sentant l'écorce de bois, Charlotte devance sa mère sur le sentier sombre.

Marie-Félicité Ebokéa : Retour à Douala, Paris : Thierry Magnier 2002, p. 24–28 *(913 mots)*

Annotations

titre	Douala	grande ville du Cameroun
l. 11	te cabre	te révolte
l. 16	raphia	feuilles de palmier
l. 28	gandoura	tunique sans manches, qui se porte en Afrique du Nord et en Orient sous le burnous
l. 32	réticente	hésitante
l. 37	arabesques	*Ornamente*
l. 48	fiche la frousse	fait peur
l. 71	filtres	potions magiques

Aufgabenstellung

1. Résumez ce qui se passe dans cette scène.
2. Faites le portrait du marabout.
3. Comparez Charlotte à Bintou du roman *Fille des Crocodiles.*
4. De retour chez sa mère, Charlotte reçoit un coup de téléphone de Paris. C'est sa meilleure copine française, une camarade d'études qui croit seulement ce qu'elle voit. Charlotte lui parle de ce qu'elle a éprouvé lors de sa visite chez le marabout. Rédigez le dialogue.

Lösungsvorschläge

1. Ce texte est un extrait du livre intitulé « Retour à Douala » écrit par Marie-Félicité Ebokéa et paru en 2002. Dans ce texte, il s'agit de la confrontation d'une jeune Africaine, marquée par la culture occidentale, avec les rites et les superstitions de son pays natal.
   Charlotte, d'origine camerounaise, mais étudiante en médecine en France, apprend en rêve le décès de sa grand-mère Mé'Essangi et, étrangement, se réveille avec le collier de celle-ci à son cou. Quand elle rentre à Douala pour les obsèques, elle apprend en outre que le corps de sa grand-mère a disparu. Hanna, la mère de Charlotte, convaincue que sa fille a été envoûtée, l'amène chez un marabout. Là, sa tenue vestimentaire à la mode occidentale suscite l'étonnement des autres clients. Pendant que Charlotte attend son tour, la mère vante à sa fille méfiante les mérites du marabout Aladji. Puis, Mériem, sa dernière épouse, fait entrer les deux femmes dans la case du vieux sage aveugle. Après les salutations d'usage, celui-ci lance une poignée de coquillages sur le sol pour y lire l'avenir. Il déclare que Charlotte a des pouvoirs surnaturels, que sa grand-mère le savait et qu'un danger guette la jeune fille. Charlotte réagit mi-moqueuse mi-apeurée. Quand elle montre au marabout le collier dont elle a hérité, Aladji lui apprend que l'objet est chargé de pouvoirs magiques et qu'il lui servira à se défendre. Ensuite, le vieil homme invite Charlotte à se purifier en prenant un bain. Son refus lui attire les réprimandes de sa mère qui lui reproche de nier l'existence de forces surnaturelles. Sans montrer le moindre signe d'énervement, le marabout affirme que Charlotte reviendra d'elle-même un jour sur sa vision rationaliste du monde. Finalement, Charlotte accepte le bain et les autres traitements par amour pour sa grand-mère. Après ces ablutions, les deux femmes rentrent chez elles.

2. Dans ce qui suit, nous nous intéresserons au personnage du marabout dont nous brosserons le portrait.
   Aladji est un « vieil homme » (l. 28) qui habite à ou près de Douala. De son aspect extérieur, nous savons seulement qu´il est chauve (l. 28), aveugle (l. 29, 32/33) et qu'il porte des vêtements traditionnels (l. 28/29).
   Concernant sa situation de famille, le texte nous apprend qu'il est polygame, qu'il a déjà six épouses et qu'il en aura peut-être d'autres si la dernière, Mériem, ne lui donne pas d'enfants (l. 22–24). À en juger par la personne de Mériem, le marabout semble apprécier les femmes jeunes (elle n'a que vingt ans, l. 22), discrètes et aimables (l. 15, l. 25/26).
   En ce qui concerne sa situation professionnelle et son statut social, il est difficile de dire s'il est de condition modeste ou aisée. D'un côté, nous savons qu'il a une très bonne réputation et une grosse clientèle (l. 7/8) et certains signes extérieurs montrent qu'il n'est pas pauvre : sa gandoura est brodée (l. 28/29) et sa femme a « deux dents en or qui luisent dans sa bouche » (l. 17/18). D'un autre côté, il vit dans l'inconfort d'une case traditionnelle, sans électricité (l. 16), avec un simple

« toit en raphia » (l. 16) et un « sol en terre battue » (l. 27). Les revenus du marabout ne sont donc peut-être pas à la hauteur de sa réputation.

Pour ce qui est de son portrait moral, on constate d'abord qu'Aladji est un musulman pratiquant puisqu'il fait « ses prières du soir » (l. 19/20) mais qu'il est aussi et surtout un adepte de l'animisme. Apparemment, il a des pouvoirs surnaturels, sait lire dans les êtres et prédire l'avenir en jetant des coquillages (l. 33–45), connaît les pratiques de sorcellerie (l. 53/54) et les moyens de mettre fin aux envoûtements (l. 54–56, 70/71).

Lorsqu'il fait ses prédictions et ses prescriptions, il est affirmatif, sûr de lui, sûr d´être dans le vrai. Son assurance, son grand âge ainsi que son aspect physique le rendent impressionnant et intimidant aux yeux de certaines personnes, par exemple Charlotte (l. 48). Mais il se montre aussi aimable, bienveillant et compréhensif (l. 29, 58, 61) quand Charlotte refuse le rituel du bain. Probablement habitué aux critiques rationalistes, il n'essaie pas de convaincre les sceptiques mais leur fait comprendre qu'ils vivent dans l'erreur et qu'ils en conviendront un jour (l. 62/63). En tant que mystique, il critique ceux qui cherchent à expliquer le monde de façon rationnelle (l. 68/69).

En conclusion, nous pouvons affirmer avoir ici affaire au prototype, au cliché du vieux sage, du sorcier de village tel qu'il est présenté dans de nombreux livres ou films sur l'Afrique noire.

3. Après avoir fait le portrait d'Aladji, intéressons-nous au personnage de Charlotte et étudions sa spécificité en le comparant à celui de Bintou du roman « Fille des Crocodiles ».

   Quels sont premièrement les points communs et les différences entre la Camerounaise Charlotte et Bintou, la Burkinabée en ce qui concerne leur situation ?

   D'abord, on constate que Bintou est, à quinze ans, encore une jeune fille tandis que Charlotte qui a peut-être entre vingt et vingt-cinq ans est une jeune femme. Ainsi, elles sont dans des phases de leur vie très différentes : Bintou est collégienne et vit dans un internat non loin de son village natal tandis que Charlotte est étudiante et vit en France. En outre, elles ont grandi dans des contextes différents : Bintou a passé son enfance dans un village sans eau ni électricité alors que Charlotte vient probablement de Douala ou des environs (voir le titre).

   Quels sont maintenant les similitudes et les dissemblances entre les caractères des deux personnages ?

   Toutes deux semblent courageuses et déterminées car elles ont choisi de poursuivre leurs études au-delà de la durée imposée et se sont résolues à quitter leur famille pour atteindre les objectifs professionnels qu'elles se sont fixés. En cela, elles ne correspondent pas à l´image de la femme (africaine) traditionnelle. De plus, toutes deux se destinent à des professions dans lesquelles on se consacre aux autres : celle de médecin pour Charlotte et celle d'enseignante pour Bintou. Pour cette dernière, ce choix résulte d'une volonté d'aider ses compatriotes. En effet, elle ne veut pas quitter l'Afrique, même pas pour faire des études, mais veut travailler dans son village et serait même prête à s'engager sur le champ en aidant

le maître d'école ou l'infirmier quitte à renoncer à ses études. En ce qui concerne Charlotte, nul ne peut dire si elle est animée par des mêmes sentiments envers son pays d'origine car on ne sait pas si, une fois médecin, elle désire rentrer au Cameroun. Enfin, les deux jeunes femmes se ressemblent par leurs tempéraments volontaires. Bintou prouve sa force de caractère notamment en maintenant sa relation avec le rebelle Adama ; Charlotte, elle, montre sa personnalité en s'opposant à sa mère chez le marabout.
Pour conclure, nous constaterons qu'il y a de nombreuses différences quant aux situations des deux personnages mais qu'il y a certaines analogies en ce qui concerne leurs caractères.

4. CHARLOTTE : Allô ?
SOPHIE : Allô, c'est Sophie ! C'est toi, Charlotte ?
CHARLOTTE : Oui, salut Sophie ! Tu vas bien ?
SOPHIE : C'est à toi qu'il faut poser cette question. Comment ça va depuis ton départ précipité ?
CHARLOTTE : Pas terrible ! Ici, il se passe des tas de choses bizarres.
SOPHIE : Encore plus bizarres que celles que tu m'as racontées avant de partir ?
CHARLOTTE : Oui et non.
SOPHIE : Ça c'est une réponse claire. Ça t'ennuierait d'être un peu plus explicite ?
CHARLOTTE : Non, bon, d'accord. Excuse-moi, mais je suis encore dans les vapes parce que je sors juste de chez un marabout.
SOPHIE : Un quoi ?
CHARLOTTE : Tu as bien compris : un ma-ra-bout ! C'est ma mère qui m'a poussée à y aller à cause de mon rêve.
SOPHIE : Et alors, qu'est-ce qu'il a trouvé comme interprétation ?
CHARLOTTE : Il m'a dit que j'étais en danger et que des gens complotaient contre moi et, quelque part, ça me fout la trouille.
SOPHIE : Mais Charlotte, c'est normal ! Ces gens-là ont besoin de foutre la trouille aux autres pour qu'après on vienne les consulter. Ils se nourrissent de la peur des autres. Au fait, est-ce que tu lui as parlé de l'histoire du collier volant ?
CHARLOTTE : Oui, mais il a pas pu m'expliquer comment il m'était arrivé autour du cou.
SOPHIE : Ah, tu vois, c'est un incapable !
CHARLOTTE : Il a seulement dit que c'était un talisman envoyé par ma grand-mère pour me protéger du danger.
SOPHIE : N'importe quoi ! Enfin, si ça peut te rassurer, mieux vaut le croire !
CHARLOTTE : C'est ce que je me dis aussi : si ça fait pas de bien, ça peut pas faire de mal.
SOPHIE : Et ta mère ? Elle croit à tous ces trucs-là ?
CHARLOTTE : Oui bien sûr, c'est elle qui m'a emmenée là-bas. Elle y va souvent et elle le connaît bien.
SOPHIE : Et il t'a dit autre chose ?
CHARLOTTE : Oui, de me déshabiller !

SOPHIE : Voyeur en plus de ça ?

CHARLOTTE : Non, ça non, il est complètement aveugle, les deux yeux complètement blancs. Il voulait que je me purifie en prenant un bain.

SOPHIE : Ah, et tu t'es exécutée ?

CHARLOTTE : Bien obligée, avec ma mère, sa femme et lui qui insistaient ! Et puis, comme pour le collier, je me suis dit que même si ça ne servait à rien, ça ne pouvait pas faire de mal.

SOPHIE : Tu as raison, je reconnais bien là ton pragmatisme. Et quand est-ce que tu rentres ?

CHARLOTTE : Je sais pas encore. Ça dépend de l'enterrement de ma grand-mère.

SOPHIE : Ah bon, alors je te souhaite bien du courage ! En tout cas, quand tu rentreras, pense à me ramener un collier magique !

CHARLOTTE : D'accord, ma grande, moque-toi de moi, va !

SOPHIE : Bon allez, je te quitte, faut que j'aille en cours.

CHARLOTTE : D'accord, et merci de ton coup de fil ! Je t'embrasse.

SOPHIE : Bisous à toi aussi et à bientôt !

Eva Kavian : ***Ne plus vivre avec lui***

– Tu dirais quoi, si je te demandais de pouvoir vivre ici ?

– Mais tu vis ici !

Ça commence bien ! Depuis des semaines et des semaines, je tourne en rond, je cherche comment aborder la question et quand je me lance, elle n'y comprend rien : Maman continue à faire la vaisselle comme si je venais de lui demander l'heure.

– Je vis ici une semaine sur deux. J'en ai marre de faire mes valises tous les vendredis. Je voudrais vivre ici à temps plein. Tu serais d'accord ?

La première réponse a été un bris de verre. Mais Maman maîtrise toujours les situations à haut risque familial.

– Ce n'est pas grave, ce verre était déjà ébréché.

– L'école me prend de plus en plus de temps, j'ai l'impression de passer ma vie à bosser pour des profs qui n'en ont rien à faire et de déménager pendant les quelques moments de loisir qui me restent. Tu comprends ?

– Je me demande comment tu trouves le temps de regarder des séries télé avec un emploi du temps comme celui-là !

Ce n'est pas la bonne porte d'entrée. Je fais quoi ? J'essuie les assiettes ? Je range les couverts ? Je file dans ma chambre et je mets le son à fond pour ne pas entendre Line et Lola se disputer ?

– Je ne veux plus vivre avec lui.

– C'est peut-être avec lui que tu dois en parler…

– J'ai peur de lui faire de la peine. Je ne veux pas qu'il se sente rejeté. Mais toi, tu serais d'accord ?

Tout de même, faire de la peine à Papa sans être sûre que Maman est d'accord d'en finir avec cette garde alternée, c'est plus risqué que d'essayer la veste de mes rêves sans savoir s'il reste assez d'argent dans mon porte-monnaie !

– Une chose à la fois, Sylvia. Tu en parles à ton père, puis on verra. Bien sûr, que tu peux vivre ici à temps plein. À dix-sept ans, il me semble que tu as le droit de choisir. Je suis ta mère. On n'est pas parent à mi-temps.

Cette réponse ne transpire pas l'enthousiasme. Je peux même voir avec précision les pensées qui filent d'un neurone à l'autre dans son cerveau : *je viens à peine de trouver mon équilibre avec une semaine sur deux à mon rythme, je vais devoir mettre mon réveil à six heures chaque matin pour déjeuner avec elle. Et donc aller dormir plus tôt. Fini les repas aux heures qui me conviennent, les amants sur le divan ou la table de la salle manger, mais bon, c'est ma fille, elle a le droit de vivre ici à temps plein, pas question que mon petit confort personnel soit un obstacle à son bonheur.* Il sera toujours temps de la rassurer plus tard (je sais cuisiner le minimum nécessaire à ma survie, je n'ai pas besoin d'elle pour le petit déjeuner, quant à ses amants, il y a longtemps que la vie amoureuse de ma mère n'a plus le pouvoir de me surprendre).

– Je ne sais pas comment en parler avec lui.

– Prépare la discussion, fais une liste d'arguments.

J'imagine la scène : je mets la table pendant qu'il regarde ses courriels et que la purée non salée brûle, je lui demande s'il a eu une bonne journée et il me répond d'aller pendre le linge, tant que je suis là ; pendant ce temps Line a crevé les yeux de la poupée de Lola qui cherche une vengeance digne de ce nom et, avant qu'elle ne choisisse de balancer le bac Duplo dans les escaliers, je glisse à Papa, avec une voix douce de gentille grande fille : *Tu laisses la lunette du WC relevée ou tu ne prends pas la peine de la relever et je dois l'essuyer après ton passage, tu pètes en plein repas, tu laves les vitres tellement mal qu'il faut trois jours de pluie pour voir à nouveau le paysage, tu entres dans ma chambre sans frapper, tu réchauffes les croquettes de fromage au micro-ondes et d'une manière générale, tu cuisines vraiment mal, je déteste l'odeur de bière que tu dégages quand la soirée commence, tu t'occupes plus de tes élèves que de nous, tu fais des promesses que tu n'as jamais le temps de réaliser, j'en ai marre de déménager chaque semaine…* *(705 mots)*

Eva Kavian : « Ne plus vivre avec lui »

Annotations

l. 8	un bris de verre	*ein zerbrochenes Glas*
l. 10	était déjà ébréché	*hatte bereits einen Sprung*
l. 16	la bonne porte d'entrée	une bonne façon de commencer la discussion
l. 18	Line et Lola	ses sœurs qui ont 5 ans
l. 45	le bac Duplo	la boîte pour les cubes LEGO

Aufgabenstellung

1. Exposez brièvement le problème de Sylvia.
2. Faites le portrait des parents.
3. Comparez la situation de Sylvia avec celle de Claire dans *Je vais bien, ne t'en fais pas.*
4. Jugez le comportement des parents de Sylvia.

Lösungsvorschläge

1. ***Hinweis:*** *Achten Sie darauf, dass hier keine Inhaltswiedergabe gefordert ist, sondern dass Sie knapp und präzise das Problem von Sylvia auf den Punkt bringen. Achten Sie darauf, nicht zu sehr ins Detail zu gehen, um zu verhindern, dass Sie schon Aussagen, die in Aufgabe 2 gehören, vorwegnehmen.*

Cet extrait du roman « Ne plus vivre avec lui » d'Eva Kavian, paru chez les Éditions Mijade, parle des problèmes de Sylvia, une jeune fille de 17 ans dont les parents sont séparés.
Elle vit en garde alternée ce qui signifie qu'elle vit une semaine chez sa mère et une semaine chez son père. Elle ne supporte plus cette situation, surtout parce qu'elle déteste vivre chez son père. Comme elle doit déménager tous les vendredis, elle n'a pas assez de temps pour travailler pour l'école et encore moins de temps pour ses loisirs. Elle parle de ses problèmes à sa mère et lui dit qu'elle aimerait vivre chez elle à temps plein. La mère n'est pas trop enthousiaste à cette idée, mais quand même elle serait d'accord. Le pus grand problème est néanmoins que Sylvia n'ose pas avouer son souhait à son père et qu'elle ne sait pas comment le lui communiquer sans le blesser.
À la fin, la mère lui donne le conseil de faire une liste d'arguments pour bien préparer la discussion difficile avec son père, mais cela n'aide pas beaucoup Sylvia.

2. ***Hinweis:*** *Achten Sie hier darauf, dass Sie die Eltern und Ihr Verhalten nur beschreiben und nicht schon beurteilen, denn das wird erst in Aufgabe 4 gefordert.*

Les parents de Sylvia sont séparés. Ils ont trois enfants : Sylvia et ses petites sœurs Line et Lola, qui ont cinq ans. Les trois enfants vivent une semaine chez la mère et une semaine chez le père.
Les parents semblent tous les deux assez égocentriques et ne s'occupent pas suffisamment de leurs enfants.
Le père paraît dépassé par la situation : il ne sait pas faire la cuisine et il n'y a que des plats surgelés (l. 50), à la maison tout est sale (l. 46–49). C'est Sylvia qui doit s'occuper des tâches ménagères (l. 43). En plus les petites sœurs se disputent souvent sans que le père intervienne (l. 44). Il semble qu'il se laisse aller. Sylvia lui reproche de s'occuper plus de ses élèves que de ses enfants (l. 51).
Quant à la mère, elle n'essaie pas vraiment de comprendre les problèmes de sa fille. Bien qu'elle soit d'accord que Sylvia reste chez elle, celle-ci comprend très bien que cela ne vient pas du fond de son cœur. Sylvia est sûre que sa mère regrettera sa vie indépendante sans obligations et qu'elle a peur de devoir renoncer à ses amants (l. 33).
Somme toute, on a l'impression que les enfants ne sont pas la chose la plus importante ni dans la vie du père, ni dans celle de la mère.

3. Sylvia et Claire, la protagoniste du roman « Je vais bien, ne t'en fais pas » d'Olivier Adam, sont deux jeunes femmes qui ne se sentent pas à l'aise dans leur situation actuelle. Elles essaient de changer leur vie, mais n'y réussissent pas toutes seules.

   Mais au fond leur situation est tout à fait différente :

   Sylvia a 17 ans, elle prépare son bac et vit avec ses deux petites sœurs chez ses parents en garde alternée. Elle est encore dépendante de ses parents.

   Claire a 20 ans, elle a quitté ses parents, elle vit dans un petit appartement et travaille comme caissière dans un supermarché à Paris.

   Au fond, Sylvia aime et sa mère et son père et elle ne veut pas leur faire de la peine, mais en même temps elle se sent négligée par eux et ne supporte plus la situation actuelle. Malgré ses 17 ans, elle sait bien ce qu'elle veut, son problème est seulement de savoir le dire à ses parents sans trop les blesser. Elle semble assez mûre pour son âge.

   Claire au contraire ne réussit qu'à la fin du roman à devenir vraiment adulte. Elle était complètement dépendante de son frère aîné, et quand il a disparu (en vérité il était mort, mais les parents n'osaient pas le lui dire) elle s'est écroulée. Elle est devenue anorexique et ne trouvait plus aucun goût à la vie. Elle était incapable d'affronter la vie sans son frère. Et ses parents étaient incapables de l'aider. Ce n'est que grâce à son ami Julien qu'elle peut commencer une vie autonome.

   On peut ajouter que les deux filles sont confrontées à des difficultés de communication. Sylvie réfléchit « depuis des semaines et des semaines » (l. 3) comment elle peut avouer son problème à son père. Quand elle se décide finalement à aborder le sujet avec sa mère, celle-ci répond de manière évasive, à tel point qu'elle n'aide pas du tout sa fille.

   Les parents de Claire ne lui disent pas que son frère est mort, ils dissimulent même la vérité à leur fille en écrivant des cartes postales au nom de Luc. Et quand Claire découvre finalement la vérité, il n'y a pas de discussion entre elle et ses parents.

   Mais tout compte fait, on doit constater que la situation de Claire est beaucoup plus grave que celle de Sylvia, mais quand même Sylvia semble plus forte et plus sûre d'elle-même.

4. À mon avis, les parents de Sylvia ne soutiennent pas leur fille comme il le faudrait. Je crois qu'ils aiment bien leurs enfants, et qu'ils ont pour cela choisi la garde alternée. Mais ils ne se rendent pas compte du fait qu'ils demandent trop à leur fille aînée. Elle doit travailler pour l'école, elle doit s'occuper de ses petites sœurs, elle doit faire le ménage pour son père et en plus elle doit déménager chaque semaine. C'est vraiment trop pour une jeune fille de 17 ans, qui a aussi besoin de temps libre pour elle-même, pour se reposer, pour sortir avec ses amies. Les parents sont trop occupés par leurs propres problèmes pour se rendre compte à quel point leur fille souffre de la situation.

   Quand Sylvia essaye de parler de ses problèmes à sa mère en lui disant qu'elle aimerait vivre chez elle à plein temps, celle-ci ne semble pas vraiment com-

prendre les motifs de sa fille, elle répond évasivement et le fait qu'elle brise un verre montre que le désir de sa fille l'a choquée.
En fin de compte on peut dire que les parents de Sylvia ne sont pas des parents responsables, ils pensent trop à eux-mêmes et trop peu aux besoins de leurs enfants.

Annie Girardot : *Au nom des grands principes*

Jean et Cécile, deux étudiants en médecine, vivent ensemble. Il la prie d'abandonner ses études.

– Je ne vais pas laisser toute ma médecine, tout de même. J'y tiens, moi. Et ma carrière ? Et mes ambitions ? Tu me vois femme au foyer ?

– Pourquoi pas ? Écoute-moi, Cécile ma fille. Nous sommes bêtes. Il faut s'associer dans la vie. Moi j'ai presque terminé, je suis plus près du but que toi. L'ennui c'est que pour faire une spécialisation, je suis obligé d'abandonner mon boulot à l'extérieur. Je serai à l'hôpital, tu comprends ? Interne ! Je ne peux pas tout faire. Il faut que tu m'aides. Mais quand j'aurai terminé, je m'installe, et c'est moi qui gagnerai la croûte. Tu seras princesse.

– Et en attendant ?

– En attendant, tu trouves un boulot de secrétaire médicale. Avec tes références c'est facile. On vivra mieux, on mangera mieux, on dormira mieux, on fera tout mieux. Tu verras.

– Et mes cours ? Je voulais finir l'année, au moins.

Elle a dit « au moins », elle est déjà vaincue, et le monstre profite de l'avantage sur le ton paternel :

– Je t'aiderai, ne t'inquiète pas. Je connais ça par cœur maintenant. Je sais que je te demande un sacrifice, mais c'est provisoire. Je dois réussir, tu comprends ? C'est important pour nous deux.

Cécile, bonne fille, comprend. Elle comprend très vite qu'il n'a pas le temps de l'aider, qu'elle rate ses examens, que le boulot de secrétaire médicale lui prend tout son temps mais rapporte un salaire convenable, il est vrai. Si convenable que Jean réfléchit :

– Cécile ma fille, on pourrait trouver un studio plus grand, hein ? Avec une douche, et la place de mettre les bouquins. J'en ai marre de me laver les pieds dans le lavabo, et de m'asseoir sur des piles de dictionnaires. Je ne sais plus où me mettre, moi ? Et toi ?

Cécile se met en campagne et trouve le studio plus grand. Cécile paie le loyer, Cécile paie l'électricité, l'eau, le gaz, les chaussures, les bouquins. Cécile fournit aussi l'argent de poche, pourquoi pas, au train où vont les choses. Elle se transforme peu à peu en mère nourricière, femme de ménage et chef de foyer. Elle oublie sa carrière, et la voilà tout à coup qui devient bizarre. Molle et tendre, avec un rien de vague à l'œil.

– Jean, si l'on avait un bébé ?

Il explose. De rire et de méchanceté maladroite.

– Un bébé ! Ça va pas ? Tu veux le nourrir comment ? Tu veux le mettre où ? Pour qu'il braille ici pendant que je travaille ? Et ton boulot ? Tu rêves, ma fille. Je te croyais plus adulte. Attends au moins que je sois installé et que j'aie une clientèle. Mais ma parole, tu t'embourgeoises ?

Oh oui, Cécile s'embourgeoise. À quoi servirait de renoncer à la liberté aux études et à la bagarre du dehors, si l'on ne pouvait pas s'offrir le luxe d'une envie maternelle ?

Mais d'une envie seulement. Jean a toujours raison, elle rêve. Une bouche de plus à nourrir, des galopades pour trouver une crêche, un berceau dans un placard… où serait le bonheur ? Alors elle s'excuse presque de l'avoir convoité :

– Non. C'était juste une envie comme ça… Tu as raison.

Les études de Jean vont bien. Il va faire un stage dans un hôpital de province. Puis des remplacements l'été, puis il guigne une place dans une clinique privée. Il est doué, il réussira, seulement il n'est plus souvent là. C'est une évidence.

– Tu comprends, ce soir je dîne avec Untel, c'est pour un job… Il est bien placé.

Cécile hoche la tête avec résignation, et va au cinéma en solitaire.

– Tu comprends, il faut que je prenne un studio à Lyon, c'est pour un job…

Cécile saute en l'air. Si peu, car elle en a perdu l'habitude, mais tout de même :

– Et moi ? Je ne peux pas lâcher mon patron comme ça ! Il a besoin de moi, je lui dois au moins un préavis !

Mais Jean est tout à fait rassurant. Que diable, pas de panique :

– Tu me rejoindras, biquet, il n'y a pas le feu, ce serait bête de perdre ta place pour quelques mois de séparation. On se verra les week-ends, hein ? Après mon stage, ils me garderont, c'est sûr.

Annie Girardot : « Paroles de femmes ». Paris : Édition n°1, 1981 *(690 mots)*

Annotations

l. 6	interne	*Facharzt im Krankenhaus, der dort auch übernachtet*
l. 29	au train où vont les choses	*so, wie sich die Dinge entwickeln*
l. 31/32	avec un rien de vague à l'œil	*mit verklärtem Blick*
l. 38	ma parole	dis donc
l. 38	tu t'embourgeoises ?	*wirst du jetzt spießig?*
l. 43	galopades	*Laufereien*
l. 43	placard	*Wandschrank*
l. 44	convoité	désiré
l. 47	guigne	désire fortement
l. 49	Untel	*Herrn Sowieso*
l. 53/54	je lui dois au moins un préavis	je dois au moins lui annoncer que je vais partir
l. 56	biquet	*Kosename (Lämmchen)*

Aufgabenstellung

1. Présentez le problème dont il est question dans le texte.

2. Caractérisez Jean.

3. Comparez Cécile à *Odette Toulemonde* **ou** à *Wanda Winnipeg*.

4. Peu après, Cécile quitte Jean pour recommencer sa vie. Cinq ans plus tard, elle le rencontre par hasard dans un café. Imaginez leur conversation.

Lösungsvorschläge

1. ***Hinweis:** Die Aufgabenstellung erfordert eine auf das Kernproblem ausgerichtete Darstellung, in der die verschiedenen Aspekte der Problematik erfasst und beschrieben werden.*

   Dans le texte « Au nom des grands principes » d'Annie Girardot, paru en 1981 dans le livre « Paroles de femmes », il s'agit d'un dialogue entre Jean et son amie Cécile, tous les deux étudiants en médecine. Au cours de ce dialogue, Jean convainc sa partenaire d'abandonner ses études pour imposer ses intérêts aux dépens de la carrière et des désirs de son amie.
   Au début, Cécile n'est pas prête à renoncer docilement à sa carrière de médecin pour devenir femme au foyer. Pour faire une spécialisation, Jean, qui a presque terminé ses études, doit arrêter de travailler à l'extérieur et ne gagnera pas d'argent. Il propose à sa compagne de devenir secrétaire médicale pour l'aider financièrement à terminer ses études.
   Jean promet de l'aider à finir son année à l'université, mais Cécile sait très bien qu'il n'en aura pas le temps et qu'elle ne réussira pas.
   Grâce à son poste de secrétaire, Cécile gagne suffisamment d'argent pour que le couple puisse déménager dans un appartement plus grand et confortable dont elle paie le loyer, l'électricité, bref, tout. À force de s'occuper de l'appartement, de son poste et de Jean, elle en oublie sa carrière et change peu à peu.
   Ayant envie de devenir mère, elle propose à Jean de fonder une famille, mais son ami trouve cette idée complètement aberrante. Il avance différents arguments et finit par convaincre Cécile en lui faisant sentir son manque de réflexion.
   La carrière de Jean avance. Travaillant dans des hôpitaux loin de chez lui et ayant des rendez-vous importants, il est souvent absent, si bien que Cécile reste seule à la maison ou sort seule. Après avoir trouvé un poste à Lyon, Jean révèle à son amie qu'il va y déménager. Cécile, qui n'a pas la possibilité de changer de poste immédiatement, proteste mais est contrainte d'accepter une relation de fin de semaine.

2. Jean est un jeune étudiant en médecine doué et ambitieux. Pour avancer plus vite dans sa carrière, il propose à son amie d'abandonner ses propres études et ses ambitions et de trouver un poste comme secrétaire médicale pour financer leur vie commune. C'est une attitude égoïste qu'il cache derrière une argumentation rationnelle et habile. Il aura bientôt fini ses études et pourra s'installer pour gagner de l'argent et entre-temps, elle travaillera pour gagner temporairement leur vie. Il sait convaincre son amie. Quoiqu'elle s'y oppose vivement au début, il arrive à casser son refus en citant les avantages d'une telle répartition des responsabilités et il fait appel à la compassion de Cécile : « Je ne peux pas tout faire. Il faut que tu m'aides. » (l. 6/7). Il prie Cécile et lui promet de la traiter en princesse (l. 8). Son éloquence lui permet de dissuader son amie des objections qu'elle fait et qu'il considère peu utiles pour sa carrière. Chaque fois, Cécile se

résigne et approuve son raisonnement. Il lui impose sa volonté et prend toutes les décisions.
Jean ne prend pas au sérieux les intérêts et les besoins de Cécile. Ayant abandonné sa propre carrière de médecin, elle aimerait devenir mère, une proposition que Jean rejette vivement. Il est hautain et traite son amie avec condescendance en se moquant de son « embourgeoisement » (l. 38). Il ridiculise son désir de maternité. « Tu rêves, ma fille » (l. 36). Jean est dominant, arrogant et parle sur un ton paternaliste à Cécile.
Le jeune médecin est un pique-assiette. Il profite de l'argent gagné par Cécile, mais fait ce que bon lui semble sans égards pour son amie. Il accepte un poste qui l'oblige à trouver un appartement à Lyon et il met Cécile devant le fait accompli. Il attend son approbation. « Tu comprends, il faut que je prenne un studio à Lyon, c'est pour un job… » (l. 51).
Tout compte fait, Jean est un jeune médecin ambitieux et égoïste qui ne respecte pas les désirs de sa compagne et qui poursuit ses buts de manière égocentrique. Grâce à son éloquence et à son assurance, il prend toutes les décisions et ne laisse à son amie aucune chance de réaliser sa propre vie.

3. ***Hinweis:*** *Die Bearbeitung dieser Aufgabe erfordert kein Resümee der zum Vergleich ausgewählten Erzählung. Eine knappe, auf die für den Vergleich relevanten Aspekte fokussierte Darstellung des Handlungskerns ist jedoch angebracht.*

Cécile et Odette Toulemonde
Odette Toulemonde, vendeuse à Charleroi et protagoniste du récit du même titre, adore les romans de l'écrivain parisien Balthazar Balsan qu'elle a enfin l'occasion de voir en chair et en os dans une librairie où il signe ses livres. Intimidée et extrêmement nerveuse, Odette n'arrive pas à lui parler correctement. Encouragée par son fils, elle lui écrit une lettre dans laquelle elle lui dit à quel point ses livres donnent un sens à sa vie banale.
Balsan, bouleversé par une critique désastreuse qui le plonge dans une crise existentielle, essaie de se suicider et se retrouve à l'hôpital psychiatrique. Il s'en évade et tombe alors sur la lettre d'Odette. L'honnêteté, la franchise et le ton chaleureux l'amènent à se rendre chez l'auteur de ces lignes attendrissantes. C'est le début d'une amitié qui se transforme peu à peu en une relation amoureuse entre la petite vendeuse Odette Toulemonde et l'écrivain de romans populaires.
Contrairement à Cécile, Odette est une femme qui a passé la quarantaine et qui mène une vie modeste comme vendeuse. Elle vit dans un petit appartement avec son fils homosexuel et sa fille, au caractère difficile. Odette est contente de ce qu'elle a et croit qu'elle ne mérite pas mieux.
À l'encontre d'Odette, Cécile est ambitieuse et rêve d'une carrière de médecin. Pourtant, Cécile renonce à son rêve pour satisfaire les intentions de son ami. Elle accepte sa proposition de devenir secrétaire pour qu'il puisse poursuivre sa propre carrière. Cécile sacrifie sa carrière pour celle de son ami. Odette, elle aussi, est prête à sacrifier son propre bonheur pour celui de Balsan. Elle fait

preuve d'un tel dévouement qu'elle est prise d' une crise cardiaque. Vantant les qualités de l'écrivain auprès de sa femme et de l'éditeur, elle vise à rétablir la réputation de l'auteur tombé en disgrâce et à sauver le mariage de l'homme qu'elle aime.

Odette, aussi bien que Cécile, est bienveillante et vit en bonne intelligence avec son entourage. Elle accepte l'homosexualité de son fils et se montre très patiente envers sa fille lunatique qu'elle aide de toutes ses forces à s'en sortir. Pour gagner leur vie, Odette travaille non seulement comme vendeuse mais, la nuit, elle décore les costumes de danseuses en y cousant des plumes. Cécile, elle aussi, est travailleuse. C'est elle qui gagne et organise leur vie commune bien que « le boulot de secrétaire médicale lui pren[ne] tout son temps » (l. 20).

Cécile fait ce que son ami lui propose égoïstement. Chaque fois, elle finit par céder parce qu'elle est trop faible et trop peu résolue pour s'y opposer. Odette, par contre, aussi candide et douce qu'elle soit, sait ce qu'elle veut et n'accepte pas tout ce que Balsan désire. Bien qu'elle aime l'écrivain, elle ne succombe pas au charme de Balthazar. Elle résiste à sa tentative de la séduire et se défend en le giflant. Ce faisant, Odette se montre beaucoup plus indépendante que Cécile. Celle-ci se laisse exploiter par son ami qui vit à ses dépens pendant qu'elle s'occupe de lui comme une mère nourricière (l. 30). Cécile se résigne et vit dans la dépendance de celui qu'elle nourrit tandis qu'Odette prend sa vie entre ses mains et essaie en plus de réorganiser celle de Balsan.

L'histoire de Balthazar et Odette trouve une fin heureuse. Dans le cas de Jean et Cécile, cependant, le lecteur ne s'attend pas forcément à une telle fin.

Cécile et Wanda Winnipeg

Cécile est une jeune étudiante qui se laisse convaincre par son ami égoïste de renoncer à sa carrière de médecin. Elle formule certes des objections aux idées de Jean mais finit chaque fois par céder parce qu'elle est trop faible et trop peu résolue pour s'y opposer vraiment.

Elle est assez intelligente pour comprendre que Jean ne pourra pas tenir sa promesse de l'aider à terminer son année universitaire mais, étant « bonne fille » (l. 19), elle accepte sa proposition de devenir secrétaire. Elle est complaisante et fait tout pour que son ami puisse poursuivre sa carrière. Elle est assidue et « le boulot de secrétaire médicale lui prend tout son temps » (l. 20/21). Pourtant, c'est elle qui leur trouve un appartement plus confortable et qui gagne et organise leur vie. Elle est « chef de foyer » (l. 30) mais, en même temps, se laisse exploiter par son ami. Il vit à ses frais et pendant qu'elle s'occupe de lui comme une mère nourricière (l. 30), il vit sa vie. Au fur et à mesure, elle devient « bizarre », « molle et tendre » (l. 31). Elle se résigne et vit dans la dépendance de celui qu'elle nourrit. Elle fait ce qu'il veut et, de surcroît, se laisse humilier par Jean qui lui reproche son embourgeoisement (l. 38).

Wanda Winnipeg, le personnage principal du récit de même titre d'Éric-Emmanuel Schmitt, est une femme qui se distingue fondamentalement de Cécile. Wanda a fait fortune en se mariant et en divorçant. Un jour, elle rencontre un vieux peintre et constate sans être reconnue par celui-ci que c'est Césario qu'elle

avait séduit et quitté froidement quand elle était jeune fille. Elle achète un de ses affreux tableaux.
Wanda a toujours choisi ses maris selon leur richesse et, contrairement à Cécile, fait tout pour réussir dans la vie. Son but est l'ascension sociale et elle le poursuit en se servant des hommes. Grâce à son aplomb et sa beauté elle fait impression sur son entourage, notamment sur les hommes et réussit finalement à mener une vie luxueuse. Cécile, par contre, se soumet. Wanda, déterminée, impose sa volonté et réalise ce qu'elle s'est mise en tête (par exemple coucher avec Césario), tandis que Cécile renonce à ses intérêts et refoule ses besoins personnels en faveur de Jean. Elle a une attitude servile. Wanda s'est habituée à ce que tout le monde soit à son service et elle fait preuve d'un comportement hautain envers son personnel, y compris son amant Lorenzo. D'une manière maligne, elle sait, dès sa jeunesse, manipuler les hommes.
Tout compte fait, Cécile et Wanda sont des personnages contraires. Cécile se sacrifie pour la réussite de son ami, tandis que Wanda poursuit son but, la réussite sociale, en se servant des hommes. Cécile, qui a perdu l'habitude de se révolter (l. 52), n'est apparemment pas très heureuse. Vue de l'extérieur, Wanda a l'air heureuse mais son comportement envers le vieux peintre pitoyable révèle un côté caché de la milliardaire, le sentiment de culpabilité qu'elle a peut-être longtemps refoulé mais qui ressurgit au moment où les souvenirs sont évoqués.

4. ***Hinweis:** Diese Aufgabe eröffnet kreativen Spielraum, allerdings muss die Fortsetzung mit den Vorgaben des Textes kompatibel sein und die erdachten Entwicklungen müssen sich aus der Ausgangssituation und den Charakteren der Personen ableiten lassen. Veränderungen in der Persönlichkeit, die im Laufe der Jahre natürlich möglich sind, müssen als solche im Dialog thematisiert werden. Es empfiehlt sich, sprachliche und charakterliche Eigenheiten einer Person aus dem Vorlagentext im Fortsetzungsdialog aufzugreifen, um so eine zusätzliche Kohärenz zwischen Vorlage und Fortsetzung zu schaffen.*

(Cécile est assise dans le café avec son mari Patrick quand Jean entre.)
CÉCILE : Patrick, excuse-moi. Je crois que c'est Jean.
(Elle se lève et va à sa rencontre.)
CÉCILE : Jean ?
JEAN : Oui. – Cécile !!
CÉCILE : Tu t'assois à notre table ? Je t'invite.
JEAN : *(hésite)* D'accord. Mais tu n'es pas seule.
CÉCILE : Viens. C'est Patrick, mon mari. Patrick, c'est Jean.
JEAN et PATRICK : Bonjour.
JEAN : Je suis un peu… déconcerté. Je veux dire, après tout ce qui s'est passé…
CÉCILE : Déconcerté ? Toi ? Mon cher Jean, je ne te reconnais pas. Tu n'as jamais été déconcerté. Tu savais toujours ce qu'il fallait faire. Tu as perdu ton assurance ?

JEAN : Écoute, ma petite,… Pardon, tu ne voulais plus jamais entendre ce mot. C'est l'habitude. Écoute, Cécile, je suis convaincu qu'on aurait pu être heureux ensemble. Mais tu n'avais rien compris.

CÉCILE : Excuse-moi, mais c'est toi qui n'avais rien compris. Tu as fait ton truc tout seul et moi, j'ai fait ce que tu jugeais nécessaire. J'étais naïve et idiote.

PATRICK : Vous m'excusez. Je crois qu'il vaut mieux que vous régliez cela sans moi. Je reviens dans un instant.

(Il sort.)

JEAN : Naïve et idiote ? Mais non, pas du tout. Tu as rempli tes fonctions de secrétaire médicale à merveille et tu m'as aidé. Je t'en suis reconnaissant. Maintenant, je travaille dans l'un des hôpitaux les plus réputés. Si on vivait toujours ensemble, tu ne devrais pas travailler. Au fait, qu'est-ce que tu fais, toi ?

CÉCILE : Je n'ai pas recommencé mes études de médecine. La médecine, c'était fini. Mais je ne le regrette pas trop.

JEAN : Mais ta carrière, biquet ! « J'y tiens », c'est ce que tu as dit.

CÉCILE : Ne recommence pas. J'ai fait des études et j'enseigne dans un lycée.

JEAN : Tiens, tiens. Et tu as certainement des enfants.

CÉCILE : Oui, nous avons un garçon. Il a trois ans. Cet après-midi, il est chez ma mère. Tu vois, je me suis embourgeoisée. Mais je suis heureuse, figure-toi.

JEAN : *(se tait)*

CÉCILE : Tu es marié.

JEAN : Non, pas marié, mais je vis avec une femme, une collègue. Nous n'avons pas d'enfants.

CÉCILE : Je m'en doute. Avoir un enfant n'est pas raisonnable dans ta situation.

JEAN : Enfin, tu as raison. Murielle travaille, moi je travaille et j'ai peut-être la possibilité de collaborer avec le professeur Dutoit, la sommité de la chirurgie du cœur. Je ne peux pas rater cette occasion.

CÉCILE : Tu n'as pas changé, Jean. Mais c'est ta vie. Heureusement, la mienne n'est plus liée à la tienne.

(Patrick revient.)

PATRICK : Cécile, si vous permettez, j'aimerais qu'on paie maintenant.

CÉCILE : Oui, bien sûr. Nous payons, Jean. Tu es invité. Je suis vraiment contente de t'avoir rencontré. Je suis sûre maintenant que ma décision de te quitter était la bonne. « Tu seras princesse », c'étaient tes mots. Je m'en souviens très bien. Aujourd'hui, j'habiterais dans une grande maison, sans enfants, sans rien faire, comme une princesse. Mais je ne veux pas être princesse. Au revoir, Jean.

JEAN : Au revoir biqu…, Cécile. Au revoir, Patrick.

PATRICK : Au revoir.

Yves Thériault : *La Mariouche, c'est pour un Blanc*

Patrick Tiernish et Benjamin Copeau, deux Indiens vivant dans une réserve au Québec, sont engagés à transporter le bateau et le matériel de l'arpenteur Henrichon et sa famille. Au cours de l'expédition Copeau et la fille de l'arpenteur, Marie-Lise, qu'il appelle Mariouche, tombent amoureux. Après le retour, Copeau et Mariouche se donnent rendez-vous. Copeau attend, en pêchant. Finalement, c'est le père de Marie-Lise qui arrive au rendez-vous.

– Je sais que ma fille et toi, me dit Henrichon, vous vous êtes bien entendus pendant le portage.

C'était peu dire.

– Oui.

Je suis un Sauvage, comme tu dis, mais cela ne me rend pas imbécile pour autant. Que l'homme vienne à la place de la fille, je devinais bien que quelque chose n'allait pas.

– J'aimerais mieux, me dit Henrichon après m'avoir expliqué bien des choses tout emmêlées sur la noblesse des Indiens qu'il respectait et sur la place des Blancs, j'aimerais mieux, me dit-il, que ma fille et toi vous ne vous voyiez plus. J'ai l'intention qu'elle épouse le fils d'un de mes amis avec lequel elle s'entend très bien depuis son enfance. C'est un bon parti, un homme qui la fera bien vivre et surtout dans le milieu où elle est habituée. Tu saisis, Copeau?

Mais oui, je saisissais.

– C'est un homme d'affaires, dit Henrichon. Et même si Marie-Lise semble entichée de toi, je suis sûr que c'est seulement une passade. Elle a vingt ans à peine ; à cet âge, les filles sont très impressionnables. Mais de là à faire durer les choses…

Comme il suait. Et chaque mot sortait lentement, difficilement.

Moi, je le regardais.

Et j'avais envie de lui demander ce que Mariouche disait de tout cela.

– J'espère, continua Henrichon, que le mariage aura lieu dès le printemps prochain.

J'avais un éperlan au bout de ma ligne. Je l'ai sorti qui frétillait, je l'ai décroché, je l'ai mis dans ma poche de veste. Qu'est-ce que j'aurais pu dire ? Les Blancs sont les maîtres. Protester… ?

L'homme des Affaires indiennes m'aurait vite expliqué par quels moyens je pouvais être ramené à la raison. Partir ? Fuir la réserve. Perdre mes privilèges et perdre peut-être aussi Mariouche ? Qui pouvait savoir l'emprise de ses parents sur elle ?

Henrichon mettait la main à sa poche. Je crois qu'il allait m'offrir de l'argent.

– Moi aussi, dis-je vitement, je dois me marier le printemps qui vient. Avec une fille de la bande.

Je mentais, mais je sauvais la face.

L'homme poussa un long soupir de soulagement. Son visage devint tout souriant.

– La Mariouche, dis-je, c'est pour un Blanc.

– Pardon ?

– Rien.

Et avant qu'il puisse continuer, je me suis levé et j'ai marché à grands pas vers le village.

Non, je ne me suis pas laissé caler dans mon canot comme le cousin Jack. Mais ce soir-là, au restaurant de la réserve, j'ai cassé les chaises, j'ai démoli le comptoir, j'ai fendu le gyproc du mur. La Provinciale m'a emmené passer un mois à Sept-Îles.

La Mariouche est mariée avec son Blanc.

Je l'ai revue, le lendemain de l'arrivée. Comme ça, dans la rue en face du bureau de poste. On s'est rencontré et puis elle m'a juste fait un petit salut de la tête sans me parler. Moi, j'ai essayé de la retenir, mais elle a continué, tête haute.

Un vieux, un homme du Conseil, qui a tout vu, il n'a rien dit, mais il a craché par terre dans ma direction.

Patrick Tiernish m'a répété ce qui est bien connu parmi nous.

– Une fille blonde, le Bon, tu le sais bien, c'est pour un Blanc.

Ce qui est une façon de le dire.

Sauf que, les quatre soirs avec elle, dans la nuit de juin, sur le bord des lacs, j'ai appris hors de tout doute, prends ma parole, que moi Benjamin Copeau et la fille blonde, on s'ajustait l'un à l'autre comme un gant de daim sur une main sèche.

La fille blonde, elle était pour moi et je ne l'ai pas eue.

Je ne t'ai pas raconté une histoire compliquée. Des histoires comme celle-là, la complication n'est pas dans les événements. Elle est ailleurs, dans le cœur, dans l'âme.

J'ai même essayé, les temps d'après, en frottant avec de l'eau de mer salée à plein, voir si ma peau deviendrait blanche.

J'ai eu tort. *(787 mots)*

Annotations

introd.	l'arpenteur	*Landvermesser*
l. 2	le portage	*ici :* expédition
l. 9	emmêlées	confuses
l. 13	saisis	comprends
l. 15/16	entichée	amoureuse
l. 23	un éperlan	un poisson : *Stint*
l. 23	frétiller	*ici :* essayer de se libérer
l. 26	L'homme des Affaires indiennes	*Beauftragter für Indianerfragen in einem Reservat*
l. 27	perdre mes privilèges	dans les réserves, les Indiens ne paient pas d'impôts, ont le droit d'aller pêcher où ils veulent etc.
l. 30	vitement	*(français québécois)* vite
l. 39	je ne me suis pas laissé caler dans mon canot	*ici :* je ne me suis pas suicidé
l. 41	le gyproc	*Rigipsplatte*
l. 41	Provinciale	police
l. 41	Sept-Îles	ville au Québec où il y a une prison

l. 46	homme du Conseil	Amérindien qui fait partie de l'administration de la Réserve
l. 49	le Bon	*ici :* mon vieux
l. 53	un gant de daim	*Wildlederhandschuh*

Aufgabenstellung

1. Résumez ce qui se passe.
2. Faites le portrait de Benjamin Copeau.
3. Comparez cet extrait de texte avec la nouvelle *Rouge et Blanc* de Monique Proulx.
4. Imaginez la discussion entre la Mariouche et son père après qu'il a appris que sa fille était amoureuse d'un Amérindien. Rédigez le dialogue.

Lösungsvorschläge

1. Ce texte est un extrait d'une histoire intitulée « La Mariouche, c'est pour un blanc » écrite par Yves Thériault et parue chez VLB Éditeur en 1983. Dans ce texte, il s'agit d'un père québécois d'origine française nommé Henrichon qui s'oppose à une liaison entre sa fille Marie-Lise, dite Mariouche, et un Amérindien, Benjamin Copeau.
   Henrichon, venu à la place de sa fille à un rendez-vous avec Copeau, entame la conversation en vantant les mérites des Indiens, mais engage le jeune homme à ne plus revoir sa fille qu'il destine à un Blanc, aisé et ami de la famille. Il se justifie en disant que l'amour de sa fille pour l'Indien n'est que passager, mais est visiblement mal à l'aise et cherche ses mots.
   Copeau ne s'oppose pas à l'injonction d'Henrichon par peur d'être, en représailles, privé des droits dont il jouit dans la réserve où il habite. Pour sauver la face, il prétend que lui aussi est sur le point de se marier, puis s'en va.
   Arrivé à la réserve, il est pris de colère et démolit le restaurant, ce qui lui vaut une peine d'un mois de prison.
   À son retour, il doit endurer la froideur de Marie-Lise qui, mariée, le salue à peine, et le mépris d'un autre Indien qui crache sur son passage. Copeau, qui reste convaincu que la jeune fille et lui se seraient bien accordés, souffre moralement et essaie en vain de se blanchir la peau à l'eau de mer.

2. Intéressons-nous maintenant au personnage principal de l'histoire. Benjamin Copeau est un Amérindien. Son âge n'est pas mentionné mais on suppose qu'il a une vingtaine d'années.
   Concernant son domicile, nous savons qu'il vit dans une réserve, ce qui lui confère certains avantages matériels (l. 27) mais entrave aussi sa liberté (l. 26/27).
   De son physique, nous apprenons qu'il a la peau sombre et que cette marque visible de sa différence avec les descendants de colons français le complexe (l. 58/59). En outre, il est certainement fort puisqu'il fait des travaux physiquement durs.
   En ce qui concerne son statut social, tout porte à croire qu'il n'a que peu de revenus : il vit de travaux occasionnels (tels que le transport du bateau d'Henrichon) et de pêche (l. 23), un moyen traditionnel de subsistance pour les Indiens. De plus, il est probable que, s'il était aisé, Henrichon ne lui refuserait pas sa fille en disant vouloir pour elle un « bon parti » (l. 12). Enfin, Copeau a une langue simple et imagée (par exemple l. 51–53) qui trahit une formation scolaire succinte.
   Quant à ses relations sociales, elles sont, bien malgré lui, limitées aux gens de sa race. Son compagnon Patrick Tiernish est lui aussi Amérindien (l. 48). Les Blancs tels Henrichon utilisent la force de travail des autochtones, mais évitent de créer d'autres liens avec eux.

Concernant son portrait moral, on sait que Copeau est amoureux de Marie-Lise, la fille d'Henrichon (l. 3) et qu'il est convaincu qu'ils sont faits l'un pour l'autre (l. 52/53).

Au fait qu'il remarque le malaise et l'embarras d'Henrichon (l. 14, 18), on constate qu'il est sensible, intuitif et perspicace.

En renonçant à Marie-Lise, il fait preuve de réalisme et de pragmatisme. La ségrégation raciale dont il est victime depuis sa naissance lui a probablement appris la résignation. De plus, il sait qu'il est matériellement dans une situation de dépendance (l. 26/27).

En prétendant être sur le point de se marier quand Henrichon s'apprête à le dédommager financièrement, Copeau prouve sa fierté. Mais il est clair qu'il éprouve un profond sentiment d'injustice et de colère qui s'exprime plus tard, non pas par le suicide (l. 39) mais par un accès de violence (l. 40).

En conclusion, on constate que la situation de Copeau illustre très bien la dépendance matérielle et la soumission morale dans lesquelles les Blancs maintiennent les Amérindiens.

3. Dans ce qui suit, nous comparerons l'extrait de l'histoire d'Yves Thériault avec la nouvelle de Monique Proulx intitulée « Rouge et Blanc ».

   Quels sont tout d'abord les parallèles ? Les deux textes mettent en scène des autochtones amérindiens vivant au Québec dans des réserves. De sexes différents, ils appartiennent tous deux à la jeune génération. Concernant leur situation, nous constatons qu'ils sont conscients de vivre dans une condition sociale inférieure et qu'ils en souffrent. Ils ressentent tous deux, face à la discrimination dont ils sont victimes, une grande humiliation et une profonde colère qu'ils essaient tant bien que mal de dissimuler. Cependant, elle explose parfois et se traduit par une tentative de suicide chez la jeune fille et par le saccage d'un restaurant chez Benjamin Copeau. Dans leurs réactions, leurs comportements, ils se sentent incompris des Blancs : Copeau remarque que Marie-Lise l'évite après son retour de prison et la jeune rescapée du suicide juge inutile de confier les vraies causes de son acte (sa haine) à un médecin blanc.

   Si les deux protagonistes se ressemblent sur certains points, ils se distinguent quand même à bien des égards. Contrairement à Copeau qui ne s'imagine pas vivre en dehors de la réserve et renoncer à ses « privilèges » (l. 27), la jeune fille est d'avis que ces biens matériels revendiqués par les Indiens les pervertissent, les affaiblissent. Et c'est pour retrouver la force qui, selon elle, était le propre de sa race, qu'elle préfère plutôt affronter une vie pleine d'embûches à Montréal que de rejoindre ses compatriotes. Si Copeau semble se résigner, voire même vouloir changer d'identité en tentant de blanchir sa peau, la jeune fille veut, elle, s'endurcir au contact de ses « ennemis » pour rapporter aux siens cette force retrouvée.

   En conclusion, on constate que les deux autochtones éprouvent les mêmes souffrances, mais qu'ils ont un cheminement différent. Alors que Copeau se révolte puis se résigne à la domination des Blancs, la jeune fille, qui d'abord voulait mourir, se décide à les affronter.

4. HENRICHON : Alors Mariouche, tu as l'air pensive ? Qu'est-ce qui ne va pas ?
MARIE-LISE : C'est le portage. Enfin, je veux dire, les gens qui ont travaillé pour toi.
HENRICHON : Pourquoi ? Qu'est-ce qu'ils ont, ces gens ? Ils n'ont pas été gentils avec toi ? Si c'est ça, je vais aller leur dire deux mots.
MARIE-LISE : Non, non ! Si, si ! Ils étaient très gentils. C'est pas ça le problème.
HENRICHON : Alors c'est quoi ?
MARIE-LISE : C'est Benjamin.
HENRICHON : Qui ?
MARIE-LISE : Benjamin Copeau, l'Indien.
HENRICHON : Ah… Il me semblait bien ! Il t'a manqué de respect ?
MARIE-LISE : Non, papa ! C'est que… Je l'aime.
HENRICHON : Quoi ? Qu'est-ce qu'il t'a fait ?
MARIE-LISE : Rien. Il est beau, c'est tout. Et il connaît tout, les arbres, la nature, les étoiles,… On va se revoir dimanche.
HENRICHON : Qu'est-ce que c'est que cette histoire ? Tu ne vas pas fréquenter un sauv…, un Indien ?
MARIE-LISE : Et pourquoi pas si je l'aime, et qu'il m'aime ?
HENRICHON : Mais parce que ! Il n'est pas du tout de notre monde. Il n'a pas un sou. Il n'a pas de métier. Il n'a pas d'éducation. Il n'a pas…
MARIE-LISE : Oui, mais il sait tout faire. Il est fort, il est courageux. Il apprendra vite. Et il veut m'épouser.
HENRICHON : Mais tu n'y penses pas ? Il t'a complètement tourné la tête. Ma fille dans une réserve avec des plumes dans les cheveux tant qu'on y est !
MARIE-LISE : Papa ! Les temps ont changé. Ce sont des êtres humains comme nous. Et puis, de toute façon, Benjamin est tout à fait d'accord pour quitter la réserve.
HENRICHON : Ah ça, je m'en doute, et il a trouvé le filon. Non ma fille ! Ces gens-là ne pourront jamais vivre parmi nous, sinon, on ne leur aurait pas construit des réserves. Et ils ne sont même pas catholiques, alors comment veux-tu te marier ?
MARIE-LISE *(sanglotant)* : Mais on doit bien pouvoir trouver une solution.
HENRICHON : Eh bien non ! C'est comme ça ! C'est la vie ! Et au lieu de pleurnicher, dis-moi plutôt où c'est que je peux le trouver dimanche ?
MARIE-LISE : Jamais ! Plutôt mourir !
HENRICHON : Ne me réponds plus jamais sur ce ton, Marie-Lise ! Et maintenant, monte dans ta chambre ! On reparlera de tout cela quand tu te seras calmée.

Émilie Carles : *Vous avez droit à la vie*

Émilie, une jeune institutrice de 27 ans, a rendu visite à sa sœur dépressive dans un hôpital psychiatrique. Quand elle retourne chez elle en train, elle est encore sous le choc de l'ambiance terrible régnant à cet endroit.

– Mademoiselle ?

Le bonhomme assis en face de moi dans le compartiment attendait que je lui réponde quelque chose. Sans plus réfléchir je ramassai mon bagage et changeai de place.

À peine installée dans le nouveau compartiment l'homme était là, qui me souriait, sûr de lui et prêt à faire le joli cœur. J'étais furieuse. Dans ces cas-là, je ne suis pas femme à me laisser faire et à garder ma langue dans ma poche. Je lui dis sur le ton qui s'imposait :

– Vous avez un sacré culot, monsieur, comment osez-vous venir ici ? Vous voyez bien que vous m'importunez, vous savez très bien que si j'avais voulu lier connaissance je serais restée dans l'autre compartiment… Si je suis partie c'est pour être seule et tranquille.

– Oh là là, me dit-il – il avait une voix chaleureuse et parlait sans agressivité –, oh là là, mais qu'avez-vous ? Êtes-vous une personne de mauvais caractère ou bien avez-vous des ennuis ?

J'essayai une fois de plus de couper court à ce début de conversation. « Oh, écoutez ! » dis-je, mais lui ne me laissa pas la possibilité de continuer. Il me dit :

– Vous avez peut-être laissé votre amoureux à Marseille ?

Un amoureux ! Il ne pouvait pas tomber plus mal, j'eus un rire nerveux.

– Un amoureux à Marseille ! Certes, si vous saviez d'où je viens vous n'auriez pas le cœur à plaisanter.

Il s'assit en face de moi et me regarda. Il y avait de la bonté dans son regard. Il demanda :

– Mais, mademoiselle, dites-moi d'où vous venez.

– Je sors de l'hôpital si vous voulez savoir, je viens de voir ma sœur. Vous ne pouvez pas imaginer quelle tristesse c'est, elle n'a pas vingt-quatre ans. Il n'y a pas de mot pour dépeindre cet endroit et ma sœur n'a pas arrêté de raconter n'importe quoi…

Je me suis tue. C'était l'émotion, en même temps je me rendais compte que j'étais en train de raconter ma vie à un inconnu… « Tant pis », me suis-je dit et j'ai continué :

– C'est terrible, elle a deux petits enfants dont il faut que je m'occupe, plus mon père qui a soixante-quinze ans et dont je m'occupe aussi.

– Et vous êtes toute seule pour faire ça ?

– Bien sûr, j'enseigne au Lauzet, chaque fois que je peux je vais à la maison, ça représente quelque trente kilomètres… Mon père m'attend, il ne fait que ça et je ne peux pas le laisser seul avec la petite… Si vous saviez ce qu'a été la maison, si vivante et maintenant mon père et sa petite-fille tout seuls… Il n'y a que moi sur qui ils puissent compter…

– Et les autres ?

– Quels autres ?

– Eh bien, vous avez dû avoir des frères et des sœurs ?

– Oui, bien sûr, mais…

Une fois partie je ne pouvais plus m'arrêter, je racontais ma vie et lui, cet homme que je ne connaissais pas, il m'écoutait, il me mettait en confiance… J'avais un tel besoin de parler, de me confier, ça me faisait un bien fou de tout sortir en me disant : « De toute manière cet homme emportera mes histoires avec lui et ce sera fini. » À la fin quand j'eus terminé de brosser le tableau de ma vie familiale il me dit :

– Comment ! Parce que vous avez votre sœur qui se fait soigner à l'hôpital, parce que vous avez deux enfants à charge et votre père qui vieillit, vous trouvez que votre vie est finie ? Vous dites que vous n'avez plus droit à rien ? Mais c'est inconcevable ! Si j'ai bien compris, votre père a soixante-quinze ans, mais il est en vie et en bonne santé… Vous préféreriez qu'il soit mort ou infirme ? Mais mademoiselle, c'est formidable d'avoir son père avec soi, et une jeune sœur qui va guérir et deux jeunes enfants qui ne demandent qu'à vivre… Je ne suis pas d'accord avec votre résignation… Vous êtes-vous regardée seulement, vous êtes jeune, vous êtes jolie, vous respirez la vie et ce que vous dites ne va pas avec la force qui se dégage de vous… vous vous condamnez. Moi je vous le dis, vous avez droit à la vie !

Il s'était arrêté de parler pendant quelques secondes et moi, je sentis mon cœur qui battait plus vite… Les paroles de cet homme étaient justes, elles réveillaient en moi une force évidente, une force de vie que j'essayais de tenir endormie depuis des années… Il dit encore :

– À votre âge, ce serait un crime que de vous sacrifier pour votre famille, ce n'est pas en faisant abstraction de soi que l'on rend les vrais services… Imaginez le cadeau empoisonné que vous feriez à votre père si à la fin vous deviez lui dire « j'ai sacrifié ma vie pour toi »… Quelle tristesse alors !… Non, vous devez aider les autres mais en même temps vous devez penser à vous, sans ça ce n'est pas bon… Vous n'en serez que mieux armée et plus forte pour faire ce que vous avez à faire.

« Une soupe aux herbes sauvages » d'Émilie Carles *(830 mots)*

Annotations

l. 6	faire le joli cœur	flirter
l. 35	au Lauzet	dans une petite commune française

Aufgabenstellung

1. Résumez ce qui se passe.
2. Faites le portrait d'Émilie.
3. Comparez la leçon de l'homme dans le train à une des leçons d'Hector dans *Le voyage d'Hector* de François Lelord. Choisissez un exemple précis.
4. De retour chez elle, la jeune femme réfléchit à la rencontre avec l'homme dans le train et à ce qu'il lui a dit. Rédigez ses réflexions.

Lösungsvorschläge

1. ***Hinweis:*** *Die Aufgabenstellung erfordert die Wiedergabe des dargestellten Geschehnisses. Die seelische Verfassung der Personen und der Inhalt des Gesprächs sind nur insoweit zu berücksichtigen als sie für das beschriebene Ereignis von Bedeutung sind.*

Dans l'extrait tiré du roman « Une soupe aux herbes sauvages » d'Émilie Carles, paru en 1981 chez les Éditions Robert Laffont, il s'agit d'une conversation dans le train entre une jeune femme et un inconnu au cours de laquelle celui-ci amène la jeune femme à développer une nouvelle perspective envers sa vie.
Émilie, une jeune institutrice, rentre chez elle en train après avoir rendu visite à sa sœur, hospitalisée à l'hôpital psychiatrique de Marseille.
Émilie vit avec son père âgé et a pris en charge les deux filles de sa sœur, dont la maladie l'attriste profondément. Incommodée par un inconnu qui lui adresse la parole, elle change de compartiment mais l'homme la suit et, d'une voix agréable, entame une conversation avec elle. À contrecœur d'abord, puis sans se contenir, Émilie commence à raconter sa situation. Sachant que c'est à un inconnu qu'elle raconte sa vie, Émilie se sent très soulagée.
Après avoir écouté, l'homme critique l'attitude négative d'Émilie à l'égard de sa situation et l'invite à avoir une attitude positive envers la vie. Il lui explique qu'elle a beaucoup de raisons d'être heureuse et qu'elle ne doit pas renoncer à vivre sa propre vie.
Les paroles de l'homme ont un grand effet sur Émilie et elle se sent réconfortée.

2. ***Hinweis:*** *Ein Portrait umfasst die Beschreibung der Lebenssituation der Person und ihres Aussehens, sofern dies dem Text zu entnehmen ist. Des Weiteren gehören zum Portrait die Analyse der emotionalen Situation der Person sowie der charakterlichen Besonderheiten, wie sie in den Reflexionen, Worten und Handlungen erkennbar werden.*

Émilie est une jolie et jeune institutrice qui enseigne dans une école au Lauzet. Sa sœur souffre d'une maladie mentale et se fait soigner dans un hôpital psychiatrique à Marseille. Émilie s'occupe de ses deux nièces et de son père. Elle a bien des frères ou sœurs mais c'est elle qui se sent responsable de sa famille et l'a prise en charge.
Émilie dit ce qu'elle pense et est une femme qui ne garde pas sa « langue dans [sa] poche » et ne se laisse pas faire (l. 7). Elle a l'air fort et semble savoir ce qu'elle veut, mais, en vérité, la jeune femme est au bout de ses forces parce qu'elle a des soucis.
Émilie est compatissante et la situation de sa sœur malade l'afflige. Elle supporte mal la tristesse dans laquelle la situation à l'hôpital plonge sa sœur.
Émilie, après avoir donné ses cours, rentre pour aider son père qui garde ses petits-enfants. Tout en se sentant écrasée par les contraintes de sa vie, elle accomplit sa tâche consciencieusement parce qu'elle a le sens des responsabilités. Ne

vivant que pour sa famille, la jeune femme ne mène plus une vie normale. Elle a l'impression de ne plus avoir droit à rien (l. 51) et sa vie privée lui paraît finie. À ses yeux, elle se sacrifie pour sa famille. Quoiqu'elle semble irradier une grande force (l. 57), elle n'en peut plus. Émilie s'est tellement habituée à refouler cette force ressentie par l'homme dans le train qu'elle a perdu sa joie de vivre et est devenue frustrée et résignée. Elle ne vit plus une vie indépendante et, par conséquent, se sent comme enfermée. Comme elle n'a apparemment personne d'autre avec qui elle peut parler de sa situation, la possibilité de raconter sa vie à un inconnu la soulage. Les conseils de l'homme l'impressionnent tellement qu'ils lui font battre le cœur. L'inconnu l'encourage à penser aussi à elle-même, ce qu'elle n'a pas osé faire depuis des années. C'est comme une libération pour Émilie qui sent qu'une force vitale se réveille en elle.

3. L'inconnu dans le train réussit à éveiller en Émilie une force qu'elle a réprimée pendant longtemps. L'homme lui redonne la joie de vivre en lui conseillant de ne pas voir que les mauvais côtés de son existence mais de se rendre plutôt compte du bonheur dans sa vie. Elle a certes l'impression de s'écrouler sous les tâches qu'elle a à accomplir, mais, selon lui, elle mène une vie heureuse. À la maison, il y a quelqu'un qui l'attend et qui a besoin d'elle. En aidant son père et sa sœur, Émilie fait un travail utile et important. Elle s'occupe des enfants de sa sœur et vit avec son père qui est en bonne santé. Émilie a donc une famille et tout lieu d'être heureuse.
   Le psychiatre Hector, protagoniste du roman « Le voyage d'Hector », est à la recherche du bonheur. Au cours de son voyage autour du monde, il comprend que le bonheur a de multiples facettes. Dans un carnet, il note ses connaissances acquises dans les différents pays et, au fur et à mesure, il découvre des leçons sur le bonheur. Hector apprend par exemple que le bonheur, c'est de se sentir utile aux autres et d'être avec les gens qu'on aime. Ces leçons sont comparables aux conseils de l'homme dans le train. Je me propose d'en examiner de plus près la deuxième.
   Hector, en attendant Édouard dans un café, observe des petites femmes chinoises réunies en groupes et assises par terre. Elles rient beaucoup et s'amusent. Hector apprend par Édouard qu'il s'agit de femmes de ménage qui viennent toutes des îles d'une région loin de la Chine. Le dimanche, elles se réunissent parce qu'elles n'ont nulle part où aller. Elles travaillent dur, sont très pauvres et envoient l'argent qu'elles gagnent à leurs familles dans le pays lointain. Mais ces femmes sont quand même heureuses parce que, les jours de congé, elles se retrouvent en famille et entres amies, bavardent et rient. Leur bonheur, c'est d'être ensemble avec les gens qu'elles aiment.
   Cela correspond au conseil que l'inconnu dans le train donne à Émilie. Il lui apprend qu'il est formidable d'avoir une famille et l'amène à réaliser que son bonheur consiste à être avec ceux qu'on aime.

4. ***Hinweis:*** *Die Aufgabe erfordert die Übernahme der Perspektive der Protagonistin und die Darstellung des Erlebten für sie. Die Aufgabenstellung bietet Gestaltungsmöglichkeiten, die Überlegungen müssen aber erkennbar an die Textvorlage anknüpfen und sich aus der Persönlichkeit der Protagonistin herleiten lassen.*

Au début, il était vraiment un peu pénible, ce monsieur. Mais heureusement qu'il m'a suivie dans l'autre compartiment parce que ce qu'il a dit m'a vraiment impressionnée. J'ai senti mon cœur qui battait plus vite car cet homme a raison. Je suis trop pessimiste et larmoyante. Pourquoi me plaindre ? Certes, j'ai quelques problèmes à résoudre et la situation de Caroline m'afflige beaucoup, mais de l'autre côté, j'ai un travail qui me plaît et un père en bonne santé. J'ai une sœur et deux nièces qui m'aiment et dont je suis responsable. Vu sous cet angle, j'ai une vie heureuse. Au lieu de sombrer dans l'apitoiement sur moi-même, je devrais plutôt vivre ma vie. Je suis jeune et il faut en profiter. Cela ne signifie pas pour autant que j'oublie ma famille, mais moi aussi, j'ai une vie. L'homme du train a raison. Papa ne voudrait jamais que je sacrifie ma vie pour lui. Il faut que je pense à moi de temps en temps pour avoir la force de faire ce que j'ai à faire. Pourtant, je suis bien forte. J'ai réussi à tout faire et après cette conversation dans le train j'ai senti renaître en moi l'envie de vivre, une force que je n'avais pas ressentie depuis des années. Elle était toujours là, mais je n'ai pas osé en profiter. Mais c'est fini maintenant. Il m'a encouragée à savourer ma vie et à faire ce qui me plaît. En fin de compte, je ne suis pas si malheureuse que ça. Merci monsieur de m'avoir ouvert les yeux.

Geschichte

Geschichte 1 – Industrialisierung und Soziale Frage, Nationalstaatsgedanke und Nationalismus, Kaiserreich, Imperialismus, Erster Weltkrieg, Weimarer Republik, Nationalsozialismus und Zweiter Weltkrieg .... Best.-Nr. 84763
Geschichte 2 – Deutschland nach dem Zweiten Weltkrieg, die bipolare Welt nach 1945, der Umbruch in der DDR und die Wiedervereinigung, die europäische Einigung, Wendepunkte des 20. Jahrhunderts .... Best.-Nr. 84764
Grundlagen, Arbeitstechniken und Methoden – Geschichte .... Best.-Nr. 94789
Abitur-Wissen Die Antike .... Best.-Nr. 94783
Abitur-Wissen Das Mittelalter .... Best.-Nr. 94788
Abitur-Wissen Französische Revolution .... Best.-Nr. 947812
Abitur-Wissen Die Ära Bismarck .... Best.-Nr. 94784
Abitur-Wissen Imperialismus und Erster Weltkrieg Best.-Nr. 94785
Abitur-Wissen Die Weimarer Republik .... Best.-Nr. 47815
Abitur-Wissen Nationalsozialismus und Zweiter Weltkrieg .... Best.-Nr. 94786
Abitur Wissen Deutschland von 1945 bis zur Gegenwart .... Best.-Nr. 947811
Abitur Wissen USA .... Best.-Nr. 947813
Abitur Wissen Naher Osten .... Best.-Nr. 947814
Kompakt-Wissen Abitur Geschichte Oberstufe .... Best.-Nr. 947601
Klausuren Geschichte Oberstufe .... Best.-Nr. 107611

Zentralabitur

Optimale Unterstützung für Schülerinnen und Schüler bei der selbstständigen Vorbereitung auf das **Zentralabitur in Niedersachsen:**

- **Hinweise** zum Ablauf des Zentralabiturs.
- **Original-Prüfungsaufgaben und Übungsaufgaben im Stil des Abiturs** machen mit den Inhalten vertraut und geben Gelegenheit zum selbstständigen Üben unter Prüfungsbedingungen.
- **Schülergerechte Lösungen** sowie hilfreiche Tipps und Hinweise zum Lösen der Aufgaben.

Abiturprüfung Mathematik EA mit CD-ROM Niedersachsen .... Best.-Nr. 35000
Abiturprüfung Mathematik GA mit CD-ROM Niedersachsen .... Best.-Nr. 35100
Abiturprüfung Physik mit CD-ROM Niedersachsen .... Best.-Nr. 35300
Abiturprüfung Biologie EA – Niedersachsen ...... Best.-Nr. 35700
Abiturprüfung Biologie GA – Niedersachsen ...... Best.-Nr. 35710
Abiturprüfung Chemie GA/EA – Niedersachsen .... Best.-Nr. 35730
Abiturprüfung Deutsch – Niedersachsen .... Best.-Nr. 35400
Abiturprüfung Englisch GA – Niedersachsen ...... Best.-Nr. 35470
Abiturprüfung Englisch EA – Niedersachsen ...... Best.-Nr. 35460
Abiturprüfung Französisch – Niedersachsen ...... Best.-Nr. 35500
Abiturprüfung Latein – Niedersachsen .... Best.-Nr. 35600
Abiturprüfung Politik-Wirtschaft – Niedersachsen... Best.-Nr. 35800
Abiturprüfung Geschichte – Niedersachsen .... Best.-Nr. 35760
Abiturprüfung Erdkunde – Niedersachsen .... Best.-Nr. 35900

Studi-Kompass

Wie geht es nach dem Abitur weiter?

Die Reihe **Studi-Kompass** gibt Antworten auf Fragen zum Studium:

➜ Detaillierte Informationen zu jeder Hochschule – und Hochschulstadt – in Deutschland sowie alle wichtigen Adressen und Ansprechpartner

➜ Zahlreiche Berufsbilder, mögliche Tätigkeitsfelder und Arbeitsmarktprognosen für Absolventen

➜ Online-SelfAssessment zur Unterstützung der Schülerinnen und Schüler bei der persönlichen Studienentscheidung

Wirtschaftswissenschaften und Wirtschaftsingenieurwesen, Ausgabe Nord .... Best.-Nr. 20088A
Wirtschaftswissenschaften und Wirtschaftsingenieurwesen, Ausgabe Süd .... Best.-Nr. 20088B
Ingenieurwissenschaften, Ausgabe Nord .... Best.-Nr. 20010A
Ingenieurwissenschaften, Ausgabe Süd .... Best.-Nr. 20010B
Psychologie und Pädagogik .... Best.-Nr. 20094
Biologie, Chemie, Pharmazie .... Best.-Nr. 20073
Mathematik und Physik, Ausgabe Nord .... Best.-Nr. 20030A
Mathematik und Physik, Ausgabe Süd .... Best.-Nr. 20030B
Rechtswissenschaften, Ausgabe Nord .... Best.-Nr. 20085A
Rechtswissenschaften, Ausgabe Süd .... Best.-Nr. 20085B
Sprach- und Literaturwissenschaften .... Best.-Nr. 20040
Kulturwissenschaften .... Best.-Nr. 20076
Politik- und Sozialwissenschaften .... Best.-Nr. 20020
Medien, Ethnologie und Journalistik .... Best.-Nr. 20080
„So finde ich das passende Studienfach!“ Leitfaden zum Online-SelfAssessment inkl. Aktivierungs-Code .... Best.-Nr. 20000
Aktivierungs-Code zum Online-SelfAssessment ... Best.-Nr. 20000C

22-VD3

Bestellungen bitte direkt an:

STARK Verlagsgesellschaft mbH & Co. KG · Postfach 1852 · 85318 Freising
Tel. 0180 3 179000* · Fax 0180 3 179001* · www.stark-verlag.de · info@stark-verlag.de
*9 Cent pro Min. aus dem deutschen Festnetz, Mobilfunk bis 42 Cent pro Min.
Aus dem Mobilfunknetz wählen Sie die Festnetznummer: 08167 9573-0

Lernen • Wissen • Zukunft
STARK